著者 鶴松秋

圖書出版 生活文化社

🕐 정시법 = 자기의 출생 시간을 12지지에 맞추어 보는법

밤 9시 부터 ⬇ 밤 11시 까지	밤 7시 부터 ⬇ 밤 9시 까지	오후 5시 부터 ⬇ 밤 7시 까지	오후 3시 부터 ⬇ 오후 5시 까지	오후 1시 부터 ⬇ 오후 3시 까지	낮 11시 부터 ⬇ 오후 1시 까지	아침 9시 부터 ⬇ 낮 11시 까지	아침 7시 부터 ⬇ 아침 9시 까지	새벽 5시 부터 ⬇ 아침 7시 까지	새벽 3시 부터 ⬇ 새벽 5시 까지	새벽 1시 부터 ⬇ 새벽 3시 까지	밤 11시 부터 ⬇ 새벽 1시 까지
亥해 時시	戌술 時시	酉유 時시	申신 時시	未미 時시	午오 時시	巳사 時시	辰진 時시	卯묘 時시	寅인 時시	丑축 時시	子자 時시

머릿말

그림축사주란 인생 일대의 운명을 그림으로 나타내어 누구나 알기쉽고 이해하기 쉽도록 하였고 또한 비밀하게 설명 하였으므로 역학을 하는 사람만이 아니고 남녀노소 누구나 알기 쉽고 이해하기 쉽게 엮어진 책이며 사람마다 성격과 생각하는 바가 다르듯이 인생의 운명도 같으면서 들리게 나타나고 서로가 다르면서도 비슷하게 타고난 운과 명이 있다

여기 그림사주는 그러한 운명을 알수 있도록 표현하였으며 축시주(秋四柱)란 저자인 축송학의 성자를 넣어서 축사주라고 하였다

현재 축사주는 지금까지의 여러가지 역서들 중에서 어떤것을 모방한 것이 아니고 수십년간 직접 인생 운명을 삼편하면서 얻어진 여러 비법을 열거한 것이며 모든 사람에게 앞날을 좀더 쉽게 인도할 수 없는가를 연구 하던중 이 그림사주를 꾸게 된 하나의 역서로써 결편된 이라 하겠다.

본 책자를 구입하여서 읽어보신 분은 저자의 뜻을 이해 하실 믿으나 본인만 운명의 길흉을 알려고 할 것이 아니라 널리 본 책자를 알려서 많은 사람에게 도움이 되도록 협조하여 주신다면 저자인 본인으로 서는 더 바랄것이 없겠읍니다

서기 1977년 월 일

저자 식

목 차

운명 조견표

제 一 운 신등관문격 (身登官門格) ……………… 九
제 二 운 고독중부격 (孤獨中孚格) ……………… 二七
제 三 운 고송두령격 (高松頭領格) ……………… 五七
제 四 운 심약다패격 (心弱多敗格) ……………… 八五
제 五 운 정귀인격 (正貴人格) ……………… 九五
제 六 운 조실고독지격 (早失孤獨之格) ……………… 一〇五
제 七 운 불자지격 (佛者之格) ……………… 一二五
제 八 운 대관승격 (大官昇格) ……………… 一三三
제 九 운 공명학자격 (功名學者格) ……………… 一三一
제 十 운 우중희생격 (憂中喜生格) ……………… 一三九
제 十一 운 치정치부격 (治政治富格) ……………… 一四七

제十二운 초곤후태격 (初困後泰格) ……………………… 一五五
제十三운 공명대성격 (功名大盛格) ……………………… 一六三
제十四운 전화위복격 (轉禍爲福格) ……………………… 一七三
제十五운 오복구건격 (五福俱全格) ……………………… 一八一
제十六운 고독중부격 (孤獨中孚格) ……………………… 一八九
제十七운 대공성창격 (大功盛昌格) ……………………… 一九九
제十八운 잠용출해격 (潛龍出海格) ……………………… 二〇七
제十九운 군창신화격 (君唱臣和格) ……………………… 二一五
제二十운 입해구주격 (入海求珠格) ……………………… 二二三
제二十一운 과성지운 (科星之運) ………………………… 二三一
제二十二운 유재무익격 (有才無益格) …………………… 二三九
제二十三운 명고금문격 (名高金門格) …………………… 二四七
제二十四운 자수성가격 (自手成家格) …………………… 二五五
제二十五운 재명현달격 (財名顯達格) …………………… 二六三

제二六운 고집신지격 (固執愼之格) …………… 二七三
제二七운 공명학자격 (功名學者格) …………… 二八一
제二八운 치산점부격 (治産漸富格) …………… 二八九
제二九운 임신출세격 (立身出世格) …………… 二九九
제三十운 총명방원격 (聰明方圓格) …………… 三〇七
제三一운 종말득형격 (終末得亨格) …………… 三一五
제三二운 천리타향격 (千里他鄕格) …………… 三二三
제三三운 개화결실격 (開花結實格) …………… 三三一
제三四운 조실부모격 (早失父母格) …………… 三三九
제三五운 고독후부격 (孤獨後富格) …………… 三四九
제三六운 자등고문격 (自登高門格) …………… 三五五
제三七운 우중희생격 (憂中喜生格) …………… 三六三
제三八운 신고명강격 (身高名强格) …………… 三七一
제三九운 신립세상격 (身立世上格) …………… 三七九

제四十운 유재무익격 (有才無益格) ……………… 三八七
제四一운 성공가기격 (成功可期格) ……………… 三九五
제四二운 적소성대격 (積小成大格) ……………… 四○三
제四三운 성공가득격 (成功可得格) ……………… 四一一
제四四운 신립타향격 (身立他鄕格) ……………… 四一九
제四五운 적소성대격 (積小成大格) ……………… 四二七
제四六운 정어출해격 (井魚出海格) ……………… 四三五
제四七운 등과고명격 (登科高名格) ……………… 四四三
제四八운 산두결화격 (山頭結花格) ……………… 四五一

보는법

출생년월 운명 속견표에서 생일 생시가 마주치는 숫자가 찾아 보고자 하는 사람의 운이 된다.

가령 戌년 二월 六일 巳시생이라면 四一운이 되고 申년 七월 二十七일 巳시생이라면 三五운이 된다. 즉 四一운은 三九六페이지를 찾아보고 三五운은 三四八페이지를 찾아보면 된다.

子년 一月 출생자 운명 속견표

생월\시	子시	丑시	寅시	卯시	辰시	巳시	午시	未시	申시	酉시	戌시	亥시
1	一	三	一	三	一	三	一	三	一	三	一	三
2	二	四	二	四	二	四	二	四	二	四	二	四
3	三	一	三	一	三	一	三	一	三	一	三	一
4	四	二	四	二	四	二	四	二	四	二	四	二
5	一	三	一	三	一	三	一	三	一	三	一	三
6	二	四	二	四	二	四	二	四	二	四	二	四
7	三	一	三	一	三	一	三	一	三	一	三	一
8	四	二	四	二	四	二	四	二	四	二	四	二
9	一	三	一	三	一	三	一	三	一	三	一	三
10	二	四	二	四	二	四	二	四	二	四	二	四
11	三	一	三	一	三	一	三	一	三	一	三	一
12	四	二	四	二	四	二	四	二	四	二	四	二
13	一	三	一	三	一	三	一	三	一	三	一	三
14	二	四	二	四	二	四	二	四	二	四	二	四
15	三	一	三	一	三	一	三	一	三	一	三	一
16	四	二	四	二	四	二	四	二	四	二	四	二
17	一	三	一	三	一	三	一	三	一	三	一	三
18	二	四	二	四	二	四	二	四	二	四	二	四
19	三	一	三	一	三	一	三	一	三	一	三	一
20	四	二	四	二	四	二	四	二	四	二	四	二
21	一	三	一	三	一	三	一	三	一	三	一	三
22	二	四	二	四	二	四	二	四	二	四	二	四
23	三	一	三	一	三	一	三	一	三	一	三	一
24	四	二	四	二	四	二	四	二	四	二	四	二
25	一	三	一	三	一	三	一	三	一	三	一	三
26	二	四	二	四	二	四	二	四	二	四	二	四
27	三	一	三	一	三	一	三	一	三	一	三	一
28	四	二	四	二	四	二	四	二	四	二	四	二
29	一	三	一	三	一	三	一	三	一	三	一	三
30	二	四	二	四	二	四	二	四	二	四	二	四
비고												

子年 六月 출생자 운명 속견표

생일\시	子시	丑시	寅시	卯시	辰시	巳시	午시	未시	申시	酉시	戌시	亥시
1	二운	四	二	四	二	四	二	四	二	四	二	四
2	三운	一	三	一	三	一	三	一	三	一	三	一
3	四운	二	四	二	四	二	四	二	四	二	四	二
4	一	三	一	三	一	三	一	三	一	三	一	三
5	二	四	二	四	二	四	二	四	二	四	二	四
6	三	一	三	一	三	一	三	一	三	一	三	一
7	四	二	四	二	四	二	四	二	四	二	四	二
8	一	三	一	三	一	三	一	三	一	三	一	三
9	二	四	二	四	二	四	二	四	二	四	二	四
10	三	一	三	一	三	一	三	一	三	一	三	一
11	四	二	四	二	四	二	四	二	四	二	四	二
12	一	三	一	三	一	三	一	三	一	三	一	三
13	二	四	二	四	二	四	二	四	二	四	二	四
14	三	一	三	一	三	一	三	一	三	一	三	一
15	四	二	四	二	四	二	四	二	四	二	四	二
16	一	三	一	三	一	三	一	三	一	三	一	三
17	二	四	二	四	二	四	二	四	二	四	二	四
18	三	一	三	一	三	一	三	一	三	一	三	一
19	四	二	四	二	四	二	四	二	四	二	四	二
20	一	三	一	三	一	三	一	三	一	三	一	三
21	二	四	二	四	二	四	二	四	二	四	二	四
22	三	一	三	一	三	一	三	一	三	一	三	一
23	四	二	四	二	四	二	四	二	四	二	四	二
24	一	三	一	三	一	三	一	三	一	三	一	三
25	二	四	二	四	二	四	二	四	二	四	二	四
26	三	一	三	一	三	一	三	一	三	一	三	一
27	四	二	四	二	四	二	四	二	四	二	四	二
28	一	三	一	三	一	三	一	三	一	三	一	三
29	二	四	二	四	二	四	二	四	二	四	二	四
30	三	一	三	一	三	一	三	一	三	一	三	一
비고												

子년 三·七월 출생자 운명 속견표

생월/생시	子시	丑시	寅시	卯시	辰시	巳시	午시	未시	申시	酉시	戌시	亥시
1	三	一	三	一	三	一	三	一	三	一	三	一
2	四	二	四	二	四	二	四	二	四	二	四	二
3	一	三	一	三	一	三	一	三	一	三	一	三
4	二	四	二	四	二	四	二	四	二	四	二	四
5	三	一	三	一	三	一	三	一	三	一	三	一
6	四	二	四	二	四	二	四	二	四	二	四	二
7	一	三	一	三	一	三	一	三	一	三	一	三
8	二	四	二	四	二	四	二	四	二	四	二	四
9	三	一	三	一	三	一	三	一	三	一	三	一
10	四	二	四	二	四	二	四	二	四	二	四	二
11	一	三	一	三	一	三	一	三	一	三	一	三
12	二	四	二	四	二	四	二	四	二	四	二	四
13	三	一	三	一	三	一	三	一	三	一	三	一
14	四	二	四	二	四	二	四	二	四	二	四	二
15	一	三	一	三	一	三	一	三	一	三	一	三
16	二	四	二	四	二	四	二	四	二	四	二	四
17	三	一	三	一	三	一	三	一	三	一	三	一
18	四	二	四	二	四	二	四	二	四	二	四	二
19	一	三	一	三	一	三	一	三	一	三	一	三
20	二	四	二	四	二	四	二	四	二	四	二	四
21	三	一	三	一	三	一	三	一	三	一	三	一
22	四	二	四	二	四	二	四	二	四	二	四	二
23	一	三	一	三	一	三	一	三	一	三	一	三
24	二	四	二	四	二	四	二	四	二	四	二	四
25	三	一	三	一	三	一	三	一	三	一	三	一
26	四	二	四	二	四	二	四	二	四	二	四	二
27	一	三	一	三	一	三	一	三	一	三	一	三
28	二	四	二	四	二	四	二	四	二	四	二	四
29	三	一	三	一	三	一	三	一	三	一	三	一
30	四	二	四	二	四	二	四	二	四	二	四	二
비고												

子년 八월 출생자 운명 속견표 (四十二)

亥시	戌시	酉시	申시	未시	午시	巳시	辰시	卯시	寅시	丑시	子시	생시\생월
二	四	二	四	二	四	二	四	二	四	二	四	1
三	一	三	一	三	一	三	一	三	一	三	一	2
四	二	四	二	四	二	四	二	四	二	四	二	3
一	三	一	三	一	三	一	三	一	三	一	三	4
二	四	二	四	二	四	二	四	二	四	二	四	5
三	一	三	一	三	一	三	一	三	一	三	一	6
四	二	四	二	四	二	四	二	四	二	四	二	7
一	三	一	三	一	三	一	三	一	三	一	三	8
二	四	二	四	二	四	二	四	二	四	二	四	9
三	一	三	一	三	一	三	一	三	一	三	一	10
四	二	四	二	四	二	四	二	四	二	四	二	11
一	三	一	三	一	三	一	三	一	三	一	三	12
二	四	二	四	二	四	二	四	二	四	二	四	13
三	一	三	一	三	一	三	一	三	一	三	一	14
四	二	四	二	四	二	四	二	四	二	四	二	15
一	三	一	三	一	三	一	三	一	三	一	三	16
二	四	二	四	二	四	二	四	二	四	二	四	17
三	一	三	一	三	一	三	一	三	一	三	一	18
四	二	四	二	四	二	四	二	四	二	四	二	19
一	三	一	三	一	三	一	三	一	三	一	三	20
二	四	二	四	二	四	二	四	二	四	二	四	21
三	一	三	一	三	一	三	一	三	一	三	一	22
四	二	四	二	四	二	四	二	四	二	四	二	23
一	三	一	三	一	三	一	三	一	三	一	三	24
二	四	二	四	二	四	二	四	二	四	二	四	25
三	一	三	一	三	一	三	一	三	一	三	一	26
四	二	四	二	四	二	四	二	四	二	四	二	27
一	三	一	三	一	三	一	三	一	三	一	三	28
二	四	二	四	二	四	二	四	二	四	二	四	29
三	一	三	一	三	一	三	一	三	一	三	一	30
												비고

亥時	戌時	酉時	申時	未時	午時	巳時	辰時	卯時	寅時	丑時	子時	시생월
七	五	七	五	七	五	七	五	七	五	七	五	1
八	六	八	六	八	六	八	六	八	六	八	六	2
五	七	五	七	五	七	五	七	五	七	五	七	3
六	八	六	八	六	八	六	八	六	八	六	八	4
七	五	七	五	七	五	七	五	七	五	七	五	5
八	六	八	六	八	六	八	六	八	六	八	六	6
五	七	五	七	五	七	五	七	五	七	五	七	7
六	八	六	八	六	八	六	八	六	八	六	八	8
七	五	七	五	七	五	七	五	七	五	七	五	9
八	六	八	六	八	六	八	六	八	六	八	六	10
五	七	五	七	五	七	五	七	五	七	五	七	11
六	八	六	八	六	八	六	八	六	八	六	八	12
七	五	七	五	七	五	七	五	七	五	七	五	13
八	六	八	六	八	六	八	六	八	六	八	六	14
五	七	五	七	五	七	五	七	五	七	五	七	15
六	八	六	八	六	八	六	八	六	八	六	八	16
七	五	七	五	七	五	七	五	七	五	七	五	17
八	六	八	六	八	六	八	六	八	六	八	六	18
五	七	五	七	五	七	五	七	五	七	五	七	19
六	八	六	八	六	八	六	八	六	八	六	八	20
七	五	七	五	七	五	七	五	七	五	七	五	21
八	六	八	六	八	六	八	六	八	六	八	六	22
五	七	五	七	五	七	五	七	五	七	五	七	23
六	八	六	八	六	八	六	八	六	八	六	八	24
七	五	七	五	七	五	七	五	七	五	七	五	25
八	六	八	六	八	六	八	六	八	六	八	六	26
五	七	五	七	五	七	五	七	五	七	五	七	27
六	八	六	八	六	八	六	八	六	八	六	八	28
七	五	七	五	七	五	七	五	七	五	七	五	29
八	六	八	六	八	六	八	六	八	六	八	六	30
												비고

丑年 一九五월 출생자 운명 속견표

丑년 六월 출생자 운명 속견표

생월\생시	子시	丑시	寅시	卯시	辰시	巳시	午시	未시	申시	酉시	戌시	亥시
1	六	八	六	八	六	八	六	八	六	八	六	八
2	七	五	七	五	七	五	七	五	七	五	七	五
3	八	六	八	六	八	六	八	六	八	六	八	六
4	五	七	五	七	五	七	五	七	五	七	五	七
5	六	八	六	八	六	八	六	八	六	八	六	八
6	七	五	七	五	七	五	七	五	七	五	七	五
7	八	六	八	六	八	六	八	六	八	六	八	六
8	五	七	五	七	五	七	五	七	五	七	五	七
9	六	八	六	八	六	八	六	八	六	八	六	八
10	七	五	七	五	七	五	七	五	七	五	七	五
11	八	六	八	六	八	六	八	六	八	六	八	六
12	五	七	五	七	五	七	五	七	五	七	五	七
13	六	八	六	八	六	八	六	八	六	八	六	八
14	七	五	七	五	七	五	七	五	七	五	七	五
15	八	六	八	六	八	六	八	六	八	六	八	六
16	五	七	五	七	五	七	五	七	五	七	五	七
17	六	八	六	八	六	八	六	八	六	八	六	八
18	七	五	七	五	七	五	七	五	七	五	七	五
19	八	六	八	六	八	六	八	六	八	六	八	六
20	五	七	五	七	五	七	五	七	五	七	五	七
21	六	八	六	八	六	八	六	八	六	八	六	八
22	七	五	七	五	七	五	七	五	七	五	七	五
23	八	六	八	六	八	六	八	六	八	六	八	六
24	五	七	五	七	五	七	五	七	五	七	五	七
25	六	八	六	八	六	八	六	八	六	八	六	八
26	七	五	七	五	七	五	七	五	七	五	七	五
27	八	六	八	六	八	六	八	六	八	六	八	六
28	五	七	五	七	五	七	五	七	五	七	五	七
29	六	八	六	八	六	八	六	八	六	八	六	八
30	七	五	七	五	七	五	七	五	七	五	七	五
비고												

丑年 七月 출생자 운명 속견표

생시\생일	子시	丑시	寅시	卯시	辰시	巳시	午시	未시	申시	酉시	戌시	亥시
1	七	五	七	五	七	五	七	五	七	五	七	五
2	八	六	八	六	八	六	八	六	八	六	八	六
3	五	七	五	七	五	七	五	七	五	七	五	七
4	六	八	六	八	六	八	六	八	六	八	六	八
5	七	五	七	五	七	五	七	五	七	五	七	五
6	八	六	八	六	八	六	八	六	八	六	八	六
7	五	七	五	七	五	七	五	七	五	七	五	七
8	六	八	六	八	六	八	六	八	六	八	六	八
9	七	五	七	五	七	五	七	五	七	五	七	五
10	八	六	八	六	八	六	八	六	八	六	八	六
11	五	七	五	七	五	七	五	七	五	七	五	七
12	六	八	六	八	六	八	六	八	六	八	六	八
13	七	五	七	五	七	五	七	五	七	五	七	五
14	八	六	八	六	八	六	八	六	八	六	八	六
15	五	七	五	七	五	七	五	七	五	七	五	七
16	六	八	六	八	六	八	六	八	六	八	六	八
17	七	五	七	五	七	五	七	五	七	五	七	五
18	八	六	八	六	八	六	八	六	八	六	八	六
19	五	七	五	七	五	七	五	七	五	七	五	七
20	六	八	六	八	六	八	六	八	六	八	六	八
21	七	五	七	五	七	五	七	五	七	五	七	五
22	八	六	八	六	八	六	八	六	八	六	八	六
23	五	七	五	七	五	七	五	七	五	七	五	七
24	六	八	六	八	六	八	六	八	六	八	六	八
25	七	五	七	五	七	五	七	五	七	五	七	五
26	八	六	八	六	八	六	八	六	八	六	八	六
27	五	七	五	七	五	七	五	七	五	七	五	七
28	六	八	六	八	六	八	六	八	六	八	六	八
29	七	五	七	五	七	五	七	五	七	五	七	五
30	八	六	八	六	八	六	八	六	八	六	八	六
비고												

丑년 四月 八月 十二月 출생자 운명 속견표

생월시	子시	丑시	寅시	卯시	辰시	巳시	午시	未시	申시	酉시	戌시	亥시
1	八	六	八	六	八	六	八	六	八	六	八	六
2	五	七	五	七	五	七	五	七	五	七	五	七
3	六	八	六	八	六	八	六	八	六	八	六	八
4	七	五	七	五	七	五	七	五	七	五	七	五
5	八	六	八	六	八	六	八	六	八	六	八	六
6	五	七	五	七	五	七	五	七	五	七	五	七
7	六	八	六	八	六	八	六	八	六	八	六	八
8	七	五	七	五	七	五	七	五	七	五	七	五
9	八	六	八	六	八	六	八	六	八	六	八	六
10	五	七	五	七	五	七	五	七	五	七	五	七
11	六	八	六	八	六	八	六	八	六	八	六	八
12	七	五	七	五	七	五	七	五	七	五	七	五
13	八	六	八	六	八	六	八	六	八	六	八	六
14	五	七	五	七	五	七	五	七	五	七	五	七
15	六	八	六	八	六	八	六	八	六	八	六	八
16	七	五	七	五	七	五	七	五	七	五	七	五
17	八	六	八	六	八	六	八	六	八	六	八	六
18	五	七	五	七	五	七	五	七	五	七	五	七
19	六	八	六	八	六	八	六	八	六	八	六	八
20	七	五	七	五	七	五	七	五	七	五	七	五
21	八	六	八	六	八	六	八	六	八	六	八	六
22	五	七	五	七	五	七	五	七	五	七	五	七
23	六	八	六	八	六	八	六	八	六	八	六	八
24	七	五	七	五	七	五	七	五	七	五	七	五
25	八	六	八	六	八	六	八	六	八	六	八	六
26	五	七	五	七	五	七	五	七	五	七	五	七
27	六	八	六	八	六	八	六	八	六	八	六	八
28	七	五	七	五	七	五	七	五	七	五	七	五
29	八	六	八	六	八	六	八	六	八	六	八	六
30	五	七	五	七	五	七	五	七	五	七	五	七
비고												

寅년 一, 五, 九月 출생자 운명 속견표

생시\생월	子시	丑시	寅시	卯시	辰시	巳시	午시	未시	申시	酉시	戌시	亥시
1	九/十二 (운용원)	九/十二	九/十二	九/十二	九/十二	九/十二	九/十二	九/十二	九/十二	九/十二	九/十二	九/十二
2	十/一	十/一	十/一	十/一	十/一	十/一	十/一	十/一	十/一	十/一	十/一	十/一
3	九/十二	九/十二	九/十二	九/十二	九/十二	九/十二	九/十二	九/十二	九/十二	九/十二	九/十二	九/十二
4	十/一	十/一	十/一	十/一	十/一	十/一	十/一	十/一	十/一	十/一	十/一	十/一
5	九/十二	九/十二	九/十二	九/十二	九/十二	九/十二	九/十二	九/十二	九/十二	九/十二	九/十二	九/十二
6	十/一	十/一	十/一	十/一	十/一	十/一	十/一	十/一	十/一	十/一	十/一	十/一
7	九/十二	九/十二	九/十二	九/十二	九/十二	九/十二	九/十二	九/十二	九/十二	九/十二	九/十二	九/十二
8	十/一	十/一	十/一	十/一	十/一	十/一	十/一	十/一	十/一	十/一	十/一	十/一
9	九/十二	九/十二	九/十二	九/十二	九/十二	九/十二	九/十二	九/十二	九/十二	九/十二	九/十二	九/十二
10	十/一	十/一	十/一	十/一	十/一	十/一	十/一	十/一	十/一	十/一	十/一	十/一
11	九/十二	九/十二	九/十二	九/十二	九/十二	九/十二	九/十二	九/十二	九/十二	九/十二	九/十二	九/十二
12	十/一	十/一	十/一	十/一	十/一	十/一	十/一	十/一	十/一	十/一	十/一	十/一
13	九/十二	九/十二	九/十二	九/十二	九/十二	九/十二	九/十二	九/十二	九/十二	九/十二	九/十二	九/十二
14	十/一	十/一	十/一	十/一	十/一	十/一	十/一	十/一	十/一	十/一	十/一	十/一
15	九/十二	九/十二	九/十二	九/十二	九/十二	九/十二	九/十二	九/十二	九/十二	九/十二	九/十二	九/十二
16	十/一	十/一	十/一	十/一	十/一	十/一	十/一	十/一	十/一	十/一	十/一	十/一
17	九/十二	九/十二	九/十二	九/十二	九/十二	九/十二	九/十二	九/十二	九/十二	九/十二	九/十二	九/十二
18	十/一	十/一	十/一	十/一	十/一	十/一	十/一	十/一	十/一	十/一	十/一	十/一
19	九/十二	九/十二	九/十二	九/十二	九/十二	九/十二	九/十二	九/十二	九/十二	九/十二	九/十二	九/十二
20	十/一	十/一	十/一	十/一	十/一	十/一	十/一	十/一	十/一	十/一	十/一	十/一
21	九/十二	九/十二	九/十二	九/十二	九/十二	九/十二	九/十二	九/十二	九/十二	九/十二	九/十二	九/十二
22	十/一	十/一	十/一	十/一	十/一	十/一	十/一	十/一	十/一	十/一	十/一	十/一
23	九/十二	九/十二	九/十二	九/十二	九/十二	九/十二	九/十二	九/十二	九/十二	九/十二	九/十二	九/十二
24	十/一	十/一	十/一	十/一	十/一	十/一	十/一	十/一	十/一	十/一	十/一	十/一
25	九/十二	九/十二	九/十二	九/十二	九/十二	九/十二	九/十二	九/十二	九/十二	九/十二	九/十二	九/十二
26	十/一	十/一	十/一	十/一	十/一	十/一	十/一	十/一	十/一	十/一	十/一	十/一
27	九/十二	九/十二	九/十二	九/十二	九/十二	九/十二	九/十二	九/十二	九/十二	九/十二	九/十二	九/十二
28	十/一	十/一	十/一	十/一	十/一	十/一	十/一	十/一	十/一	十/一	十/一	十/一
29	九/一	九/一	九/一	九/一	九/一	九/一	九/一	九/一	九/一	九/一	九/一	九/一
30	一/十	一/十	一/十	一/十	一/十	一/十	一/十	一/十	一/十	一/十	一/十	一/十
비고												

寅년 六月 출생자 운명 속견표

생월\생시	子시	丑시	寅시	卯시	辰시	巳시	午시	未시	申시	酉시	戌시	亥시
1	十二	十二	十二	十二	十二	十二	十二	十二	十二	十二	十二	十二
2	九	九	九	九	九	九	九	九	九	九	九	九
3	十	十	十	十	十	十	十	十	十	十	十	十
4	十一	十一	十一	十一	十一	十一	十一	十一	十一	十一	十一	十一
5	十二	十二	十二	十二	十二	十二	十二	十二	十二	十二	十二	十二
6	九	九	九	九	九	九	九	九	九	九	九	九
7	十	十	十	十	十	十	十	十	十	十	十	十
8	十一	十一	十一	十一	十一	十一	十一	十一	十一	十一	十一	十一
9	十二	十二	十二	十二	十二	十二	十二	十二	十二	十二	十二	十二
10	九	九	九	九	九	九	九	九	九	九	九	九
11	十	十	十	十	十	十	十	十	十	十	十	十
12	十一	十一	十一	十一	十一	十一	十一	十一	十一	十一	十一	十一
13	十二	十二	十二	十二	十二	十二	十二	十二	十二	十二	十二	十二
14	九	九	九	九	九	九	九	九	九	九	九	九
15	十	十	十	十	十	十	十	十	十	十	十	十
16	十一	十一	十一	十一	十一	十一	十一	十一	十一	十一	十一	十一
17	十二	十二	十二	十二	十二	十二	十二	十二	十二	十二	十二	十二
18	九	九	九	九	九	九	九	九	九	九	九	九
19	十	十	十	十	十	十	十	十	十	十	十	十
20	十一	十一	十一	十一	十一	十一	十一	十一	十一	十一	十一	十一
21	十二	十二	十二	十二	十二	十二	十二	十二	十二	十二	十二	十二
22	九	九	九	九	九	九	九	九	九	九	九	九
23	十	十	十	十	十	十	十	十	十	十	十	十
24	十一	十一	十一	十一	十一	十一	十一	十一	十一	十一	十一	十一
25	十二	十二	十二	十二	十二	十二	十二	十二	十二	十二	十二	十二
26	九	九	九	九	九	九	九	九	九	九	九	九
27	十	十	十	十	十	十	十	十	十	十	十	十
28	十一	十一	十一	十一	十一	十一	十一	十一	十一	十一	十一	十一
29	十二	十二	十二	十二	十二	十二	十二	十二	十二	十二	十二	十二
30	十	十	十	十	十	十	九	九	九	九	十	九
비고												

寅년 七월 출생자 운명 속견표 三十七

생월생시	子시	丑시	寅시	卯시	辰시	巳시	午시	未시	申시	酉시	戌시	亥시
1	十二	九	十二	九	十二	九	十二	九	十二	九	十二	九
2	十二	十	十二	十	十二	十	十二	十	十二	十	十二	十
3	九	十一	九	十一	九	十一	九	十一	九	十一	九	十一
4	十	十二	十	十二	十	十二	十	十二	十	十二	十	十二
5	九	十一	九	十一	九	十一	九	十一	九	十一	九	十一
6	十	十二	十	十二	十	十二	十	十二	十	十二	十	十二
7	十一	九	十一	九	十一	九	十一	九	十一	九	十一	九
8	十	十二	十	十二	十	十二	十	十二	十	十二	十	十二
9	十一	九	十一	九	十一	九	十一	九	十一	九	十一	九
10	十二	十	十二	十	十二	十	十二	十	十二	十	十二	十
11	九	十一	九	十一	九	十一	九	十一	九	十一	九	十一
12	十	十二	十	十二	十	十二	十	十二	十	十二	十	十二
13	九	十一	九	十一	九	十一	九	十一	九	十一	九	十一
14	十	十二	十	十二	十	十二	十	十二	十	十二	十	十二
15	九	十一	九	十一	九	十一	九	十一	九	十一	九	十一
16	十	十二	十	十二	十	十二	十	十二	十	十二	十	十二
17	九	十一	九	十一	九	十一	九	十一	九	十一	九	十一
18	十	十二	十	十二	十	十二	十	十二	十	十二	十	十二
19	九	十一	九	十一	九	十一	九	十一	九	十一	九	十一
20	十	十二	十	十二	十	十二	十	十二	十	十二	十	十二
21	十一	九	十一	九	十一	九	十一	九	十一	九	十一	九
22	十	十二	十	十二	十	十二	十	十二	十	十二	十	十二
23	九	十一	九	十一	九	十一	九	十一	九	十一	九	十一
24	十	十二	十	十二	十	十二	十	十二	十	十二	十	十二
25	九	十一	九	十一	九	十一	九	十一	九	十一	九	十一
26	十	十二	十	十二	十	十二	十	十二	十	十二	十	十二
27	十一	九	十一	九	十一	九	十一	九	十一	九	十一	九
28	十	十二	十	十二	十	十二	十	十二	十	十二	十	十二
29	九	十一	九	十一	九	十一	九	十一	九	十一	九	十一
30	十	十二	十	十二	十	十二	十	十二	十	十二	十	十二
비고												

寅年 八月 出生者 運命 速見表 四十二

생월\시	子시	丑시	寅시	卯시	辰시	巳시	午시	未시	申시	酉시	戌시	亥시
1	후반	十	十	十	十	十	十	十	十	十	十	十
2	九	九	九	九	九	九	九	九	十一	九	九	十一
3	十二	十一	十一	十一	十一	十一	十一	十二	十	十二	十	十
4	十	十二	十	十	十	十	十	十	十一	十	十二	九
5	十二	十	十二	十	十二	十	十二	十	十二	十	十二	十
6	九	十二	九	十二	九	十一	九	十一	九	十一	九	十一
7	十二	十	十二	十	十一	十	十一	十	十一	十	十一	十
8	九	十二	九	十一	九	十一	九	十一	九	十一	九	十一
9	十一	十	十一	十	十一	十	十一	十	十一	十	十一	十
10	九	十一	九	十一	九	十一	九	十一	九	十一	九	十一
11	十一	十	十一	十	十一	十	十一	十	十一	十	十	十
12	九	十一	九	十一	九	十一	九	十一	九	十一	九	十一
13	十一	十	十一	十	十一	十	十	十	十一	十	十一	十
14	九	十一	九	十一	九	十一	九	十一	九	十一	九	十一
15	十一	十	十一	十	十一	十	十一	十	十一	十	十	十
16	十一	九	十一	九	十一	九	十一	九	十一	九	十一	九
17	十二	十	十一	十	十一	十	十一	十	十一	十	十一	十
18	九	十一	九	十一	九	十一	九	十一	九	十	九	十
19	十	十	十	十	十	十	十	十	十	十	十一	十一
20	十一	十	十一	九	十一	九	十一	九	十一	九	十	九
21	十二	十	十一	十	十一	十	十一	十	十一	十	十一	十
22	九	十一	九	十一	九	十一	九	十一	九	十一	九	十一
23	十一	十	十一	十	十一	十	十一	十	十一	十	十一	十一
24	十一	九	十一	九	十一	九	十一	九	十一	九	十一	九
25	十	十	十一	十	十一	十	十一	十	十一	十	十一	十
26	九	十一	九	十一	九	十一	九	十一	九	十一	九	十一
27	十一	十	十一	十	十一	十	十一	十	十一	十	十一	十一
28	九	十一	九	十一	九	十	九	十	九	十	九	九
29	十一	十	十一	十	十一	十	十一	十	十一	十	十一	十
30	九	九	九	九	九	十	九	十	十	十	九	十
비고												

卯年 五月 출생자 운명 속견표

생월\생시	子시	丑시	寅시	卯시	辰시	巳시	午시	未시	申시	酉시	戌시	亥시
1	三五	三五	三五	三五	三五	三五	三五	三五	三五	三五	三五	三五
2	四六	四六	四六	四六	四六	四六	四六	四六	四六	四六	四六	四六
3	三五	三五	三五	三五	三五	三五	三五	三五	三五	三五	三五	三五
4	四六	四六	四六	四六	四六	四六	四六	四六	四六	四六	四六	四六
5	三五	三五	三五	三五	三五	三五	三五	三五	三五	三五	三五	三五
6	四六	四六	四六	四六	四六	四六	四六	四六	四六	四六	四六	四六
7	三五	三五	三五	三五	三五	三五	三五	三五	三五	三五	三五	三五
8	四六	四六	四六	四六	四六	四六	四六	四六	四六	四六	四六	四六
9	三五	三五	三五	三五	三五	三五	三五	三五	三五	三五	三五	三五
10	四六	四六	四六	四六	四六	四六	四六	四六	四六	四六	四六	四六
11	三五	三五	三五	三五	三五	三五	三五	三五	三五	三五	三五	三五
12	四六	四六	四六	四六	四六	四六	四六	四六	四六	四六	四六	四六
13	三五	三五	三五	三五	三五	三五	三五	三五	三五	三五	三五	三五
14	四六	四六	四六	四六	四六	四六	四六	四六	四六	四六	四六	四六
15	三五	三五	三五	三五	三五	三五	三五	三五	三五	三五	三五	三五
16	四六	四六	四六	四六	四六	四六	四六	四六	四六	四六	四六	四六
17	三五	三五	三五	三五	三五	三五	三五	三五	三五	三五	三五	三五
18	四六	四六	四六	四六	四六	四六	四六	四六	四六	四六	四六	四六
19	三五	三五	三五	三五	三五	三五	三五	三五	三五	三五	三五	三五
20	四六	四六	四六	四六	四六	四六	四六	四六	四六	四六	四六	四六
21	三五	三五	三五	三五	三五	三五	三五	三五	三五	三五	三五	三五
22	四六	四六	四六	四六	四六	四六	四六	四六	四六	四六	四六	四六
23	三五	三五	三五	三五	三五	三五	三五	三五	三五	三五	三五	三五
24	四六	四六	四六	四六	四六	四六	四六	四六	四六	四六	四六	四六
25	三五	三五	三五	三五	三五	三五	三五	三五	三五	三五	三五	三五
26	四六	四六	四六	四六	四六	四六	四六	四六	四六	四六	四六	四六
27	三五	三五	三五	三五	三五	三五	三五	三五	三五	三五	三五	三五
28	四六	四六	四六	四六	四六	四六	四六	四六	四六	四六	四六	四六
29	三五	三五	三五	三五	三五	三五	三五	三五	三五	三五	三五	三五
30	六	六	六	六	六	六	六	六	六	四	四	六
비고												

卯년 六월 출생자 운명 속견표

생시\생일	子시	丑시	寅시	卯시	辰시	巳시	午시	未시	申시	酉시	戌시	亥시
1	二四五六	二六三	二四六三	二六三	二四六三	二六三	二四六三	二六三	二四六三	二六三	二四五	二六三
2	二五六	二五三	二四五	二五三	二四五	二五三	二四五	二五三	二四五	二五三	二五	二五三
3	三二六	一六三四	一二六	一六三四	一二六	一六三四	一二六	一六三四	一二六	一六三四	一六三	一六三四
4	五二六	一五三二	一五二	一五三二	一五二	一五三二	一五二	一五三二	一五二	一五三二	一五三二	一五三二
5	一二六	一四三六	一四二六	一四三六	一四二六	一四三六	一四二六	一四三六	一四二六	一四三六	一四三六	一四三六
6	二三	一三五	二三	一三五	二三	一三五	二三	一三五	二三	一三五	一三五	一三五
7	一四六	一四二六	一四六	一四二六	一四六	一四二六	一四六	一四二六	一四六	一四二六	一四二六	一四二六
8	二五	二五三	二五三	二五三	二五三	二五三	二五三	二五三	二五三	二五三	二五三	二五三
9	一四六	二四六	一二四六	二四六	一二四六	二四六	一二四六	二四六	一二四六	二四六	二四六	二四六
10	二五三	二五三	二五三	二五三	二五三	二五三	二五三	二五三	二五三	二五三	二五三	二五三
11	一四三六	一四二六	一四三六	一四二六	一四三六	一四二六	一四三六	一四二六	一四三六	一四二六	一四二六	一四二六
12	一五三二	一五二	一五三二	一五二	一五三二	一五二	一五三二	一五二	一五三二	一五二	一五二	一五二
13	一二四	一四六	一二四	一四六	一二四	一四六	一二四	一四六	一二四	一四六	一四六	一四六
14	二五三	二五三	二五三	二五三	二五三	二五三	二五三	二五三	二五三	二五三	二五三	二五三
15	一四六三	一二四六	一四六三	一二四六	一四六三	一二四六	一四六三	一二四六	一四六三	一二四六	一二四六	一二四六
16	二五三	二五三	二五三	二五三	二五三	二五三	二五三	二五三	二五三	二五三	二五三	二五三
17	一四三六	一四二六	一四三六	一四二六	一四三六	一四二六	一四三六	一四二六	一四三六	一四二六	一四二六	一四二六
18	三二五	二五三	三二五	二五三	三二五	二五三	三二五	二五三	三二五	二五三	二五三	二五三
19	一二六三	一二四六	一二六三	一二四六	一二六三	一二四六	一二六三	一二四六	一二六三	一二四六	一二四六	一二四六
20	二五三	二五三	二五三	二五三	二五三	二五三	二五三	二五三	二五三	二五三	二五三	二五三
21	一四三六	一四二六	一四三六	一四二六	一四三六	一四二六	一四三六	一四二六	一四三六	一四二六	一四二六	一四二六
22	一五三	二五三	一五三	二五三	一五三	二五三	一五三	二五三	一五三	二五三	二五三	二五三
23	一六三	一二四六	一六三	一二四六	一六三	一二四六	一六三	一二四六	一六三	一二四六	一二四六	一二四六
24	二五三	二五三	二五三	二五三	二五三	二五三	二五三	二五三	二五三	二五三	二五三	二五三
25	一四三六	一四二六	一四三六	一四二六	一四三六	一四二六	一四三六	一四二六	一四三六	一四二六	一四二六	一四二六
26	二五三	二五三	二五三	二五三	二五三	二五三	二五三	二五三	二五三	二五三	二五三	二五三
27	一六三	一二四六	一六三	一二四六	一六三	一二四六	一六三	一二四六	一六三	一二四六	一二四六	一二四六
28	二五三	二五三	二五三	二五三	二五三	二五三	二五三	二五三	二五三	二五三	二五三	二五三
29	一四六	一四二六	一四六	一四二六	一四六	一四二六	一四六	一四二六	一四六	一四二六	一四二六	一四二六
30	二五	二五三	二五三	二五三	二五三	二五三	二五三	二五三	二五三	二五三	二五	二五三
비고												

卯년 七月 출생자 운명 속견표

생시\생월	子시	丑시	寅시	卯시	辰시	巳시	午시	未시	申시	酉시	戌시	亥시
1	五본명성	五三	五三	五三	五三	五三	五三	五三	五三	五三	五三	三四
2	三六	三六	三六	三六	三六	三六	三六	三六	三六	三六	三六	三四
3	三二五	三二五	三二五	三二五	三二五	三二五	三二五	三二五	三二五	三二五	三二五	一五
4	三二四六	三二六	三二六	三二六	三二六	三二六	三二六	三二六	三二六	三二六	一四	一六
5	三二五	三二五	三二五	三二五	三二五	三二五	三二五	三二五	三二五	三二五	一五	三四
6	三二六	三二六	三二六	三二六	三二六	三二六	三二六	三二六	三二六	三二六	一六	一四
7	三二五	三二五	三二五	三二五	三二五	三二五	三二五	三二五	三二五	三二五	三二五	一五
8	三二六	三二六	三二六	三二六	三二六	三二六	三二六	三二六	三二六	三二六	一四	一六
9	三二五	三二五	三二五	三二五	三二五	三二五	三二五	三二五	三二五	三二五	一五	三四
10	三二六	三二六	三二六	三二六	三二六	三二六	三二六	三二六	三二六	三二六	一六	一四
11	三二五	三二五	三二五	三二五	三二五	三二五	三二五	三二五	三二五	三二五	三二五	一五
12	三二四	三二六	三二六	三二六	三二六	三二六	三二六	三二六	三二六	三二六	一四	一六
13	三二五	三二五	三二五	三二五	三二五	三二五	三二五	三二五	三二五	三二五	一五	一三
14	三二六	三二六	三二六	三二六	三二六	三二六	三二六	三二六	三二六	三二六	一六	一四
15	三二五	三二五	三二五	三二五	三二五	三二五	三二五	三二五	三二五	三二五	三二五	一五
16	三二六	三二六	三二六	三二六	三二六	三二六	三二六	三二六	三二六	三二六	一四	一六
17	三二五	三二五	三二五	三二五	三二五	三二五	三二五	三二五	三二五	三二五	一五	一三
18	三二六	三二六	三二六	三二六	三二六	三二六	三二六	三二六	三二六	三二六	一六	一四
19	三二五	三二五	三二五	三二五	三二五	三二五	三二五	三二五	三二五	三二五	三二三	一五
20	三二四	三二四	三二四	三二四	三二四	三二四	三二四	三二四	三二四	三二四	一四	一六
21	三二五	三二五	三二五	三二五	三二五	三二五	三二五	三二五	三二五	三二五	一五	一三
22	三二六	三二六	三二六	三二六	三二六	三二六	三二六	三二六	三二六	三二六	一六	一四
23	三二五	三二五	三二五	三二五	三二五	三二五	三二五	三二五	三二五	三二五	三二五	一五
24	三二四	三二六	三二六	三二六	三二六	三二六	三二六	三二六	三二六	三二六	一四	一六
25	三二五	三二五	三二五	三二五	三二五	三二五	三二五	三二五	三二五	三二五	一五	一三
26	三二六	三二六	三二六	三二六	三二六	三二六	三二六	三二六	三二六	三二六	一六	一四
27	三二五	三二五	三二五	三二五	三二五	三二五	三二五	三二五	三二五	三二五	三二三	一五
28	三二六	三二六	三二六	三二六	三二六	三二六	三二六	三二六	三二六	三二六	一四	一六
29	三二五	三二五	三二五	三二五	三二五	三二五	三二五	三二五	三二五	三二五	一五	一三
30	一六	一四	一六	一四	一六	一四	一六	一四	一六	一四	一六	一四
비고												

卯年 八月 출생자 운명 속견표

생월/생시	子시	丑시	寅시	卯시	辰시	巳시	午시	未시	申시	酉시	戌시	亥시
1	三六	四五	三六	四五	三六	四五	三六	四五	三六	四五	三六	四五
2	三五	四六	三五	四六	三五	四六	三五	四六	三五	四六	三五	四六
3	四六	三五	四六	三五	四六	三五	四六	三五	四六	三五	四六	三五
4	三五	四六	三五	四六	三五	四六	三五	四六	三五	四六	三五	四六
5	三六	四五	三六	四五	三六	四五	三六	四五	三六	四五	三六	四五
6	三五	四六	三五	四六	三五	四六	三五	四六	三五	四六	三五	四六
7	四六	三五	四六	三五	四六	三五	四六	三五	四六	三五	四六	三五
8	三五	四六	三五	四六	三五	四六	三五	四六	三五	四六	三五	四六
9	三六	四五	三六	四五	三六	四五	三六	四五	三六	四五	三六	四五
10	三五	四六	三五	四六	三五	四六	三五	四六	三五	四六	三五	四六
11	四六	三五	四六	三五	四六	三五	四六	三五	四六	三五	四六	三五
12	三五	四六	三五	四六	三五	四六	三五	四六	三五	四六	三五	四六
13	四六	三五	四六	三五	四六	三五	四六	三五	四六	三五	四六	三五
14	三五	四六	三五	四六	三五	四六	三五	四六	三五	四六	三五	四六
15	三六	四五	三六	四五	三六	四五	三六	四五	三六	四五	三六	四五
16	三五	四六	三五	四六	三五	四六	三五	四六	三五	四六	三五	四六
17	四六	三五	四六	三五	四六	三五	四六	三五	四六	三五	四六	三五
18	三五	四六	三五	四六	三五	四六	三五	四六	三五	四六	三五	四六
19	四六	三五	四六	三五	四六	三五	四六	三五	四六	三五	四六	三五
20	三五	四六	三五	四六	三五	四六	三五	四六	三五	四六	三五	四六
21	四六	三五	四六	三五	四六	三五	四六	三五	四六	三五	四六	三五
22	三五	四六	三五	四六	三五	四六	三五	四六	三五	四六	三五	四六
23	四六	三五	四六	三五	四六	三五	四六	三五	四六	三五	四六	三五
24	三五	四六	三五	四六	三五	四六	三五	四六	三五	四六	三五	四六
25	四六	三五	四六	三五	四六	三五	四六	三五	四六	三五	四六	三五
26	三五	四六	三五	四六	三五	四六	三五	四六	三五	四六	三五	四六
27	四六	三五	四六	三五	四六	三五	四六	三五	四六	三五	四六	三五
28	三五	四六	三五	四六	三五	四六	三五	四六	三五	四六	三五	四六
29	四六	三四	四六	三四	四六	三四	四六	三四	四六	三四	四六	三四
30	三五	三五	三五	三五	三五	三五	三五	三五	三五	三五	三五	三五
비고												

辰년 五월 출생자 운명 속견표

생시\생일	子시	丑시	寅시	卯시	辰시	巳시	午시	未시	申시	酉시	戌시	亥시
1	七一八	七一八	七一八	七一八	七一八	七一八	七一八	七一八	七一八	七一八	七一八	七一八
2	九二〇	九二〇	九二〇	九二〇	九二〇	九二〇	九二〇	九二〇	九二〇	九二〇	九二〇	九二〇
3	七一八	七一八	七一八	七一八	七一八	七一八	七一八	七一八	七一八	七一八	七一八	七一八
4	九二〇	九二〇	九二〇	九二〇	九二〇	九二〇	九二〇	九二〇	九二〇	九二〇	九二〇	九二〇
5	七一八	七一八	七一八	七一八	七一八	七一八	七一八	七一八	七一八	七一八	七一八	七一八
6	九二〇	九二〇	九二〇	九二〇	九二〇	九二〇	九二〇	九二〇	九二〇	九二〇	九二〇	九二〇
7	七一八	七一八	七一八	七一八	七一八	七一八	七一八	七一八	七一八	七一八	七一八	七一八
8	九二〇	九二〇	九二〇	九二〇	九二〇	九二〇	九二〇	九二〇	九二〇	九二〇	九二〇	九二〇
9	七一八	七一八	七一八	七一八	七一八	七一八	七一八	七一八	七一八	七一八	七一八	七一八
10	九二〇	九二〇	九二〇	九二〇	九二〇	九二〇	九二〇	九二〇	九二〇	九二〇	九二〇	九二〇
11	七一八	七一八	七一八	七一八	七一八	七一八	七一八	七一八	七一八	七一八	七一八	七一八
12	九二〇	九二〇	九二〇	九二〇	九二〇	九二〇	九二〇	九二〇	九二〇	九二〇	九二〇	九二〇
13	七一八	七一八	七一八	七一八	七一八	七一八	七一八	七一八	七一八	七一八	七一八	七一八
14	九二〇	九二〇	九二〇	九二〇	九二〇	九二〇	九二〇	九二〇	九二〇	九二〇	九二〇	九二〇
15	七一八	七一八	七一八	七一八	七一八	七一八	七一八	七一八	七一八	七一八	七一八	七一八
16	九二〇	九二〇	九二〇	九二〇	九二〇	九二〇	九二〇	九二〇	九二〇	九二〇	九二〇	九二〇
17	七一八	七一八	七一八	七一八	七一八	七一八	七一八	七一八	七一八	七一八	七一八	七一八
18	九二〇	九二〇	九二〇	九二〇	九二〇	九二〇	九二〇	九二〇	九二〇	九二〇	九二〇	九二〇
19	七一八	七一八	七一八	七一八	七一八	七一八	七一八	七一八	七一八	七一八	七一八	七一八
20	九二〇	九二〇	九二〇	九二〇	九二〇	九二〇	九二〇	九二〇	九二〇	九二〇	九二〇	九二〇
21	七一八	七一八	七一八	七一八	七一八	七一八	七一八	七一八	七一八	七一八	七一八	七一八
22	九二〇	九二〇	九二〇	九二〇	九二〇	九二〇	九二〇	九二〇	九二〇	九二〇	九二〇	九二〇
23	七一八	七一八	七一八	七一八	七一八	七一八	七一八	七一八	七一八	七一八	七一八	七一八
24	九二〇	九二〇	九二〇	九二〇	九二〇	九二〇	九二〇	九二〇	九二〇	九二〇	九二〇	九二〇
25	七一八	七一八	七一八	七一八	七一八	七一八	七一八	七一八	七一八	七一八	七一八	七一八
26	九二〇	九二〇	九二〇	九二〇	九二〇	九二〇	九二〇	九二〇	九二〇	九二〇	九二〇	九二〇
27	七一八	七一八	七一八	七一八	七一八	七一八	七一八	七一八	七一八	七一八	七一八	七一八
28	九二〇	九二〇	九二〇	九二〇	九二〇	九二〇	九二〇	九二〇	九二〇	九二〇	九二〇	九二〇
29	七一	七一	七一	七一	七一	七一	七一	七一	七一	七一	七一	七一
30	八	八	八	八	八	八	八	八	八	八	八	八
비고												

辰년 六월 출생자 운명 속견표

생월/시	子시	丑시	寅시	卯시	辰시	巳시	午시	未시	申시	酉시	戌시	亥시
1	부부년	三○九	二八三○	三○七	二八三○	三○七	二八三○	三○七	二八三○	三○七	二八三○	三○七
2	二七八九	三○七	二八九	三○七	二八九	三○七	二八九	三○七	二八九	三○七	二八九	三○七
3	二七八	三○九	二七八	三○九	二七八	三○九	二七八	三○九	二七八	三○九	二七八	三○九
4	二七九	三○八	二七九	三○八	二七九	三○八	二七九	三○八	二七九	三○八	二七九	三○八
5	二八三○	三○七	二八三○	三○七	二八三○	三○七	二八三○	三○七	二八三○	三○七	二八三○	三○七
6	二七八九	三○七	二八九	三○七	二八九	三○七	二八九	三○七	二八九	三○七	二八九	三○七
7	二七八	三○九	二七八	三○九	二七八	三○九	二七八	三○九	二七八	三○九	二七八	三○九
8	二七九	三○八	二七九	三○八	二七九	三○八	二七九	三○八	二七九	三○八	二七九	三○八
9	二八三○	三○七	二八三○	三○七	二八三○	三○七	二八三○	三○七	二八三○	三○七	二八三○	三○七
10	二七八九	三○七	二八九	三○七	二八九	三○七	二八九	三○七	二八九	三○七	二八九	三○七
11	二七八	三○九	二七八	三○九	二七八	三○九	二七八	三○九	二七八	三○九	二七八	三○九
12	二七九	三○八	二七九	三○八	二七九	三○八	二七九	三○八	二七九	三○八	二七九	三○八
13	二八三○	三○七	二八三○	三○七	二八三○	三○七	二八三○	三○七	二八三○	三○七	二八三○	三○七
14	二七八九	三○七	二八九	三○七	二八九	三○七	二八九	三○七	二八九	三○七	二八九	三○七
15	二七八	三○九	二七八	三○九	二七八	三○九	二七八	三○九	二七八	三○九	二七八	三○九
16	二七九	三○八	二七九	三○八	二七九	三○八	二七九	三○八	二七九	三○八	二七九	三○八
17	二八三○	三○七	二八三○	三○七	二八三○	三○七	二八三○	三○七	二八三○	三○七	二八三○	三○七
18	二七八九	三○七	二八九	三○七	二八九	三○七	二八九	三○七	二八九	三○七	二八九	三○七
19	二七八	三○九	二七八	三○九	二七八	三○九	二七八	三○九	二七八	三○九	二七八	三○九
20	二七九	三○八	二七九	三○八	二七九	三○八	二七九	三○八	二七九	三○八	二七九	三○八
21	二八三○	三○七	二八三○	三○七	二八三○	三○七	二八三○	三○七	二八三○	三○七	二八三○	三○七
22	二七八九	三○七	二八九	三○七	二八九	三○七	二八九	三○七	二八九	三○七	二八九	三○七
23	二七八	三○九	二七八	三○九	二七八	三○九	二七八	三○九	二七八	三○九	二七八	三○九
24	二七九	三○八	二七九	三○八	二七九	三○八	二七九	三○八	二七九	三○八	二七九	三○八
25	二八三○	三○七	二八三○	三○七	二八三○	三○七	二八三○	三○七	二八三○	三○七	二八三○	三○七
26	二七八九	三○七	二八九	三○七	二八九	三○七	二八九	三○七	二八九	三○七	二八九	三○七
27	二七八	三○九	二七八	三○九	二七八	三○九	二七八	三○九	二七八	三○九	二七八	三○九
28	二七九	三○八	二七九	三○八	二七九	三○八	二七九	三○八	二七九	三○八	二七九	三○八
29	三○八	二八九	三○八	二八九	三○八	二八九	三○八	二八九	三○八	二八九	三○八	二八九
30	二九	三○七	二九	三○七	二九	三○七	二九	三○七	二九	三○七	二九	三○七
비고												

辰년 七월 출생자 운명 속견표

생월/시	子시	丑시	寅시	卯시	辰시	巳시	午시	未시	申시	酉시	戌시	亥시
1	一二〇	一二〇	一二〇	一二〇	一二〇	一二〇	一二〇	一二〇	一二〇	一二〇	一二〇	一二〇
2	一八二〇	一八二〇	一八二〇	一八二〇	一八二〇	一八二〇	一八二〇	一八二〇	一八二〇	一八二〇	一八二〇	一八二〇
3	一九二七	一九二七	一九二七	一九二七	一九二七	一九二七	一九二七	一九二七	一九二七	一九二七	一九二七	一九二七
4	二八三〇	二八三〇	二八三〇	二八三〇	二八三〇	二八三〇	二八三〇	二八三〇	二八三〇	二八三〇	二八三〇	二八三〇
5	一九二七	一九二七	一九二七	一九二七	一九二七	一九二七	一九二七	一九二七	一九二七	一九二七	一九二七	一九二七
6	一八三〇	一八三〇	一八三〇	一八三〇	一八三〇	一八三〇	一八三〇	一八三〇	一八三〇	一八三〇	一八三〇	一八三〇
7	一九二七	一九二七	一九二七	一九二七	一九二七	一九二七	一九二七	一九二七	一九二七	一九二七	一九二七	一九二七
8	二〇三〇	二〇三〇	二〇三〇	二〇三〇	二〇三〇	二〇三〇	二〇三〇	二〇三〇	二〇三〇	二〇三〇	二〇三〇	二〇三〇
9	一七二〇	一七二〇	一七二〇	一七二〇	一七二〇	一七二〇	一七二〇	一七二〇	一七二〇	一七二〇	一七二〇	一七二〇
10	一八三〇	一八三〇	一八三〇	一八三〇	一八三〇	一八三〇	一八三〇	一八三〇	一八三〇	一八三〇	一八三〇	一八三〇
11	一九二七	一九二七	一九二七	一九二七	一九二七	一九二七	一九二七	一九二七	一九二七	一九二七	一九二七	一九二七
12	二〇三〇	二〇三〇	二〇三〇	二〇三〇	二〇三〇	二〇三〇	二〇三〇	二〇三〇	二〇三〇	二〇三〇	二〇三〇	二〇三〇
13	一七二〇	一七二〇	一七二〇	一七二〇	一七二〇	一七二〇	一七二〇	一七二〇	一七二〇	一七二〇	一七二〇	一七二〇
14	一八三〇	一八三〇	一八三〇	一八三〇	一八三〇	一八三〇	一八三〇	一八三〇	一八三〇	一八三〇	一八三〇	一八三〇
15	一九二七	一九二七	一九二七	一九二七	一九二七	一九二七	一九二七	一九二七	一九二七	一九二七	一九二七	一九二七
16	二〇三〇	二〇三〇	二〇三〇	二〇三〇	二〇三〇	二〇三〇	二〇三〇	二〇三〇	二〇三〇	二〇三〇	二〇三〇	二〇三〇
17	一九二七	一九二七	一九二七	一九二七	一九二七	一九二七	一九二七	一九二七	一九二七	一九二七	一九二七	一九二七
18	一八三〇	一八三〇	一八三〇	一八三〇	一八三〇	一八三〇	一八三〇	一八三〇	一八三〇	一八三〇	一八三〇	一八三〇
19	一九二七	一九二七	一九二七	一九二七	一九二七	一九二七	一九二七	一九二七	一九二七	一九二七	一九二七	一九二七
20	二〇三〇	二〇三〇	二〇三〇	二〇三〇	二〇三〇	二〇三〇	二〇三〇	二〇三〇	二〇三〇	二〇三〇	二〇三〇	二〇三〇
21	一七二〇	一七二〇	一七二〇	一七二〇	一七二〇	一七二〇	一七二〇	一七二〇	一七二〇	一七二〇	一七二〇	一七二〇
22	一八三〇	一八三〇	一八三〇	一八三〇	一八三〇	一八三〇	一八三〇	一八三〇	一八三〇	一八三〇	一八三〇	一八三〇
23	一九二七	一九二七	一九二七	一九二七	一九二七	一九二七	一九二七	一九二七	一九二七	一九二七	一九二七	一九二七
24	二〇三〇	二〇三〇	二〇三〇	二〇三〇	二〇三〇	二〇三〇	二〇三〇	二〇三〇	二〇三〇	二〇三〇	二〇三〇	二〇三〇
25	一七二〇	一七二〇	一七二〇	一七二〇	一七二〇	一七二〇	一七二〇	一七二〇	一七二〇	一七二〇	一七二〇	一七二〇
26	一八三〇	一八三〇	一八三〇	一八三〇	一八三〇	一八三〇	一八三〇	一八三〇	一八三〇	一八三〇	一八三〇	一八三〇
27	一九二七	一九二七	一九二七	一九二七	一九二七	一九二七	一九二七	一九二七	一九二七	一九二七	一九二七	一九二七
28	二〇三〇	二〇三〇	二〇三〇	二〇三〇	二〇三〇	二〇三〇	二〇三〇	二〇三〇	二〇三〇	二〇三〇	二〇三〇	二〇三〇
29	一七一九	一七一九	一七一九	一七一九	一七一九	一七一九	一七一九	一七一九	一七一九	一七一九	一七一九	一七一九
30	一八	一八	一八	一八	一八	一八	一八	一八	一八	一八	一八	一八
비고												

辰년 八월 출생자 운명 속견표

四
十二

생시\생일	子시	丑시	寅시	卯시	辰시	巳시	午시	未시	申시	酉시	戌시	亥시
1 윤8월	三十 二七	三十 二七	三十 二七	三十 二七	三十 二七	三十 二七	三十 二七	三十 二七	三十 二七	三十 二七	三十 二七	三十 二七
2	二八 二九	二八 二九	二八 二九	二八 二九	二八 二九	二八 二九	二八 二九	二八 二九	二八 二九	二八 二九	二八 二九	二八 二九
3	三十 二八	三十 二八	三十 二八	三十 二八	三十 二八	三十 二八	三十 二八	三十 二八	三十 二八	三十 二八	三十 二八	三十 二八
4	二七 二九	二七 二九	二七 二九	二七 二九	二七 二九	二七 二九	二七 二九	二七 二九	二七 二九	二七 二九	二七 二九	二七 二九
5	三十 二八	三十 二八	三十 二八	三十 二八	三十 二八	三十 二八	三十 二八	三十 二八	三十 二八	三十 二八	三十 二八	三十 二八
6	二七 二九	二七 二九	二七 二九	二七 二九	二七 二九	二七 二九	二七 二九	二七 二九	二七 二九	二七 二九	二七 二九	二七 二九
7	三十 二八	三十 二八	三十 二八	三十 二八	三十 二八	三十 二八	三十 二八	三十 二八	三十 二八	三十 二八	三十 二八	三十 二八
8	二七 二九	二七 二九	二七 二九	二七 二九	二七 二九	二七 二九	二七 二九	二七 二九	二七 二九	二七 二九	二七 二九	二七 二九
9	三十 二八	三十 二八	三十 二八	三十 二八	三十 二八	三十 二八	三十 二八	三十 二八	三十 二八	三十 二八	三十 二八	三十 二八
10	二七 二九	二七 二九	二七 二九	二七 二九	二七 二九	二七 二九	二七 二九	二七 二九	二七 二九	二七 二九	二七 二九	二七 二九
11	二八 三十	二八 三十	二八 三十	二八 三十	二八 三十	二八 三十	二八 三十	二八 三十	二八 三十	二八 三十	二八 三十	二八 三十
12	三十 二七	三十 二七	三十 二七	三十 二七	三十 二七	三十 二七	三十 二七	三十 二七	三十 二七	三十 二七	三十 二七	三十 二七
13	二八 三十	二八 三十	二八 三十	二八 三十	二八 三十	二八 三十	二八 三十	二八 三十	二八 三十	二八 三十	二八 三十	二八 三十
14	三十 二七	三十 二七	三十 二七	三十 二七	三十 二七	三十 二七	三十 二七	三十 二七	三十 二七	三十 二七	三十 二七	三十 二七
15	二八 三十	二八 三十	二八 三十	二八 三十	二八 三十	二八 三十	二八 三十	二八 三十	二八 三十	二八 三十	二八 三十	二八 三十
16	三十 二七	三十 二七	三十 二七	三十 二七	三十 二七	三十 二七	三十 二七	三十 二七	三十 二七	三十 二七	三十 二七	三十 二七
17	二八 三十	二八 三十	二八 三十	二八 三十	二八 三十	二八 三十	二八 三十	二八 三十	二八 三十	二八 三十	二八 三十	二八 三十
18	三十 二九	三十 二九	三十 二九	三十 二九	三十 二九	三十 二九	三十 二九	三十 二九	三十 二九	三十 二九	三十 二九	三十 二九
19	二八 三十	二八 三十	二八 三十	二八 三十	二八 三十	二八 三十	二八 三十	二八 三十	二八 三十	二八 三十	二八 三十	二八 三十
20	三十 二九	三十 二九	三十 二九	三十 二九	三十 二九	三十 二九	三十 二九	三十 二九	三十 二九	三十 二九	三十 二九	三十 二九
21	二八 三十	二八 三十	二八 三十	二八 三十	二八 三十	二八 三十	二八 三十	二八 三十	二八 三十	二八 三十	二八 三十	二八 三十
22	三十 二七	三十 二七	三十 二七	三十 二七	三十 二七	三十 二七	三十 二七	三十 二七	三十 二七	三十 二七	三十 二七	三十 二七
23	二八 三十	二八 三十	二八 三十	二八 三十	二八 三十	二八 三十	二八 三十	二八 三十	二八 三十	二八 三十	二八 三十	二八 三十
24	三十 二九	三十 二九	三十 二九	三十 二九	三十 二九	三十 二九	三十 二九	三十 二九	三十 二九	三十 二九	三十 二九	三十 二九
25	二八 三十	二八 三十	二八 三十	二八 三十	二八 三十	二八 三十	二八 三十	二八 三十	二八 三十	二八 三十	二八 三十	二八 三十
26	二七 二九	二七 二九	二七 二九	二七 二九	二七 二九	二七 二九	二七 二九	二七 二九	二七 二九	二七 二九	二七 二九	二七 二九
27	三十 二八	三十 二八	三十 二八	三十 二八	三十 二八	三十 二八	三十 二八	三十 二八	三十 二八	三十 二八	三十 二八	三十 二八
28	二七 二九	二七 二九	二七 二九	二七 二九	二七 二九	二七 二九	二七 二九	二七 二九	二七 二九	二七 二九	二七 二九	二七 二九
29	三十 二八	三十 二八	三十 二八	三十 二八	三十 二八	三十 二八	三十 二八	三十 二八	三十 二八	三十 二八	三十 二八	三十 二八
30	二七	二七	二九	二七	二九	二七	二九	二七	二九	二七	二七	二九
비고												

巳年 一九五월 출생자 운명 속견표

생월시	子시	丑시	寅시	卯시	辰시	巳시	午시	未시	申시	酉시	戌시	亥시
1												
2												
3												
4												
5												
6												
7												
8												
9												
10												
11												
12												
13												
14												
15												
16												
17												
18												
19												
20												
21												
22												
23												
24												
25												
26												
27												
28												
29												
30												
비고												

巳年 六月 出生者 운명 속견표

生月\生時	子시	丑시	寅시	卯시	辰시	巳시	午시	未시	申시	酉시	戌시	亥시
1												
2												
3												
4												
5												
6												
7												
8												
9												
10												
11												
12												
13												
14												
15												
16												
17												
18												
19												
20												
21												
22												
23												
24												
25												
26												
27												
28												
29												
30												
비고												

巳年 七月 出생자 운명 속견표

巳년 四월 八 출생자 운명 속견표 ±

생월\생시	子시	丑시	寅시	卯시	辰시	巳시	午시	未시	申시	酉시	戌시	亥시
1												
2												
3												
4												
5												
6												
7												
8												
9												
10												
11												
12												
13												
14												
15												
16												
17												
18												
19												
20												
21												
22												
23												
24												
25												
26												
27												
28												
29												
30												
비고												

一九五四 午年 月 출생자 운명 속견표

생월\생시	子시	丑시	寅시	卯시	辰시	巳시	午시	未시	申시	酉시	戌시	亥시
1	三五 二六	三七 二五	三五 二七	三七 二五	三五 二七	三七 二五	三五 二七	三七 二五	三五 二七	三七 二五	三五 二六	三二 二八
2	二六	二六	二六	二六	二六	二六	二六	二六	二六	二六	二六	二五
3	三五	二五	三七	二五	三七	二五	三七	二五	三七	二五	三七	三五
4	三八 二六	三六 二五	三八 二六	三六 二五	三八 二六	三六 二五	三八 二六	三六 二五	三八 二六	三六 二五	三八 二六	三八 二六
5	三五 二七	三七 二五	三五 二七	三七 二五	三五 二七	三七 二五	三五 二七	三七 二五	三五 二七	三七 二五	三五 二七	三七 二五
6	三八 二六	三六 二五	三八 二六	三六 二五	三八 二六	三六 二五	三八 二六	三六 二五	三八 二六	三六 二五	三八 二六	三八 二五
7	三五	二五	三七	二五	三七	二五	三七	二五	三七	二五	三七	三五
8	三八 二六	三六 二五	三八 二六	三六 二五	三八 二六	三六 二五	三八 二六	三六 二五	三八 二六	三六 二五	三八 二六	三八 二六
9	三七	二五	三七	二五	三七	二五	三七	二五	三七	二五	二七	二七
10	三八 二六	三六 二八	三八 二六	三六 二八	三八 二六	三六 二八	三八 二六	三六 二八	三八 二六	三六 二八	三八 二六	三八 二六
11	二五 二七	二五 三七	二五 三七	二五 三七	二五 三七	二五 三七	二五 三七	二五 三七	二五 三七	二五 三七	二七	二五
12	三八 二六	三六 二五	三八 二六	三六 二五	三八 二六	三六 二五	三八 二六	三六 二五	三八 二六	三六 二五	三八 二六	三八 二六
13	三七 二五	三五 二七	三七 二五	三五 二七	三七 二五	三五 二七	三七 二五	三五 二七	三七 二五	三五 二七	三七 二五	三七 二五
14	三六 二八	三八 二六	三六 二八	三八 二六	三六 二八	三八 二六	三六 二八	三八 二六	三六 二八	三八 二六	三六 二八	三六 二八
15	三七 二五	三五 二七	三七 二五	三五 二七	三七 二五	三五 二七	三七 二五	三五 二七	三七 二五	三五 二七	三七 二五	三七 二五
16	三六 二五	三八 二六	三六 二五	三八 二六	三六 二五	三八 二六	三六 二五	三八 二六	三六 二五	三八 二六	三六 二五	三六 二五
17	三五 二七	三七 二五	三五 二七	三七 二五	三五 二七	三七 二五	三五 二七	三七 二五	三五 二七	三七 二五	三五 二七	三五 二七
18	三六 二五	三八 二六	三六 二五	三八 二六	三六 二五	三八 二六	三六 二五	三八 二六	三六 二五	三八 二六	三六 二五	三六 二五
19	三七 二五	三五 二七	三七 二五	三五 二七	三七 二五	三五 二七	三七 二五	三五 二七	三七 二五	三五 二七	三七 二五	三七 二五
20	三八 二六	三六 二八	三八 二六	三六 二八	三八 二六	三六 二八	三八 二六	三六 二八	三八 二六	三六 二八	三八 二六	三八 二六
21	二五	二五	二七	二五	二七	二五	二七	二五	二七	二五	二五	二七
22	三六 二八	三六 二八	三六 二八	三六 二八	三六 二八	三六 二八	三六 二八	三六 二八	三六 二八	三六 二六	三六 二八	三六 二八
23	三七 二五	三五 二七	三七 二五	三五 二七	三七 二五	三五 二七	三七 二五	三五 二七	三七 二五	三五 二七	三七 二五	三七 二五
24	三六 二八	三八 二六	三六 二八	三八 二六	三六 二八	三八 二六	三六 二八	三八 二六	三六 二八	三八 二六	三六 二八	三六 二八
25	三五 二七	三七 二五	三五 二七	三七 二五	三五 二七	三七 二五	三五 二七	三七 二五	三五 二七	三七 二五	三五 二七	三五 二七
26	三六 二八	三八 二六	三六 二八	三八 二六	三六 二八	三八 二六	三六 二八	三八 二六	三六 二八	三八 二六	三六 二八	三六 二八
27	三七 二五	三五 二七	三七 二五	三五 二七	三七 二五	三五 二七	三七 二五	三五 二七	三七 二五	三五 二七	三七 二五	三七 二五
28	三六 二八	三八 二六	三六 二八	三八 二六	三六 二八	三八 二六	三六 二八	三八 二六	三六 二八	三八 二六	三六 二八	三六 二八
29	二五 二七	二五 三七	二五 三七	二五 三七	二五 三七	二五 三七	二五 三七	二五 三七	二五 三七	二五 三七	二五 三七	二五 二七
30	二六	二六	二六	二六	二六	二六	二八	二八	二八	二六	二八	二八
비고												

午년 六月 출생자 운명 속견표

생월/생시	子시	丑시	寅시	卯시	辰시	巳시	午시	未시	申시	酉시	戌시	亥시
1	二六五	二六七	二六五	二六七	二六五	二六七	二六五	二六七	二六五	二六五	二六七	二六五
2	二八五	二八五	二八五	二八七	二八五	二八七	二八五	二八七	二八五	二八五	二八七	二八五
3	二六五	二六五	二六五	二六七	二六五	二六七	二六五	二六七	二六五	二六五	二六七	二六五
4	二八七	二八五	二八七	二八五	二八七	二八五	二八七	二八五	二八七	二八七	二八五	二八七
5	二六七	二六五	二六七	二六五	二六七	二六五	二六七	二六五	二六七	二六七	二六五	二六七
6	二八五	二八五	二八五	二八七	二八五	二八七	二八五	二八七	二八五	二八五	二八七	二八五
7	二六五	二六五	二六五	二六七	二六五	二六七	二六五	二六七	二六五	二六五	二六七	二六五
8	二八五	二八五	二八五	二八七	二八五	二八七	二八五	二八七	二八五	二八五	二八七	二八五
9	二六七	二六五	二六七	二六五	二六七	二六五	二六七	二六五	二六七	二六七	二六五	二六七
10	二八五	二八五	二八五	二八七	二八五	二八七	二八五	二八七	二八五	二八五	二八七	二八五
11	二六七	二六五	二六七	二六五	二六七	二六五	二六七	二六五	二六七	二六七	二六五	二六七
12	二八五	二八五	二八五	二八七	二八五	二八七	二八五	二八七	二八五	二八五	二八七	二八五
13	二六七	二六五	二六七	二六五	二六七	二六五	二六七	二六五	二六七	二六七	二六五	二六七
14	二八五	二八五	二八五	二八七	二八五	二八七	二八五	二八七	二八五	二八五	二八七	二八五
15	二六七	二六五	二六七	二六五	二六七	二六五	二六七	二六五	二六七	二六七	二六五	二六七
16	二八五	二八五	二八五	二八七	二八五	二八七	二八五	二八七	二八五	二八五	二八七	二八五
17	二六七	二六五	二六七	二六五	二六七	二六五	二六七	二六五	二六七	二六七	二六五	二六七
18	二八五	二八五	二八五	二八七	二八五	二八七	二八五	二八七	二八五	二八五	二八七	二八五
19	二六七	二六五	二六七	二六五	二六七	二六五	二六七	二六五	二六七	二六七	二六五	二六七
20	二八五	二八五	二八五	二八七	二八五	二八七	二八五	二八七	二八五	二八五	二八七	二八五
21	二六七	二六五	二六七	二六五	二六七	二六五	二六七	二六五	二六七	二六七	二六五	二六七
22	二八五	二八五	二八五	二八七	二八五	二八七	二八五	二八七	二八五	二八五	二八七	二八五
23	二六七	二六五	二六七	二六五	二六七	二六五	二六七	二六五	二六七	二六七	二六五	二六七
24	二八五	二八五	二八五	二八七	二八五	二八七	二八五	二八七	二八五	二八五	二八七	二八五
25	二六七	二六五	二六七	二六五	二六七	二六五	二六七	二六五	二六七	二六七	二六五	二六七
26	二八五	二八五	二八五	二八七	二八五	二八七	二八五	二八七	二八五	二八五	二八七	二八五
27	二六七	二六五	二六七	二六五	二六七	二六五	二六七	二六五	二六七	二六七	二六五	二六七
28	二八五	二八五	二八五	二八七	二八五	二八七	二八五	二八七	二八五	二八五	二八七	二八五
29	二六五	二六五	二六五	二六七	二六五	二六七	二六五	二六七	二六五	二六五	二六七	二六五
30	二八五	二八五	二八五	二八七	二八五	二八七	二八五	二八七	二八五	二八五	二八七	二八五
비고												

午년 七月 출생자 운명 속견표

생월/생시	子시	丑시	寅시	卯시	辰시	巳시	午시	未시	申시	酉시	戌시	亥시
1	二七	二五	二七	二五	二七	二五	二七	二五	二七	二五	二七	二五
2	二八	二六	二八	二六	二八	二六	二八	二六	二八	二六	二八	二六
3	二五	二七	二五	二七	二五	二七	二五	二七	二五	二七	二五	二七
4	二六	二五	二六	二五	二六	二五	二六	二五	二六	二五	二六	二八
5	二七	二六	二五	二六	二七	二五	二七	二五	二七	二五	二七	二五
6	二八	二六	二八	二六	二八	二六	二八	二六	二八	二六	二八	二六
7	二六	二七	二五	二七	二五	二七	二五	二七	二五	二七	二五	二七
8	二八	二六	二八	二六	二八	二六	二八	二六	二八	二六	二八	二五
9	二五	二七	二五	二七	二五	二七	二五	二七	二五	二七	二五	二五
10	二六	二八	二六	二八	二六	二八	二六	二八	二六	二八	二六	二六
11	二七	二五	二七	二五	二七	二五	二七	二五	二七	二五	二七	二七
12	二六	二七	二六	二七	二六	二七	二六	二七	二六	二五	二六	二八
13	二七	二五	二七	二五	二七	二五	二七	二五	二五	二五	二五	二五
14	二八	二六	二八	二六	二八	二六	二八	二六	二八	二六	二八	二六
15	二五	二七	二五	二七	二五	二七	二五	二七	二五	二七	二五	二七
16	二六	二八	二六	二八	二六	二八	二六	二八	二六	二八	二六	二八
17	二七	二五	二七	二五	二七	二五	二七	二五	二七	二五	二七	二五
18	二六	二五	二六	二五	二六	二五	二六	二五	二六	二五	二六	二六
19	二七	二六	二七	二六	二七	二六	二七	二六	二七	二七	二五	二七
20	二六	二六	二六	二八	二六	二八	二六	二八	二六	二八	二六	二八
21	二七	二五	二七	二五	二七	二五	二七	二五	二七	二五	二七	二五
22	二六	二七	二六	二六	二六	二六	二六	二六	二六	二八	二六	二六
23	二七	二五	二七	二五	二七	二五	二七	二五	二七	二五	二七	二五
24	二六	二六	二六	二六	二六	二八	二六	二六	二六	二八	二六	二八
25	二五	二五	二五	二五	二五	二五	二五	二五	二五	二五	二五	二五
26	二六	二六	二六	二六	二六	二六	二六	二六	二六	二六	二八	二六
27	二七	二五	二七	二五	二七	二五	二七	二五	二七	二五	二七	二七
28	二六	二六	二六	二六	二六	二六	二六	二六	二六	二六	二六	二八
29	二五	二七	二五	二七	二五	二七	二五	二七	二五	二七	二五	二五
30		二六	二八	二六	二八	二六	二八	二六	二八	二八	二八	二六
비고												

午년 八月 출생자 운명 속견표

生時\生月	子시	丑시	寅시	卯시	辰시	巳시	午시	未시	申시	酉시	戌시	亥시
1	三五	三五	三五	三六	三六	三六	三六	三六	三六	三六	三五	三五
2	三五	三五	三五	三六	三六	三六	三五	三六	三六	三七	三五	三七
3	三六	三六	三六	三六	三六	三六	三六	三六	三七	三六	三六	三八
4	三五	三五	三五	三五	三五	三五	三七	三五	三五	三五	三七	三五
5	三八	三八	三八	三六	三八	三八	三八	三八	三八	三八	三八	三六
6	三五	三五	三五	三五	三五	三五	三七	三五	三五	三五	三五	三七
7	三八	三八	三八	三六	三六	三六	三八	三八	三八	三六	三八	三八
8	三五	三五	三五	三五	三五	三五	三五	三五	三五	三七	三七	三五
9	三八	三六	三八	三八	三六	三八	三六	三八	三六	三八	三八	三八
10	三五	三五	三五	三五	三五	三五	三五	三五	三五	三五	三五	三六
11	三六	三六	三六	三六	三六	三六	三六	三六	三六	三八	三六	三八
12	三五	三五	三五	三五	三五	三五	三五	三五	三五	三七	三七	三五
13	三六	三六	三六	三六	三六	三六	三八	三六	三六	三六	三六	三六
14	三五	三五	三五	三五	三五	三七	三七	三七	三五	三七	三五	三七
15	三六	三六	三六	三六	三六	三六	三六	三六	三六	三六	三六	三六
16	三五	三五	三五	三五	三五	三五	三五	三五	三五	三五	三八	三五
17	三七	三七	三七	三七	三七	三七	三七	三七	三六	三六	三六	三六
18	三五	三七	三五	三五	三七	三五	三七	三五	三七	三七	三五	三七
19	三六	三六	三六	三六	三六	三六	三六	三六	三六	三六	三六	三六
20	三五	三五	三五	三五	三五	三七	三五	三五	三五	三五	三五	三五
21	三六	三六	三六	三六	三六	三六	三六	三六	三六	三六	三六	三六
22	三五	三五	三五	三五	三五	三五	三五	三五	三五	三五	三五	三五
23	三八	三六	三六	三六	三六	三六	三六	三八	三六	三六	三八	三八
24	三五	三七	三五	三五	三五	三五	三五	三七	三五	三七	三七	三五
25	三六	三八	三六	三八	三六	三八	三六	三八	三六	三六	三六	三六
26	三五	三五	三七	三五	三七	三五	三七	三五	三七	三七	三五	三七
27	三八	三八	三六	三八	三六	三八	三六	三八	三六	三八	三八	三八
28	三五	三五	三五	三五	三五	三五	三五	三五	三五	三七	三七	三五
29	三五	三五	三六	三六	三六	三六	三六	三六	三六	三六	三六	三六
30		三五	三五	三五	三五	三五	三五	三五	三七	三七	三五	三七
비고												

未년 五月 출생자 운명 속견표 (一九五◯)

생월\생시	子시	丑시	寅시	卯시	辰시	巳시	午시	未시	申시	酉시	戌시	亥시
1	三一九	三一九	三一九	三一九	三一九	三一九	三一九	三一九	三一九	三一九	三一九	三一九
2	三三〇	三三〇	三三〇	三三〇	三三〇	三三〇	三三〇	三三〇	三三〇	三三〇	三三〇	三三〇
3	三二九	三二九	三二九	三二九	三二九	三二九	三二九	三二九	三二九	三二九	三二九	三二九
4	三三〇	三三〇	三三〇	三三〇	三三〇	三三〇	三三〇	三三〇	三三〇	三三一	三三一	三三〇
5	三二九	三二九	三二九	三二九	三二九	三二九	三二九	三二九	三二九	三二九	三二九	三二九
6	三三〇	三三〇	三三〇	三三〇	三三〇	三三〇	三三〇	三三〇	三三〇	三三〇	三三〇	三三〇
7	三二九	三二九	三二九	三二九	三二九	三二九	三二九	三二九	三二九	三二九	三二九	三二九
8	三三〇	三三〇	三三〇	三三〇	三三〇	三三〇	三三〇	三三〇	三三〇	三三〇	三三〇	三三〇
9	三二九	三二九	三二九	三二九	三二九	三二九	三二九	三二九	三二九	三二九	三二九	三二九
10	三三〇	三三〇	三三〇	三三〇	三三〇	三三〇	三三〇	三三〇	三三〇	三三〇	三三〇	三三〇
11	三二九	三二九	三二九	三二九	三二九	三二九	三二九	三二九	三二九	三二九	三二九	三二九
12	三三〇	三三〇	三三〇	三三〇	三三〇	三三〇	三三〇	三三〇	三三〇	三三〇	三三〇	三三〇
13	三二九	三二九	三二九	三二九	三二九	三二九	三二九	三二九	三二九	三二九	三二九	三二九
14	三三〇	三三〇	三三〇	三三〇	三三〇	三三〇	三三〇	三三〇	三三〇	三三一	三三一	三三〇
15	三二九	三二九	三二九	三二九	三二九	三二九	三二九	三二九	三二九	三二九	三二九	三二九
16	三三〇	三三〇	三三〇	三三〇	三三〇	三三〇	三三〇	三三〇	三三〇	三三〇	三三〇	三三〇
17	三二九	三二九	三二九	三二九	三二九	三二九	三二九	三二九	三二九	三二九	三二九	三二九
18	三三〇	三三〇	三三〇	三三〇	三三〇	三三〇	三三〇	三三〇	三三〇	三三〇	三三〇	三三〇
19	三二九	三二九	三二九	三二九	三二九	三二九	三二九	三二九	三二九	三二九	三二九	三二九
20	三三〇	三三〇	三三〇	三三〇	三三〇	三三〇	三三〇	三三〇	三三〇	三三〇	三三〇	三三〇
21	三二九	三二九	三二九	三二九	三二九	三二九	三二九	三二九	三二九	三二九	三二九	三二九
22	三三〇	三三〇	三三〇	三三〇	三三〇	三三〇	三三〇	三三〇	三三〇	三三〇	三三〇	三三〇
23	三二九	三二九	三二九	三二九	三二九	三二九	三二九	三二九	三二九	三二九	三二九	三二九
24	三三〇	三三〇	三三〇	三三〇	三三〇	三三〇	三三〇	三三〇	三三〇	三三〇	三三〇	三三〇
25	三二九	三二九	三二九	三二九	三二九	三二九	三二九	三二九	三二九	三二九	三二九	三二九
26	三三〇	三三〇	三三〇	三三〇	三三〇	三三〇	三三〇	三三〇	三三〇	三三〇	三三〇	三三〇
27	三二九	三二九	三二九	三二九	三二九	三二九	三二九	三二九	三二九	三二九	三二九	三二九
28	三三〇	三三〇	三三〇	三三〇	三三〇	三三〇	三三〇	三三〇	三三〇	三三〇	三三〇	三三〇
29	三二九	三二九	三二九	三二九	三二九	三二九	三二九	三二九	三二九	三二九	三二九	三二九
30	三三〇	三三〇	三三〇	三三〇	三三〇	三三〇	三三〇	三三〇	三三〇	三三〇	三三〇	三三〇
비고												

未년 六월 출생자 운명 속견표

未년 七월 출생자 운명 年견표

생월시/생일	子시	丑시	寅시	卯시	辰시	巳시	午시	未시	申시	酉시	戌시	亥시
1	三二二九	三二二九	三二二九	三二二九	三二二九	三二二九	三二二九	三二二九	三二二九	三二二九	三二二九	三二二九
2	三〇三一	三〇三一	三〇三一	三〇三一	三〇三一	三〇三一	三〇三一	三〇三一	三〇三一	三〇三一	三〇三一	三〇三一
3	三〇二九	三〇二九	三二三〇	三〇二九	三〇二九	三〇二九	三〇二九	三〇二九	三〇二九	三〇二九	三二二九	三〇三一
4	三〇三一	三〇三一	三〇二九	三〇二九	三〇二九	三〇二九	三〇二九	三〇二九	三〇二九	三二三〇	三二三〇	三〇二九
5	三〇二九	三二二九	三〇三一	三〇二九	三二二九	三〇二九	三〇二九	三〇二九	三〇二九	三〇二九	三〇三一	三〇二九
6	三〇二九	三〇二九	三〇二九	三〇二九	三二三〇	三〇二九	三〇二九	三〇二九	三〇二九	三〇二九	三〇二九	三二三〇
7	三二二九	三二二九	三二二九	三〇二九	三〇二九	三二二九	三二二九	三二二九	三二二九	三二二九	三〇三一	三〇二九
8	三〇三一	三〇三一	三〇三一	三〇三一	三〇三一	三〇三一	三〇三一	三〇三一	三〇三一	三〇三一	三〇三一	三〇三一
9	三〇二九	三〇二九	三〇二九	三〇二九	三〇二九	三〇二九	三〇二九	三〇二九	三〇二九	三〇二九	三〇二九	三〇二九
10	三二三〇	三二三〇	三二三〇	三〇二九	三二三〇	三二三〇	三〇二九	三〇二九	三〇二九	三二三〇	三二三〇	三〇三一
11	三〇二九	三〇二九	三〇二九	三〇二九	三〇二九	三〇二九	三〇二九	三〇二九	三〇二九	三〇二九	三〇二九	三〇二九
12	三〇三一	三〇三一	三〇三一	三〇三一	三〇三一	三〇三一	三二三〇	三〇三一	三〇三一	三〇三一	三〇三一	三〇三一
13	三〇二九	三〇二九	三二二九	三〇二九	三二二九	三二二九	三〇二九	三〇二九	三二三一	三〇二九	三〇二九	三二二九
14	三二三〇	三二三〇	三二三〇	三二三〇	三二三〇	三二三〇	三二三〇	三二三〇	三二三〇	三二三〇	三二三〇	三二三〇
15	三〇二九	三〇二九	三〇二九	三〇二九	三〇三〇	三〇三一	三〇三〇	三二二九	三〇二九	三〇二九	三二二九	三〇二九
16	三二三〇	三二三〇	三二三〇	三〇三一	三〇三一	三二三〇	三二三五	三二三〇	三二三〇	三二三〇	三二三〇	三二三〇
17	三二二九	三二二九	三二二九	三二二九	三〇三一	三〇三一	三二二九	三〇二九	三二二九	三〇二九	三〇二九	三〇二九
18	三二三〇	三二三〇	三二三一	三二三〇	三二三〇	三二三〇	三二三〇	三二三〇	三〇二九	三二三〇	三二三〇	三二三〇
19	三〇二九	三〇二九	三〇二九	三〇二九	三〇二九	三〇二九	三〇二九	三〇二九	三〇三一	三〇二九	三〇二九	三〇二九
20	三二三〇	三二三〇	三二三〇	三二三〇	三二三〇	三二三〇	三〇三〇	三二三〇	三二三〇	三二三〇	三二三〇	三二三〇
21	三二二九	三二二九	三〇二九	三〇二九	三二二九	三〇二九	三二二九	三〇二九	三二二九	三〇二九	三二二九	三〇二九
22	三二三〇	三二三〇	三二三〇	三二三〇	三二三〇	三〇三〇	三二三〇	三二三〇	三二三〇	三二三〇	三二三〇	三二三〇
23	三二二九	三二二九	三二二九	三二二九	三〇二九	三〇三一	三〇三一	三〇二九	三〇二九	三〇二九	三二二九	三二二九
24	三二三〇	三二三〇	三二三〇	三二三〇	三〇三一	三二三〇	三〇三一	三〇三一	三二三〇	三二三〇	三二三〇	三二三〇
25	三二二九	三二二九	三二二九	三〇二九	三〇二九	三二二九	三〇二九	三〇二九	三〇二九	三〇二九	三二二九	三二二九
26	三〇三〇	三〇三〇	三〇三一	三二三〇	三二三〇	三〇三〇	三〇三五	三二三〇	三〇三〇	三〇三〇	三〇三〇	三二三〇
27	三〇二九	三〇二九	三〇二九	三〇二九	三〇二九	三〇二九	三〇二九	三〇二九	三二二九	三二二九	三〇二九	三〇三一
28	三〇三〇	三〇三〇	三二三〇	三二三〇	三〇三〇	三二三〇	三〇三〇	三二三〇	三二三〇	三〇三〇	三二三〇	三〇三〇
29	三〇二九	三〇二九	三〇二九	三二二九	三二三〇	三〇二九	三二二五	三二三〇	三二二九	三〇三〇	三二二九	三〇二九
30	三〇三〇	三〇三〇	三二三〇	三二三〇	三〇三〇	三〇三〇	三〇三〇	三〇三〇	三二三〇	三二三〇		三〇三〇
비고												

未년 八월 出生자 운명 속견표

생월/생시	子시	丑시	寅시	卯시	辰시	巳시	午시	未시	申시	酉시	戌시	亥시
1	三0	三0	三0	三0	三0	三0	三0	三0	三0	三0	三0	三0
2	三一	三一	三一	三一	三一	三一	三一	三一	三一	三一	三一	三一
3	三二	三二	三二	三二	三二	三二	三二	三二	三二	三二	三二	三二
4	三0	三0	三0	三0	三0	三0	三0	三0	三0	三0	三0	三0
5	三一	三一	三一	三一	三一	三一	三一	三一	三一	三一	三一	三一
6	三二	三二	三二	三二	三二	三二	三二	三二	三二	三二	三二	三二
7	三0	三0	三0	三0	三0	三0	三0	三0	三0	三0	三0	三0
8	三一	三一	三一	三一	三一	三一	三一	三一	三一	三一	三一	三一
9	三二	三二	三二	三二	三二	三二	三二	三二	三二	三二	三二	三二
10	三0	三0	三0	三0	三0	三0	三0	三0	三0	三0	三0	三0
11	三一	三一	三一	三一	三一	三一	三一	三一	三一	三一	三一	三一
12	三二	三二	三二	三二	三二	三二	三二	三二	三二	三二	三二	三二
13	三0	三0	三0	三0	三0	三0	三0	三0	三0	三0	三0	三0
14	三一	三一	三一	三一	三一	三一	三一	三一	三一	三一	三一	三一
15	三二	三二	三二	三二	三二	三二	三二	三二	三二	三二	三二	三二
16	三0	三0	三0	三0	三0	三0	三0	三0	三0	三0	三0	三0
17	三一	三一	三一	三一	三一	三一	三一	三一	三一	三一	三一	三一
18	三二	三二	三二	三二	三二	三二	三二	三二	三二	三二	三二	三二
19	三0	三0	三0	三0	三0	三0	三0	三0	三0	三0	三0	三0
20	三一	三一	三一	三一	三一	三一	三一	三一	三一	三一	三一	三一
21	三二	三二	三二	三二	三二	三二	三二	三二	三二	三二	三二	三二
22	三0	三0	三0	三0	三0	三0	三0	三0	三0	三0	三0	三0
23	三一	三一	三一	三一	三一	三一	三一	三一	三一	三一	三一	三一
24	三二	三二	三二	三二	三二	三二	三二	三二	三二	三二	三二	三二
25	三0	三0	三0	三0	三0	三0	三0	三0	三0	三0	三0	三0
26	三一	三一	三一	三一	三一	三一	三一	三一	三一	三一	三一	三一
27	三二	三二	三二	三二	三二	三二	三二	三二	三二	三二	三二	三二
28	三0	三0	三0	三0	三0	三0	三0	三0	三0	三0	三0	三0
29	三一	三一	三一	三一	三一	三一	三一	三一	三一	三一	三一	三一
30	三二	三二	三二	三二	三二	三二	三二	三二	三二	三二	三二	三二
비고												

申년 五월 九일 출생자 운명 속견표

생월\시	子시	丑시	寅시	卯시	辰시	巳시	午시	未시	申시	酉시	戌시	亥시
1	三五	三五	三五	三五	三五	三五	三四	三五	三五	三五	三三	三五
2	三四	三四	三四	三四	三四	三四	三四	三六	三四	三四	三四	三六
3	三五	三五	三五	三五	三五	三五	三五	三五	三五	三五	三五	三五
4	三三	三三	三三	三三	三三	三三	三三	三三	三三	三三	三六	三四
5	三五	三五	三五	三五	三五	三五	三五	三五	三五	三五	三五	三五
6	三四	三四	三四	三四	三四	三四	三四	三三	三四	三四	三四	三六
7	三五	三五	三五	三五	三五	三五	三五	三五	三五	三五	三五	三五
8	三六	三六	三六	三六	三六	三四	三六	三四	三六	三六	三六	三四
9	三五	三五	三五	三五	三五	三五	三五	三五	三五	三五	三五	三五
10	三四	三四	三四	三四	三四	三四	三四	三四	三四	三四	三六	三六
11	三五	三五	三五	三五	三五	三五	三五	三五	三五	三五	三五	三六
12	三四	三四	三四	三四	三四	三四	三四	三四	三四	三四	三六	三四
13	三五	三五	三五	三五	三五	三五	三五	三五	三五	三五	三五	三五
14	三六	三六	三六	三六	三六	三四	三六	三六	三六	三四	三四	三六
15	三五	三五	三五	三五	三五	三五	三五	三五	三五	三五	三五	三五
16	三四	三四	三四	三四	三四	三四	三六	三六	三六	三四	三六	三四
17	三五	三五	三五	三五	三五	三五	三五	三五	三五	三五	三五	三五
18	三六	三六	三六	三六	三六	三六	三四	三四	三六	三六	三六	三六
19	三五	三五	三五	三五	三五	三五	三五	三五	三五	三五	三五	三五
20	三四	三四	三四	三四	三四	三四	三六	三四	三四	三四	三六	三四
21	三五	三五	三五	三五	三五	三五	三五	三五	三五	三五	三五	三五
22	三六	三六	三六	三四	三四	三四	三六	三四	三四	三六	三四	三六
23	三五	三五	三五	三五	三五	三五	三五	三五	三五	三五	三五	三五
24	三六	三六	三六	三六	三六	三四	三六	三六	三六	三四	三六	三四
25	三五	三五	三五	三五	三五	三五	三五	三五	三五	三五	三五	三五
26	三四	三四	三四	三四	三四	三六	三六	三四	三四	三四	三四	三六
27	三五	三五	三五	三五	三五	三五	三五	三五	三五	三五	三五	三五
28	三四	三六	三四	三六	三四	三四	三六	三四	三四	三六	三六	三三
29	三五	三五	三五	三五	三五	三三	三三	三五	三五	三四	三四	三五
30	三六	三六	三六	三六	三六	三三	三三	三六	三六	三四	三三	三六
비고												

申年 二月 六月 출생자 운명 속견표

생월/시	子시	丑시	寅시	卯시	辰시	巳시	午시	未시	申시	酉시	戌시	亥시
1	三五	三六	三五	三六	三五	三六	三五	三六	三五	三六	三五	三六
2	三五	三三	三五	三三	三五	三三	三五	三三	三五	三三	三五	三三
3	三六	三四	三六	三四	三六	三四	三六	三四	三六	三四	三六	三四
4	三五	三三	三五	三三	三五	三三	三五	三三	三五	三三	三五	三三
5	三六	三四	三六	三四	三六	三四	三六	三四	三六	三四	三六	三四
6	三五	三三	三五	三三	三五	三三	三五	三三	三五	三三	三五	三三
7	三六	三四	三六	三四	三六	三四	三六	三四	三六	三四	三六	三四
8	三五	三三	三五	三三	三五	三三	三五	三三	三五	三三	三五	三三
9	三六	三四	三六	三四	三六	三四	三六	三四	三六	三四	三六	三四
10	三五	三三	三五	三三	三五	三三	三五	三三	三五	三三	三五	三三
11	三四	三六	三四	三六	三四	三六	三四	三六	三四	三六	三四	三六
12	三五	三三	三五	三三	三五	三三	三五	三三	三五	三三	三五	三三
13	三四	三六	三四	三六	三四	三六	三四	三六	三四	三六	三四	三六
14	三五	三三	三五	三三	三五	三三	三五	三三	三五	三三	三五	三三
15	三四	三六	三四	三六	三四	三六	三四	三六	三四	三六	三四	三六
16	三五	三三	三五	三三	三五	三三	三五	三三	三五	三三	三五	三三
17	三四	三六	三四	三六	三四	三六	三四	三六	三四	三六	三四	三六
18	三五	三三	三五	三三	三五	三三	三五	三三	三五	三三	三五	三三
19	三四	三六	三四	三六	三四	三六	三四	三六	三四	三六	三四	三六
20	三五	三三	三五	三三	三五	三三	三五	三三	三五	三三	三五	三三
21	三四	三六	三四	三六	三四	三六	三四	三六	三四	三六	三四	三六
22	三五	三三	三五	三三	三五	三三	三五	三三	三五	三三	三五	三三
23	三四	三六	三四	三六	三四	三六	三四	三六	三四	三六	三四	三六
24	三五	三三	三五	三三	三五	三三	三五	三三	三五	三三	三五	三三
25	三四	三六	三四	三六	三四	三六	三四	三六	三四	三六	三四	三六
26	三五	三三	三五	三三	三五	三三	三五	三三	三五	三三	三五	三三
27	三四	三六	三四	三六	三四	三六	三四	三六	三四	三六	三四	三六
28	三五	三三	三五	三三	三五	三三	三五	三三	三五	三三	三五	三三
29	三四	三六	三四	三六	三四	三六	三四	三六	三四	三六	三四	三六
30	三三		三三		三三		三三		三三		三三	
비고												

申년 七月 출생자 운명 속견표

생월\시	子시	丑시	寅시	卯시	辰시	巳시	午시	未시	申시	酉시	戌시	亥시	비고
1	三五	三六	三五	三六	三五	三六	三五	三六	三五	三六	三五	三四	
2	三三	三四	三三	三四	三三	三四	三三	三六	三三	三四	三六	三五	
3	三四	三五	三四	三五	三四	三五	三四	三五	三四	三五	三四	三六	
4	三五	三六	三五	三六	三五	三六	三五	三六	三五	三六	三五	三三	
5	三三	三五	三三	三四	三三	三五	三三	三四	三三	三四	三三	三四	
6	三四	三五	三四	三五	三四	三五	三四	三五	三四	三五	三四	三五	
7	三五	三三	三五	三三	三五	三三	三五	三三	三五	三三	三五	三三	
8	三四	三五	三六	三四	三六	三四	三六	三四	三五	三六	三四	三六	
9	三五	三六	三五	三六	三五	三五	三五	三五	三六	三五	三五	三三	
10	三六	三五	三六	三四	三六	三三	三六	三四	三六	三四	三六	三四	
11	三五	三四	三五	三三	三五	三六	三五	三三	三五	三三	三五	三五	
12	三四	三五	三四	三五	三四	三六	三四	三六	三四	三四	三六	三六	
13	三五	三五	三五	三五	三五	三五	三五	三五	三五	三五	三五	三三	
14	三四	三三	三四	三三	三四	三	三四	三三	三四	三三	三六	三四	
15	三五	三六	三五	三六	三五	三五	三五	三三	三五	三五	三五	三五	
16	三六	三四	三六	三四	三六	三四	三六	三四	三六	三四	三四	三六	
17	三五	三三	三五	三五	三五	三五	三五	三三	三四	三五	三五	三三	
18	三三	三五	三三	三六	三三	三六	三三	三六	三四	三六	三六	三四	
19	三四	三三	三四	三三	三四	三五	三五	三五	三四	三三	三五	三五	
20	三四	三四	三四	三四	三四	三四	三四	三四	三四	三六	三四	三六	
21	三五	三三	三五	三三	三五	三三	三五	三三	三五	三三	三五	三三	
22	三四	三六	三四	三六	三四	三六	三六	三四	三四	三六	三四	三四	
23	三三	三五	三三	三五	三三	三五	三五	三五	三五	三五	三六	三五	
24	三四	三六	三六	三六	三四	三六	三四	三六	三六	三六	三四	三六	
25	三五	三三	三五	三三	三五	三三	三五	三三	三五	三三	三五	三三	
26	三六	三五	三六	三五	三六	三五	三五	三四	三六	三四	三六	三四	
27	三五	三三	三五	三三	三五	三三	三五	三五	三五	三四	三三	三五	
28	三四	三六	三四	三六	三四	三六	三四	三六	三四	三六	三四	三六	
29	三五	三三	三五	三三	三五	三三	三五	三三	三三	三五	三四	三三	
30		三六		三六		三四	三六	三四		三四	三六	三四	

申년 八月 출생자 운명 속견표

생월일	子시	丑시	寅시	卯시	辰시	巳시	午시	未시	申시	酉시	戌시	亥시
1	三六	三五	三六	三五	三六	三五	三六	三五	三六	三五	三六	三五
2	三二五	三二五	三二五	三二五	三二五	三二五	三二五	三二五	三二五	三二三	三二三	三二五
3	三二六	三二五	三二六	三二四	三二六	三二四	三二六	三二四	三二六	三二六	三二四	三二六
4	三三五	三三五	三三五	三三五	三三五	三三五	三三五	三三五	三三五	三三五	三三五	三三五
5	三三六	三三六	三三六	三三四	三三六	三三四	三三六	三三四	三三六	三三六	三三六	三三三
6	三二五	三二五	三二五	三二五	三二五	三二五	三二五	三二五	三二五	三二五	三二五	三二五
7	三二四	三二四	三二六	三二四	三二六	三二四	三二四	三二四	三二四	三二四	三二四	三二六
8	三三五	三三五	三三五	三三五	三三五	三三五	三三五	三三五	三三五	三三五	三三五	三三五
9	三二四	三二四	三二四	三二六	三二四	三二四	三二四	三二六	三二四	三二六	三二四	三二四
10	三二五	三二五	三二五	三二五	三二三	三二五	三二三	三二五	三二三	三二五	三二三	三二五
11	三三四	三三六	三三六	三三六	三三六	三三六	三三六	三三六	三三三	三三六	三三四	三三六
12	三二五	三二五	三二五	三二五	三二五	三二五	三二五	三二三	三二三	三二五	三二五	三二三
13	三二六	三二六	三二六	三二六	三二六	三二六	三二六	三二六	三二六	三二六	三二六	三二三
14	三二五	三二五	三二五	三二五	三二五	三二五	三二五	三二五	三二五	三二五	三二五	三二五
15	三二四	三二四	三二六	三二六	三二六	三二六	三二六	三二六	三二六	三二六	三二四	三二六
16	三二五	三二五	三二五	三二五	三二五	三二五	三二五	三二五	三二五	三二五	三二五	三二五
17	三二六	三二四	三二四	三二四	三二六	三二四	三二六	三二四	三二六	三二四	三二六	三二四
18	三三五	三三五	三三五	三三五	三三五	三三五	三三五	三三五	三三五	三三五	三三五	三三五
19	三三四	三三六	三三四	三三六	三三四	三三六	三三四	三三六	三三六	三三四	三三四	三三六
20	三二五	三二五	三二五	三二三	三二五	三二五	三二三	三二五	三二三	三二五	三二五	三二三
21	三二六	三二六	三二六	三二四	三二六	三二四	三二四	三二四	三二六	三二四	三二六	三二四
22	三二五	三二五	三二五	三二五	三二五	三二五	三二五	三二五	三二五	三二五	三二五	三二五
23	三二六	三二六	三二六	三二六	三二六	三二六	三二六	三二六	三二六	三二四	三二四	三二六
24	三二五	三二五	三二五	三二五	三二五	三二五	三二五	三二五	三二五	三二五	三二五	三二五
25	三二六	三二六	三二六	三二六	三二六	三二六	三二六	三二六	三二六	三二六	三二四	三二六
26	三三五	三三五	三三五	三三五	三三五	三三五	三三五	三三五	三三五	三三五	三三五	三三五
27	三二六	三二六	三二六	三二六	三二六	三二六	三二六	三二六	三二六	三二四	三二六	三二六
28	三二五	三二五	三二五	三二五	三二五	三二五	三二五	三二五	三二五	三二五	三二五	三二五
29	三二六	三二六	三二四	三二四	三二六	三二六	三二六	三二六	三二六	三二四	三二六	三二四
30	三二五	三二五	三二五	三二五	三二五	三二五	三二五	三二五	三二五		三二三	三二五
비고												

酉년 五월 출생자 운명 속견표

생월\생시	子시	丑시	寅시	卯시	辰시	巳시	午시	未시	申시	酉시	戌시	亥시
1	三九	三九	三九	三九	三九	三九	三九	三九	三九	三九	三八 三九	三九
2	三八 三九 四〇	三八 三九 四〇	三八 三九 四〇	三八 三九 四〇	三八 三九 四〇	三八 三九 四〇	三八 三九 四〇	三八 三九 四〇	三八 三九 四〇	三八 三九 四〇	三八 三九	三九 四〇
3	三七 三八 三九	三七 三八 三九	三七 三八 三九	三七 三八 三九	三七 三八 三九	三七 三八 三九	三七 三八 三九	三七 三八 三九	三七 三八 三九	三七 三八 三九	三七 三八 三九	三七 三八 三九
4	三八 三九 四〇	三八 三九 四〇	三八 三九 四〇	三八 三九 四〇	三八 三九 四〇	三八 三九 四〇	三八 三九 四〇	三八 三九 四〇	三八 三九 四〇	三八 三九 四〇	三八 三九 四〇	三八 三九 四〇
5	三七 三八 三九	三七 三八 三九	三七 三八 三九	三七 三八 三九	三七 三八 三九	三七 三八 三九	三七 三八 三九	三七 三八 三九	三七 三八 三九	三七 三八 三九	三七 三八 三九	三七 三八 三九
6	三八 三九 四〇	三八 三九 四〇	三八 三九 四〇	三八 三九 四〇	三八 三九 四〇	三八 三九 四〇	三八 三九 四〇	三八 三九 四〇	三八 三九 四〇	三八 三九 四〇	三八 三九 四〇	三八 三九 四〇
7	三七 三八 三九	三七 三八 三九	三七 三八 三九	三七 三八 三九	三七 三八 三九	三七 三八 三九	三七 三八 三九	三七 三八 三九	三七 三八 三九	三七 三八 三九	三七 三八 三九	三七 三八 三九
8	三八 三九 四〇	三八 三九 四〇	三八 三九 四〇	三八 三九 四〇	三八 三九 四〇	三八 三九 四〇	三八 三九 四〇	三八 三九 四〇	三八 三九 四〇	三八 三九 四〇	三八 三九 四〇	三八 三九 四〇
9	三七 三八 三九	三七 三八 三九	三七 三八 三九	三七 三八 三九	三七 三八 三九	三七 三八 三九	三七 三八 三九	三七 三八 三九	三七 三八 三九	三七 三八 三九	三七 三八 三九	三七 三八 三九
10	三八 三九 四〇	三八 三九 四〇	三八 三九 四〇	三八 三九 四〇	三八 三九 四〇	三八 三九 四〇	三八 三九 四〇	三八 三九 四〇	三八 三九 四〇	三八 三九 四〇	三八 三九 四〇	四〇
11	三七 三八 三九	三七 三八 三九	三七 三八 三九	三七 三八 三九	三七 三八 三九	三七 三八 三九	三七 三八 三九	三七 三八 三九	三七 三八 三九	三七 三八 三九	三七 三八 三九	三七 三八 三九
12	三八 三九 四〇	三八 三九 四〇	三八 三九 四〇	三八 三九 四〇	三八 三九 四〇	三八 三九 四〇	三八 三九 四〇	三八 三九 四〇	三八 三九 四〇	三八 三九 四〇	三八 三九 四〇	三八 三九
13	三七 三八 三九	三七 三八 三九	三七 三八 三九	三七 三八 三九	三七 三八 三九	三七 三八 三九	三七 三八 三九	三七 三八 三九	三七 三八 三九	三七 三八 三九	三七 三八 三九	三七 三八 三九
14	三八 三九 四〇	三八 三九 四〇	三八 三九 四〇	三八 三九 四〇	三八 三九 四〇	三八 三九 四〇	三八 三九 四〇	三八 三九 四〇	三八 三九 四〇	三八 三九 四〇	三八 三九 四〇	四〇
15	三七 三八 三九	三七 三八 三九	三七 三八 三九	三七 三八 三九	三七 三八 三九	三七 三八 三九	三七 三八 三九	三七 三八 三九	三七 三八 三九	三七 三八 三九	三七 三八 三九	三七 三八 三九
16	三八 三九 四〇	三八 三九 四〇	三八 三九 四〇	三八 三九 四〇	三八 三九 四〇	三八 三九 四〇	三八 三九 四〇	三八 三九 四〇	三八 三九 四〇	三八 三九 四〇	三八 三九 四〇	三八 三九 四〇
17	三七 三八 三九	三七 三八 三九	三七 三八 三九	三七 三八 三九	三七 三八 三九	三七 三八 三九	三七 三八 三九	三七 三八 三九	三七 三八 三九	三七 三八 三九	三七 三八 三九	三七 三八 三九
18	三八 三九 四〇	三八 三九 四〇	三八 三九 四〇	三八 三九 四〇	三八 三九 四〇	三八 三九 四〇	三八 三九 四〇	三八 三九 四〇	三八 三九 四〇	三八 三九 四〇	三八 三九 四〇	四〇
19	三七 三八 三九	三七 三八 三九	三七 三八 三九	三七 三八 三九	三七 三八 三九	三七 三八 三九	三七 三八 三九	三七 三八 三九	三七 三八 三九	三七 三八 三九	三七 三八 三九	三七
20	三八 三九 四〇	三八 三九 四〇	三八 三九 四〇	三八 三九 四〇	三八 三九 四〇	三八 三九 四〇	三八 三九 四〇	三八 三九 四〇	三八 三九 四〇	三八 三九 四〇	三八 三九 四〇	三八 三九 四〇
21	三九	三七 三八 三九	三七 三八 三九	三七 三八 三九	三七 三八 三九	三七 三八 三九	三七 三八 三九	三七 三八 三九	三七 三八 三九	三七 三八 三九	三七 三八 三九	三七 三八 三九
22	三八 三九 四〇	三八 三九 四〇	三八 三九 四〇	三八 三九 四〇	三八 三九 四〇	三八 三九 四〇	三八 三九 四〇	三八 三九 四〇	三八 三九 四〇	三八 三九 四〇	三八 三九 四〇	四〇
23	三九	三七 三八 三九	三七 三八 三九	三七 三八 三九	三七 三八 三九	三七 三八 三九	三七 三八 三九	三七 三八 三九	三七 三八 三九	三七 三八 三九	三七 三八 三九	三七 三八 三九
24	三九 四〇	三八 三九 四〇	三八 三九 四〇	三八 三九 四〇	三八 三九 四〇	三八 三九 四〇	三八 三九 四〇	三八 三九 四〇	三八 三九 四〇	三八 三九 四〇	三八 三九 四〇	三八 三九 四〇
25	三七 三九	三七 三八 三九	三七 三八 三九	三七 三八 三九	三七 三八 三九	三七 三八 三九	三七 三八 三九	三七 三八 三九	三七 三八 三九	三七 三八 三九	三七 三八 三九	三七 三八 三九
26	三八 三九 四〇	三八 三九 四〇	三八 三九 四〇	三八 三九 四〇	三八 三九 四〇	三八 三九 四〇	三八 三九 四〇	三八 三九 四〇	三八 三九 四〇	三八 三九 四〇	三八 三九 四〇	三八 三九 四〇
27	三九	三七 三九	三七 三八 三九	三七 三八 三九	三七 三八 三九	三七 三八 三九	三七 三八 三九	三七 三八 三九	三七 三八 三九	三七 三八 三九	三七 三八 三九	三七 三八 三九
28	三九 四〇	三八 三九 四〇	三八 三九 四〇	三八 三九 四〇	三八 三九 四〇	三八 三九 四〇	三八 三九 四〇	三八 三九 四〇	三八 三九 四〇	三八 三九 四〇	三八 三九 四〇	三八 三九 四〇
29	三八	三七 三九	三七 三九	三七 三八 三九	三七 三八 三九	三七 三八 三九	三七 三八 三九	三七 三八 三九	三七 三八 三九	三七 三八 三九	三七 三八 三九	三七 三八 三九
30			三八	三八 四〇	三八 四〇	三八 三九 四〇	三八 三九	三八 三九 四〇	三八 三九 四〇	三八 三九 四〇	三八	四〇
비고												

酉년 六월 출생자 운명 숙선표

생시\생일	子시	丑시	寅시	卯시	辰시	巳시	午시	未시	申시	酉시	戌시	亥시
1	三八	三九	四〇	三七	三八	四〇	三八	四〇	三八	四〇	三八	四〇
2	三九	四〇	三七	三八	三九	三七	三九	三七	三九	三七	三九	三七
3	四〇	三七	三八	三九	四〇	三八	四〇	三八	四〇	三八	四〇	三八
4	三七	三八	三九	四〇	三七	四〇	三七	三九	三七	三九	三七	三九
5	三八	三九	四〇	三七	三八		三八	四〇	三八	四〇	三八	四〇
6	三九	四〇	三七	三八	三九	三七	三九	三七	三九	三七	三九	三七
7	四〇	三七	三八	三九	四〇	三八	四〇	三八	四〇	三八	四〇	三八
8	三七	三八	三九	四〇	三七	三九	三七	三九	三七	三九	三七	三九
9	三八	三九	四〇	三七	三八	四〇	三八	四〇	三八	四〇	三八	四〇
10	三九	四〇	三七	三八	三九	三七	三九	三七	三九	三七	三九	三七
11	四〇	三七	三八	三九	四〇	三八	四〇	三八	四〇	三八	四〇	三八
12	三七	三八	三九	四〇	三七	三九	三七	三九	三七	三九	三七	三九
13	三八	三九	四〇	三七	三八	四〇	三八	四〇	三八	四〇	三八	四〇
14	三九	四〇	三七	三八	三九	三七	三九	三七	三九	三七	三九	三七
15	四〇	三七	三八	三九	四〇	三八	四〇	三八	四〇	三八	四〇	三八
16	三七	三八	三九	四〇	三七	三九	三七	三九	三七	三九	三七	三九
17	三八	三九	四〇	三七	三八	四〇	三八	四〇	三八	四〇	三八	四〇
18	三九	四〇	三七	三八	三九	三七	三九	三七	三九	三七	三九	三七
19	四〇	三七	三八	三九	四〇	三八	四〇	三八	四〇	三八	四〇	三八
20	三七	三八	三九	四〇	三七	三九	三七	三九	三七	三九	三七	三九
21	三八	三九	四〇	三七	三八	四〇	三八	四〇	三八	四〇	三八	四〇
22	三九	四〇	三七	三八	三九	三七	三九	三七	三九	三七	三九	三七
23	四〇	三七	三八	三九	四〇	三八	四〇	三八	四〇	三八	四〇	三八
24	三七	三八	三九	四〇	三七	三九	三七	三九	三七	三九	三七	三九
25	三八	三九	四〇	三七	三八	四〇	三八	四〇	三八	四〇	三八	四〇
26	三九	四〇	三七	三八	三九	三七	三九	三七	三九	三七	三九	三七
27	四〇	三七	三八	三九	四〇	三八	四〇	三八	四〇	三八	四〇	三八
28	三七	三八	三九	四〇	三七	三九	三七	三九	三七	三九	三七	三九
29	三八	三九	四〇	三七	三八	四〇	三八	四〇	三八	四〇	三八	四〇
30	三九	四〇	三七	三八	三九	三七	三九	三七	三九	三七	三九	三七
비고												

酉년 七月 출생자 운명 속견표

亥시	戌시	酉시	申시	未시	午시	巳시	辰시	卯시	寅시	丑시	子시	생시\생일
三八	三九四〇	三八	三九四〇	三八	三九四〇	三八	三九四〇	三八	三九四〇	三八	三九四〇	1
三八	三九四〇	三八	三九四〇	三八	三九四〇	三八	三九四〇	三八	三九四〇	三八	三九四〇	2
三八三九	三七	三八三九	三七	三八三九	三七	三八三九	三七	三八三九	三七	三八三九	三七	3
三九四〇	三八	三九四〇	三八	三九四〇	三八	三九四〇	三八	三九四〇	三八	三九四〇	三八	4
三七	三九	三七	三九	三七	三九	三七	三九	三七	三九	三七	三九四〇	5
三八	三九四〇	三八	三九四〇	三八	三九四〇	三八	三九四〇	三八	三九四〇	三八	三七	6
三九四〇	三八	三九四〇	三八	三九四〇	三八	三九四〇	三八	三九四〇	三八	三九四〇	三八	7
三八三九	三七	三八三九	三七	三八三九	三七	三八三九	三七	三八三九	三七	三八三九	三七	8
三七	三九	三七	三九	三七	三九	三七	三九	三七	三九	三七	三九	9
三八	三九四〇	三八	三九四〇	三八	三九四〇	三八	三九四〇	三八	三九四〇	三八	三九四〇	10
三九	三七	三九	三七	三九	三七	三九	三七	三九	三七	三九	三七	11
三八	三九四〇	三八	三九四〇	三八	三九四〇	三八	三九四〇	三八	三九四〇	三八	三九四〇	12
三七	三八三九	三七	三八三九	三七	三八三九	三七	三八三九	三七	三八三九	三七	三八三九	13
三八	三九四〇	三八	三九四〇	三八	三九四〇	三八	三九四〇	三八	三九四〇	三八	三九四〇	14
三九	三七	三九	三七	三九	三七	三九	三七	三九	三七	三九	三七	15
三八	三九四〇	三八	三九四〇	三八	三九四〇	三八	三九四〇	三八	三九四〇	三八	三九四〇	16
三八	三九	三八	三九	三八	三九	三八	三九	三八	三九	三八	三九	17
三七	三八	三七	三八	三七	三八	三七	三八	三七	三八	三七	三八	18
三九	三七	三九	三七	三九	三七	三九	三七	三九	三七	三九	三七	19
三八	三九四〇	三八	三九四〇	三八	三九四〇	三八	三九四〇	三八	三九四〇	三八	三九四〇	20
三七	三九	三七	三九	三七	三九	三七	三九	三七	三九	三七	三九	21
三八	三九四〇	三八	三九四〇	三八	三九四〇	三八	三九四〇	三八	三九四〇	三八	三九四〇	22
三九	三七	三九	三七	三九	三七	三九	三七	三九	三七	三九	三七	23
四〇	三八	四〇	三八	四〇	三八	四〇	三八	四〇	三八	四〇	三八	24
三七	三九	三七	三九	三七	三九	三七	三九	三七	三九	三七	三九	25
三八	三九四〇	三八	三九四〇	三八	三九四〇	三八	三九四〇	三八	三九四〇	三八	三九四〇	26
三九	三七	三九	三七	三九	三七	三九	三七	三九	三七	三九	三七	27
四〇	三八	四〇	三八	四〇	三八	四〇	三八	四〇	三八	四〇	三八	28
三七	三九	三七	三九	三七	三九	三七	三九	三七	三九	三七	三九	29
三八	四〇	三八	四〇	三八	四〇	三八	四〇	三八	四〇	三八	四〇	30
												비고

酉年 八月 출생자 운명 수견표 四十二

생시\생일	子시	丑시	寅시	卯시	辰시	巳시	午시	未시	申시	酉시	戌시	亥시
1	四〇	四〇	四〇	四〇	四〇	四〇	四〇	四〇	四〇	四〇	四〇	三八
2	三七	三七	三七	三七	三七	三七	三七	三七	三七	三七	三七	三九
3	三八	三八	三八	三八	三八	三八	三八	三八	三八	三八	三八	四〇
4	三九	三九	三九	三九	三九	三九	三九	三九	三九	三九	三九	三七
5	四〇	四〇	四〇	四〇	四〇	四〇	四〇	四〇	四〇	四〇	四〇	三八
6	三七	三七	三七	三七	三七	三七	三七	三七	三七	三七	三七	三九
7	三八	三八	三八	三八	三八	三八	三八	三八	三八	三八	三八	四〇
8	三九	三九	三九	三九	三九	三九	三九	三九	三九	三九	三九	三七
9	四〇	四〇	四〇	四〇	四〇	四〇	四〇	四〇	四〇	四〇	四〇	三八
10	三七	三七	三七	三七	三七	三七	三七	三七	三七	三七	三七	三九
11	三八	三八	三八	三八	三八	三八	三八	三八	三八	三八	三八	四〇
12	三九	三九	三九	三九	三九	三九	三九	三九	三九	三九	三九	三七
13	四〇	四〇	四〇	四〇	四〇	四〇	四〇	四〇	四〇	四〇	四〇	三八
14	三七	三七	三七	三七	三七	三七	三七	三七	三七	三七	三七	三九
15	三八	三八	三八	三八	三八	三八	三八	三八	三八	三八	三八	四〇
16	三九	三九	三九	三九	三九	三九	三九	三九	三九	三九	三九	三七
17	四〇	四〇	四〇	四〇	四〇	四〇	四〇	四〇	四〇	四〇	四〇	三八
18	三七	三七	三七	三七	三七	三七	三七	三七	三七	三七	三七	三九
19	三八	三八	三八	三八	三八	三八	三八	三八	三八	三八	三八	四〇
20	三九	三九	三九	三九	三九	三九	三九	三九	三九	三九	三九	三七
21	四〇	四〇	四〇	四〇	四〇	四〇	四〇	四〇	四〇	四〇	四〇	三八
22	三七	三七	三七	三七	三七	三七	三七	三七	三七	三七	三七	三九
23	三八	三八	三八	三八	三八	三八	三八	三八	三八	三八	三八	四〇
24	三九	三九	三九	三九	三九	三九	三九	三九	三九	三九	三九	三七
25	四〇	四〇	四〇	四〇	四〇	四〇	四〇	四〇	四〇	四〇	四〇	三八
26	三七	三七	三七	三七	三七	三七	三七	三七	三七	三七	三七	三九
27	三八	三八	三八	三八	三八	三八	三八	三八	三八	三八	三八	四〇
28	三九	三九	三九	三九	三九	三九	三九	三九	三九	三九	三九	三七
29	四〇	四〇	四〇	四〇	四〇	四〇	四〇	四〇	四〇	四〇	四〇	三八
30	三七	三七	三七	三七	三七	三七	三七	三七	三七	三七	三七	三九
비고												

戌년 一九五월 출생자 운명 속견표

생월시/생일	子시	丑시	寅시	卯시	辰시	巳시	午시	未시	申시	酉시	戌시	亥시
1	四三	四三	四三	四三	四三	四三	四三	四三	四三	四三	四三	四三
2	四二	四二	四二	四二	四二	四二	四二	四二	四二	四二	四二	四二
3	四一	四一	四一	四一	四一	四一	四一	四一	四一	四一	四一	四一
4	四二	四二	四二	四二	四二	四二	四二	四二	四二	四二	四二	四二
5	四三	四三	四三	四三	四三	四三	四三	四三	四三	四三	四三	四三
6	四	四	四	四	四	四	四	四	四	四	四	四
7	四一	四一	四一	四一	四一	四一	四一	四一	四一	四一	四一	四一
8	四二	四二	四二	四二	四二	四二	四二	四二	四二	四二	四二	四二
9	四三	四三	四三	四三	四三	四三	四三	四三	四三	四三	四三	四三
10	四	四	四	四	四	四	四	四	四	四	四	四
11	四一	四一	四一	四一	四一	四一	四一	四一	四一	四一	四一	四一
12	四二	四二	四二	四二	四二	四二	四二	四二	四二	四二	四二	四二
13	四三	四三	四三	四三	四三	四三	四三	四三	四三	四三	四三	四三
14	四	四	四	四	四	四	四	四	四	四	四	四
15	四一	四一	四一	四一	四一	四一	四一	四一	四一	四一	四一	四一
16	四二	四二	四二	四二	四二	四二	四二	四二	四二	四二	四二	四二
17	四三	四三	四三	四三	四三	四三	四三	四三	四三	四三	四三	四三
18	四	四	四	四	四	四	四	四	四	四	四	四
19	四一	四一	四一	四一	四一	四一	四一	四一	四一	四一	四一	四一
20	四二	四二	四二	四二	四二	四二	四二	四二	四二	四二	四二	四二
21	四三	四三	四三	四三	四三	四三	四三	四三	四三	四三	四三	四三
22	四	四	四	四	四	四	四	四	四	四	四	四
23	四一	四一	四一	四一	四一	四一	四一	四一	四一	四一	四一	四一
24	四二	四二	四二	四二	四二	四二	四二	四二	四二	四二	四二	四二
25	四三	四三	四三	四三	四三	四三	四三	四三	四三	四三	四三	四三
26	四	四	四	四	四	四	四	四	四	四	四	四
27	四一	四一	四一	四一	四一	四一	四一	四一	四一	四一	四一	四一
28	四二	四二	四二	四二	四二	四二	四二	四二	四二	四二	四二	四二
29	四三	四三	四三	四三	四三	四三	四三	四三	四三	四三	四三	四三
30	四二	四二	四二	四二	四二	四二	四二	四二	四二	四二	四二	四二
비고												

戌년 六月 출생자 운명 속견표

생월\생시	子시	丑시	寅시	卯시	辰시	巳시	午시	未시	申시	酉시	戌시	亥시
1	四	四	四	四	四	四	四	四	四	四	四	四
2	四三	四三	四三	四二	四二	四二	四三	四一	四三	四一	四二	四一
3	四一	四二	四二	四一	四二	四一	四二	四二	四二	四二	四四	四二
4	四二	四一	四一	四二	四三	四三	四三	四三	四一	四三	四三	四三
5	四三	四二	四二	四三	四一	四一	四一	四四	四二	四二	四二	四一
6	四二	四三	四一	四一	四二	四二	四三	四一	四三	四一	四三	四二
7	四一	四二	四三	四二	四三	四三	四一	四二	四一	四三	四一	四三
8	四三	四一	四二	四三	四二	四一	四二	四三	四三	四二	四三	四一
9	四二	四三	四一	四一	四一	四二	四三	四一	四一	四三	四一	四二
10	四一	四二	四三	四三	四三	四一	四一	四二	四二	四一	四二	四三
11	四二	四一	四二	四一	四二	四三	四二	四三	四三	四三	四三	四二
12	四一	四三	四一	四二	四一	四二	四三	四一	四一	四二	四一	四三
13	四二	四一	四二	四三	四三	四一	四一	四二	四二	四一	四二	四一
14	四三	四二	四一	四一	四二	四二	四二	四三	四一	四三	四三	四二
15	四一	四三	四二	四二	四一	四三	四三	四一	四三	四二	四一	四三
16	四二	四一	四三	四三	四二	四一	四一	四二	四一	四三	四二	四一
17	四三	四二	四一	四二	四三	四二	四二	四三	四三	四一	四三	四二
18	四一	四三	四二	四一	四一	四三	四三	四一	四二	四二	四一	四三
19	四二	四一	四三	四二	四二	四一	四一	四二	四三	四三	四二	四一
20	四三	四二	四一	四三	四三	四二	四二	四三	四一	四一	四三	四二
21	四一	四三	四二	四一	四一	四三	四三	四一	四二	四二	四一	四三
22	四二	四一	四三	四二	四二	四一	四一	四二	四三	四三	四二	四一
23	四三	四二	四一	四三	四三	四二	四三	四一	四一	四一	四三	四二
24	四一	四三	四二	四一	四一	四三	四一	四二	四二	四三	四一	四三
25	四二	四一	四三	四二	四二	四一	四二	四三	四三	四二	四二	四一
26	四三	四二	四一	四三	四三	四二	四三	四一	四一	四一	四三	四二
27	四一	四三	四二	四一	四一	四三	四一	四二	四二	四三	四一	四三
28	四二	四一	四三	四二	四二	四一	四二	四三	四三	四二	四二	四一
29	四三	四二	四一	四三	四三	四二	四三	四一	四一	四三	四三	四二
30	四三	四一	四二	四三	四一	四二	四三	四一	四三	四一	四二	四三
비고												

戌年 七月 출생자 운명 속견표

생월/생일	子시	丑시	寅시	卯시	辰시	巳시	午시	未시	申시	酉시	戌시	亥시
1	四三	四三	四二	四二	四二	四一	四一	四三	四二	四二	四三	四二
2	四三	四二	四二	四二	四一	四二	四二	四一	四三	四二	四三	四二
3	四三	四一	四一	四三	四二	四一	四一	四二	四一	四二	四一	四三
4	四二	四三	四一	四二	四三	四二	四一	四一	四二	四一	四二	四
5	四三	四三	四三	四一	四三	四二	四三	四一	四一	四一	四三	四二
6	四二	四三	四二	四三	四一	四二	四三	四一	四三	四三	四二	四三
7	四三	四三	四三	四二	四三	四三	四三	四二	四二	四三	四三	四二
8	四三	四三	四二	四二	四三	四二	四三	四二	四三	四三	四三	四三
9	四三	四二	四三	四三	四三	四三	四二	四一	四三	四三	四一	四三
10	四三	四三	四三	四三	四三	四三	四三	四三	四三	四三	四三	四三
11	四一	四三	四三	四二	四二	四三	四三	四三	四三	四三	四二	四二
12	四二	四二	四三	四三	四三	四三	四三	四二	四二	四三	四二	四二
13	四三	四三	四二	四三	四三	四三	四二	四三	四三	四二	四三	四三
14	四三	四二	四三	四三	四一	四三	四一	四三	四二	四二	四	四三
15	四二	四一	四三	四三	四一	四一	四三	四一	四一	四一	四一	四一
16	四一	四一	四二	四二	四三	四三	四一	四三	四一	四二	四三	四三
17	四三	四二	四二	四二	四三	四三	四三	四三	四三	四二	四三	四三
18	四三	四二	四三	四二	四一	四三	四三	四三	四三	四三	四二	四二
19	四三	四一	四三	四三	四三	四二	四一	四三	四三	四三	四二	四三
20	四三	四二	四二	四二	四二	四二	四二	四一	四三	四二	四三	四二
21	四三	四二	四二	四三	四二	四三	四三	四三	四三	四二	四三	四一
22	四三	四三	四三	四三	四三	四三	四三	四三	四三	四	四	四
23	四一	四一	四二	四一	四三	四三	四三	四三	四一	四三	四三	四三
24	四二	四二	四二	四二	四二	四三	四一	四三	四三	四三	四三	四三
25	四二	四三	四三	四二	四三	四二	四一	四三	四三	四二	四三	四二
26	四三	四三	四一	四三	四二	四二	四三	四三	四二	四三	四三	四三
27	四三	四三	四一	四三	四一	四三	四二	四三	四三	四一	四二	四三
28	四二	四二	四三	四三	四二	四三	四二	四三	四二	四三	四一	四二
29	四	四二	四三	四二	四三	四二	四二	四三	四一	四三	四二	四一
30	四三	四三	四三	四三	四二	四三	四三	四三	四三	四三	四三	四三
비고												

戌년 八月 출생자 운명 속견표

생월\생시	子시	丑시	寅시	卯시	辰시	巳시	午시	未시	申시	酉시	戌시	亥시
1	四	四	四	四	四	四	四	四	四	四	四	四
2	四一	四二	四一	四三	四一	四三	四一	四三	四一	四三	四一	四三
3	四二	四三	四二	四一	四二	四一	四二	四一	四二	四一	四二	四一
4	四三	四一	四三	四二	四三	四二	四三	四二	四三	四二	四三	四二
5	四一	四二	四一	四三	四一	四三	四一	四三	四一	四三	四一	四三
6	四二	四三	四二	四一	四二	四一	四二	四一	四二	四一	四二	四一
7	四三	四一	四三	四二	四三	四二	四三	四二	四三	四二	四三	四二
8	四一	四二	四一	四三	四一	四三	四一	四三	四一	四三	四一	四三
9	四二	四三	四二	四一	四二	四一	四二	四一	四二	四一	四二	四一
10	四三	四一	四三	四二	四三	四二	四三	四二	四三	四二	四三	四二
11	四一	四二	四一	四三	四一	四三	四一	四三	四一	四三	四一	四三
12	四二	四三	四二	四一	四二	四一	四二	四一	四二	四一	四二	四一
13	四三	四一	四三	四二	四三	四二	四三	四二	四三	四二	四三	四二
14	四一	四二	四一	四三	四一	四三	四一	四三	四一	四三	四一	四三
15	四二	四三	四二	四一	四二	四一	四二	四一	四二	四一	四二	四一
16	四三	四一	四三	四二	四三	四二	四三	四二	四三	四二	四三	四二
17	四一	四二	四一	四三	四一	四三	四一	四三	四一	四三	四一	四三
18	四二	四三	四二	四一	四二	四一	四二	四一	四二	四一	四二	四三
19	四三	四一	四三	四二	四三	四二	四三	四二	四三	四二	四三	四一
20	四一	四二	四一	四三	四一	四三	四一	四三	四一	四三	四一	四三
21	四二	四三	四二	四一	四二	四一	四二	四一	四二	四一	四二	四一
22	四三	四一	四三	四二	四三	四二	四三	四二	四三	四二	四三	四二
23	四一	四二	四一	四三	四一	四三	四一	四三	四一	四三	四一	四三
24	四二	四三	四二	四一	四二	四一	四二	四一	四二	四一	四二	四一
25	四三	四一	四三	四二	四三	四二	四三	四二	四三	四二	四三	四二
26	四一	四二	四一	四三	四一	四三	四一	四三	四一	四三	四一	四三
27	四二	四三	四二	四一	四二	四一	四二	四一	四二	四一	四二	四一
28	四三	四一	四三	四二	四三	四二	四三	四二	四三	四二	四三	四二
29	四一	四二	四一	四三	四一	四三	四一	四三	四一	四三	四一	四三
30	四	四一	四	四三	四	四三	四	四三	四	四一	四	四三
비고												

亥년 五月 九 출생자 운명 속견표

생월\생시	子시	丑시	寅시	卯시	辰시	巳시	午시	未시	申시	酉시	戌시	亥시
1	윤월 四五	四五	四五	四五	四五	四五	四五	四五	四五	四五	四五	四五
2	四六八	四六八	四六八	四六八	四六八	四六八	四六八	四六八	四六八	四六八	四六	四八
3	四五八	四五八	四五八	四五八	四五八	四五八	四五八	四五八	四五八	四五八	四七	四五
4	四八	四八	四八	四八	四八	四八	四八	四八	四八	四六	四八	四六
5	四五	四五	四五	四五	四五	四七	四五	四五	四五	四五	四五	四七
6	四六	四六	四六	四六	四六	四六	四六	四六	四六	四六	四六	四八
7	四五	四五	四五	四七	四五	四五	四五	四五	四五	四五	四五	四五
8	四六八	四六八	四六八	四六八	四六八	四六八	四六八	四六八	四六八	四六八	四六八	四六八
9	四五	四五	四五	四五	四五	四五	四五	四五	四五	四六	四五	四五
10	四六	四六	四六	四六	四六	四六	四六	四六	四六	四六	四六	四六八
11	四五	四五	四五	四五	四五	四五	四五	四五	四五	四七	四五	四五
12	四八	四八	四六	四六	四六	四六	四六	四八	四六	四八	四八	四六
13	四五	四五	四五	四五	四五	四五	四五	四五	四五	四五	四五	四七
14	四六	四六	四六	四六	四六	四六	四六	四六	四六	四六	四六	四八
15	四五	四五	四五	四五	四五	四五	四五	四五	四五	四五	四七	四五
16	四八	四六	四六	四六	四六	四六	四六	四六	四六	四六	四八	四六
17	四五	四五	四五	四五	四五	四五	四五	四五	四五	四五	四五	四七
18	四六	四六	四六	四六	四六	四六	四六	四六	四六	四六	四六	四八
19	四五	四五	四五	四五	四五	四五	四五	四五	四七	四五	四七	四八
20	四六	四六	四六	四六	四六	四六	四六	四八	四六	四六	四六	四六
21	四五	四五	四五	四五	四五	四五	四五	四五	四五	四五	四五	四五
22	四六	四六	四六	四六	四六	四六	四六	四六	四六	四六	四八	四八
23	四五	四五	四五	四五	四五	四五	四五	四五	四五	四五	四五	四五
24	四六	四六	四六	四六	四六	四六	四六	四六	四六	四六	四六	四六八
25	四七	四七	四七	四五	四七	四七	四七	四五	四五	四五	四七	四七
26	四六	四六	四六	四六	四六	四六	四六	四六	四六	四六	四六	四八
27	四五	四五	四五	四五	四七	四五	四五	四五	四五	四五	四五	四五
28	四六	四六	四六	四六	四六	四六	四六	四六	四六	四六	四六	四六八
29	四五	四五	四七	四五	四七	四五	四五	四五	四五	四五	四五	四五
30	四六	四六	四六	四六	四六	四六	四六	四六	四六	四六	四六	四八
비고												

亥년 七월 출생자 운명 속견표

생시\생일	子시	丑시	寅시	卯시	辰시	巳시	午시	未시	申시	酉시	戌시	亥시
1	四八	四八	四八	四八	四八	四八	四八	四八	四八	四八	四八	四八
2	四六	四八	四六	四八	四六	四八	四六	四八	四六	四八	四六	四八
3	四五	四八	四五	四八	四五	四八	四五	四八	四五	四八	四五	四八
4	四八	四六	四八	四六	四八	四六	四八	四六	四八	四六	四八	四六
5	四七	四五	四七	四五	四七	四五	四七	四五	四七	四五	四七	四五
6	四八	四六	四八	四六	四八	四六	四八	四六	四八	四六	四八	四六
7	四五	四七	四五	四七	四五	四七	四五	四七	四五	四七	四五	四七
8	四六	四八	四六	四八	四六	四八	四六	四八	四六	四八	四六	四八
9	四七	四五	四七	四五	四七	四五	四七	四五	四七	四五	四七	四五
10	四八	四六	四八	四六	四八	四六	四八	四六	四八	四六	四八	四六
11	四五	四七	四五	四七	四五	四七	四五	四七	四五	四七	四五	四七
12	四六	四八	四六	四八	四六	四八	四六	四八	四六	四八	四六	四八
13	四七	四五	四七	四五	四七	四五	四七	四五	四七	四五	四七	四五
14	四八	四六	四八	四六	四八	四六	四八	四六	四八	四六	四八	四六
15	四五	四七	四五	四七	四五	四七	四五	四七	四五	四七	四五	四七
16	四六	四八	四六	四八	四六	四八	四六	四八	四六	四八	四六	四八
17	四七	四五	四七	四五	四七	四五	四七	四五	四七	四五	四七	四五
18	四八	四六	四八	四六	四八	四六	四八	四六	四八	四六	四八	四六
19	四五	四七	四五	四七	四五	四七	四五	四七	四五	四七	四五	四七
20	四六	四八	四六	四八	四六	四八	四六	四八	四六	四八	四六	四八
21	四七	四五	四七	四五	四七	四五	四七	四五	四七	四五	四七	四五
22	四八	四六	四八	四六	四八	四六	四八	四六	四八	四六	四八	四六
23	四五	四七	四五	四七	四五	四七	四五	四七	四五	四七	四五	四七
24	四六	四八	四六	四八	四六	四八	四六	四八	四六	四八	四六	四八
25	四七	四五	四七	四五	四七	四五	四七	四五	四七	四五	四七	四五
26	四八	四六	四八	四六	四八	四六	四八	四六	四八	四六	四八	四六
27	四五	四七	四五	四七	四五	四七	四五	四七	四五	四七	四五	四七
28	四六	四八	四六	四八	四六	四八	四六	四八	四六	四八	四六	四八
29	四七	四五	四七	四五	四七	四五	四七	四五	四七	四五	四七	四五
30	四八	四六	四八	四六	四八	四六	四八	四六	四八	四六	四八	四六
비고												

亥년 六월 출생자 운명 속견표

생월시/생일	子시	丑시	寅시	卯시	辰시	巳시	午시	未시	申시	酉시	戌시	亥시
1	罒五	罒五	罒五七	罒五	罒五	罒五	罒五	罒五	罒五	罒五	罒五	罒五
2	四七	四七	四七	四五	四五	四五	四五	四五	四五	四五	四五	四五
3	四八	四八	四六	四六	四六	四六	四六	四八	四八	四八	四八	四六
4	四五	四五	四五	四五	四五七	四五七	四五	四五七	四五七	四五七	四五	四五七
5	四八	四六	四八	四六	四八	四六	四八	四六	四八	四六	四六	四八
6	四五	四五	四五	四五	四五	四五七	四五七	四五七	四五	四五	四七	四八五
7	四六	四六	四六	四六	四八	四八	四八	四六	四六	四六	四八	四六
8	四七	四五	四五	四五	四五	四五	四五	四五	四五	四五	四五	四七
9	四六	四六	四六	四六	四六	四八	四八	四六	四六	四六	四八	四八
10	四五	四五	四七	四七	四五	四五	四五七	四五七	四七	四五	四五	四五
11	四八	四八	四八	四八	四六	四六	四六	四八	四六	四六	四八	四八
12	四五七	四五七	四五七	四五	四五	四五	四五	四五	四五	四五	四五七	四七
13	四六	四六	四六	四六	四六	四六	四六	四六	四六	四六	四六七	四八
14	四五	四五	四七	四七	四七	四七	四五	四五	四五	四五	四五七	四五
15	四八	四六	四八	四八	四八	四八	四八	四八	四八	四八	四八	四八
16	四五	四五	四五	四五	四五	四五	四五	四五	四五	四五	四五	四六七
17	四六	四六	四八	四八	四八	四八	四八	四六	四六	四八	四八	四八
18	四五七	四五	四五	四五七	四五	四五	四五	四五	四五	四五七	四五	四五
19	四八	四六	四八	四六	四八	四八	四八	四六	四八	四六	四八	四六
20	四五	四五	四五	四五	四五	四五	四五	四五	四五	四五	四五	四七
21	四六	四六	四六	四六	四六	四六	四六	四六	四六	四六	四六	四八
22	四五	四五	四五	四五	四五	四五	四五	四五	四五	四五	四五	四五
23	四六	四六	四六	四六	四六	四六	四六	四六	四六	四六	四八	四六
24	四五	四五	四五	四五	四五	四五	四五	四五	四五	四五	四五	四七
25	四六	四六	四六	四六	四六	四六	四六	四六	四八	四六	四六	四八
26	四五七	四五	四五七	四五	四五	四五	四五	四五	四五	四五	四五七	四五
27	四六	四六	四六	四六	四六	四六	四六	四八	四六	四八	四六	四六
28	四五	四五	四五	四五	四五	四五	四五	四五	四七	四五	四五	四五
29	四六	四六	四六	四六	四六	四八	四八	四八	四六	四六	四六	四八
30	四五	四五	四五七	四五	四五	四五	四五	四五	四七	四五	四七	四五
비고												

亥년 八월 출생자 운명 속견표 四十二

생월\시	子시	丑시	寅시	卯시	辰시	巳시	午시	未시	申시	酉시	戌시	亥시
1	四五	四	哭	哭	哭	哭	哭	哭	哭	哭	四五	哭
2	罡	罡	罡	罡	罡	罡	罡	四五	罡	四五	四五	罡
3	哭四五	哭	哭	哭	哭	八	哭	八	八	哭	哭	八
4	四七	罡	四五	罡	四五	四五	四五	罡	罡	四五	罡	罡
5	四八	哭	哭	哭	哭	哭	哭	哭八	哭	哭	八	哭
6	罡	罡	罡	罡	罡	四七	罡	四七	四七	四五	罡	罡
7	哭	哭	哭	哭	哭	哭	哭	哭	哭	哭	哭	八
8	罡	罡	罡	四五	四五	罡	四五	罡	罡	罡	罡	罡
9	八	八	八	八	哭	哭	哭	哭	八	八	八	哭
10	罡	罡	罡	罡	罡	罡	罡	罡	罡	罡	罡	罡
11	哭	哭	哭	哭	哭	六	哭	八	哭	八	八	八
12	罡	罡	罡	罡	罡	罡	罡	罡	罡	四五	罡	罡
13	哭	哭	哭	哭	哭	八	八	哭	四六	四五	哭	哭
14	罡	罡	罡	罡	罡	四七	四五	四五	四五	罡	罡	罡
15	哭八	哭	哭	哭	哭	四六	哭八	八	八	八	四六	八
16	罡	罡	罡	罡	罡	四七	罡	罡	四五	四五	罡	罡
17	哭八	哭	哭	哭	八	哭	哭	哭	哭	四六	八	哭
18	罡	罡	罡	罡	罡	罡	四五	四五	四七	四五	罡	罡七
19	八	八	八	八	哭	哭	哭	哭	哭	八	哭	哭
20	罡	罡	罡	罡	罡	罡	罡	罡	四五	罡	罡	四五
21	哭	哭	哭	哭	哭	哭	哭	哭	八	四六	八	哭
22	罡	罡	罡	罡	罡	罡	罡	罡	四五	罡	罡	罡
23	哭	四六	哭	四六	哭	哭	八	四六	八	哭	哭	八
24	罡	罡	罡	四五	罡	四七	罡	四五	四五	罡	四五	四五
25	哭	哭八	哭	八	哭	哭	哭	哭	哭	哭	四八	哭
26	罡	罡	罡	罡	罡	罡	罡	罡	罡	罡	罡	罡
27	哭	八	哭	哭	哭	哭	哭	八	八	四六	四	八
28	罡	罡	罡	罡	罡	罡	罡	罡	四五	罡	罡	四五
29	四八	哭	八	哭	八	哭	哭	八	哭	八	八	哭
30		罡	罡	罡	罡	罡	罡	四七	罡	罡	四五	罡七
비고												

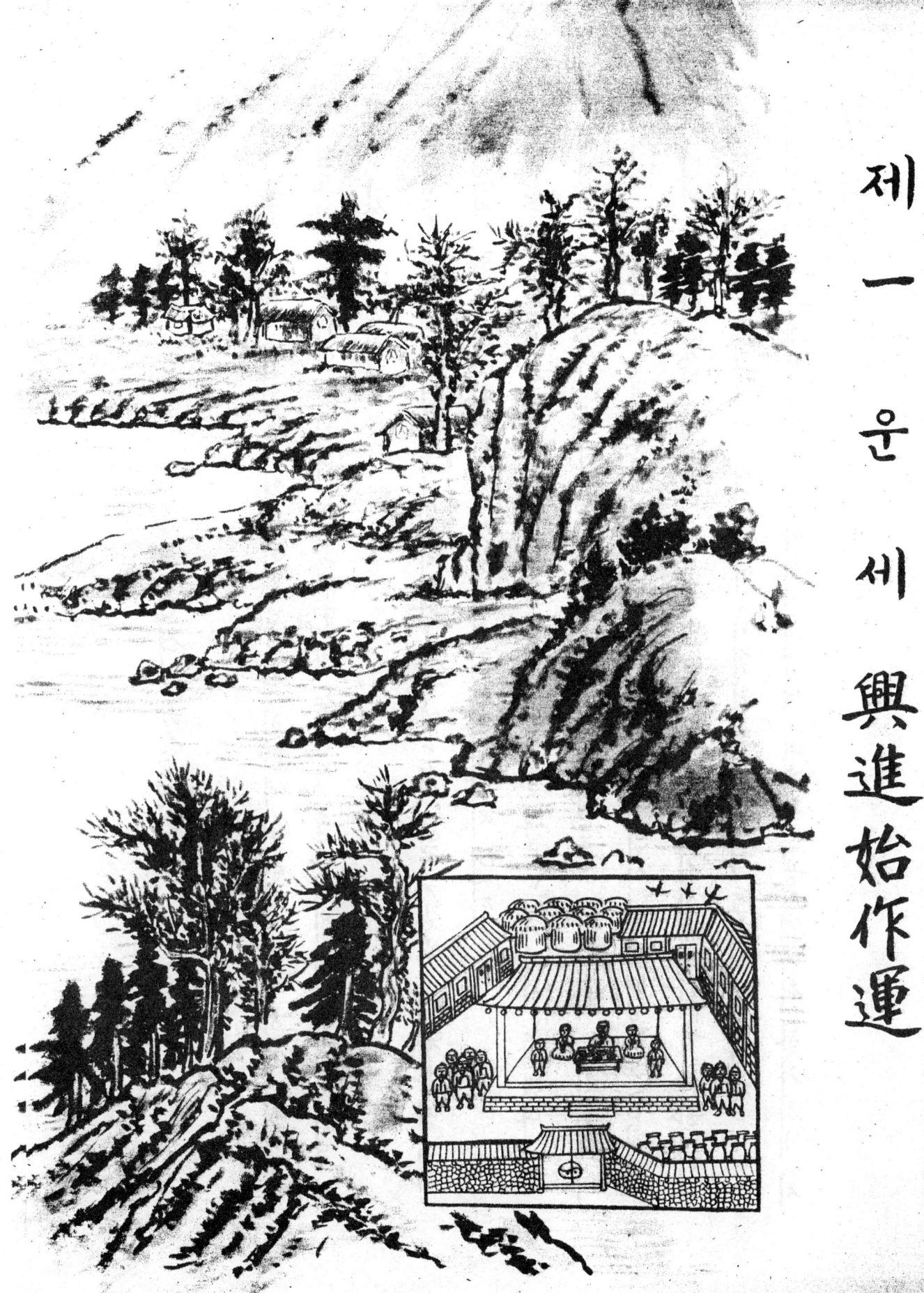

제一 운세 興進始作運

제 一 운 신등관문격 (身登官門格)

이 운을 타고난 사람은 성격이 온순한 반면에 머리가 영리하고 자상하며 욕심도 많고 신념이 강하며 모사(謀事)에 능하여 순탄하게 생활하는 편이고 재복이 있어 많은 재산을 모으겠다.

직업은 교원·상업·농업·회사원·문예 등이 알맞겠고 정치 방면이나 약장사서 활동해야 할 득점격인 직업은 알맞지 않다.

오행으로는 쇠벼치를 다루는 사업이나 나무를 다루는 사업이 좋겠다.

신상에 병이 온다면 남자는 중풍·각기병·신경통·마비병이 오기 쉬우며 여자는 자궁병을 특히 주의하고 남녀 모두가 물사업이나 수액을 조심하라.

세살에 신액이 있고 칠세에 부모운이 좋지못하며 이십이세부터는 문학이나 기술계에서 성공이 되는 실운이며 이십칠팔세에 결혼할 시기이다.

삼십오세 이후에는 평탄한 사람이 많으며 대개는 교육계에서 한가하게 지내는 수이다.

이 자(子)년은 종·실·근(種·實·根) 상속이라는 뜻이 있다. 즉 종자, 열매, 뿌리를 갈무리하여 저장한다는 뜻이다. 십이지(支)의 첫째 방위(해·자·축)는 정북이고 하루의 시간으로 말하면 한 밤중의 십이시 이며 사철로 말하면 십이월 동민에 들어가는 계절이다. 그것은 동물이나 식물이 자기 보존을 위한 수단이며 벋지 않아 찾아오는 봄이 기떼되는 시기이다. 또 자(子)는 대낮의 인간의 활동에 대한 밤의 휴게의 시간이다. 그러므로 자(子)를 밤에만 활동하는 쥐에 비유한 것일 것이다. 쥐는 인간에게 가장 인연이 깊은 동물이다. 또한 자(子)는 지구상의 인류와 같이 가장 넓은 분포를 가지고 있다. 철근콘크리트 건물에도 구멍을 파고 삶을 구축한다. 물론 무엇이든지 무엇이든지 먹는 적응성이 있는 동물이다. 그러므로 어디에 살든 고란을 받지 않는다. 자년에 낳은 사람은 이러한 쥐의 특성을 이어받아 태어났다. 명랑하고 낙천적이고 어떠한 가혹한 환경에 놓이드라도 지지않고 어떻게라도 빼쳐 나가보려고 하는 순응성을 충분히 발휘하여야 한다.

—59—

그리고 천성적인 명랑성은 많은 사람으로부터 호감을 받으며 무엇이든 윗조의 혜택을 받는다.

자년에 놓은 사람으로서 하나의 특징은 육감(六感)이 예민한 것이다. 옛날 사공들은 쥐없는 배에는 타지 않았다고 했다. 쥐는 난파될 배에는 사전에 알고 타지 않는다. 또 창고가 화재를 만나기 직전에 쥐는 도망가 버리고 만다는 이야기도 얼마든지 들어왔다.

그러므로 육감에 너무 의존하여 손해를 자초하고 결혼하여 사후에 후회하는 경솔한 점이 있다. 때로는 오해하기 쉽다.

이것이 자년생의 총체적인 성격과 운세이다.

자년생이 자년을 만나면 재원(財源)이 넓게 떨쳐 돈을 많이 벌어들일 것이며, 자년생이 정월달에 출생한 사람의 형제에 광채가 나면 부귀한 운을 타고 자년생이 자(子)일에 출생하면 많은 커인들이 도와줄 운을 가진 것이라 심전하며, 자년생이 자시에 출생하였다면 실생에 돗단배와 같이 수월하게 혼인이 이루어진다고 한다. 특히 안면을 검정하는 때 1운생이 자녀을 만나도 재원이 널리 떨쳐 돈을 많이 벌어들이다는 것과 같이 1여자는 매년 1월을 만나도 또는 자일의 운세 자시의 운세도 통 계상으로 앞에 설명과 같이 보는 수가 있다.

결혼 운
신(申)년 진(辰)년 축(丑)년생과 결혼하면 좋으며 중매결혼이 좋다.

건강 운
위장병, 신장, 간장을 주의 하라.

수명 운
六十九세를 넘기면 八三세 이상 수를 누리겠다

형제 운
二, 三형제의 운이나 화목하고 우애하지 못하고 늘 반목하며 덕이 없다.

평생운세

초년 二十세까지는 형탄하며 二十一세부터 四十세까지는 성공이 쉽게 되지만 되세 잘못으로 실패하기 쉬우며 四十세부터 六十세까지는 부귀공명 하리라. 초년 섭세 이내에 양자가 되지 않으면 어머니가 둘이 되는 수 있으며 불연이면 부모덕이 없다.

五세부터 八세 중간에 신상에 형터를 갖이게 되고 十一세부터 十二세때 집 전체가 이사하지 않으면 혼자서 고향을 떠나는 운이고 十四세부터 十八세 이내에는 귀인을 만나 기쁜 경사가 있으며 二十七세에는 결혼하는 운이고 三十九, 四十세에는 뜻밖에 횡재수 있고 불연이면 상업을 시작하는 운이며 五十세나 五十六세에는 재산 실패 수 있으니 주의하라.

六十세와 六十二세 중간에 부부 사별아니면 질병으로 근심하리라. 六十九년을 만나면 만사 순탄하다. 무옥실을 만나면 재산 실패한다. (각종 살을 보는 법은 추송화 저서 사주비전을 참조하라.)

갑자(甲子)년을 만나면 三, 四월은 사업에 실패하며 병자(丙子)년을 만나면 五, 六

월에 남녀 교재를 주의하고 무자(戊子)년을 만나면 十二월에 관액을 주의하고 경자(庚子)년 五.六월에 물과 불을 주의하고 임자(壬子)년은 정월과 섯달에 교통사고를 주의하라.

끄년을 만나면 동업을 하지 말고 과헹구설을 주의하라 관공적에 있는 사람은 수진하지만 도화살이 있으면 남녀 교재를 하지 말라. 을축(乙丑)년은 三.四월에 새로운 일을 하지 말고 정축(丁丑)년은 五.六월에 만사 황하니 신 가사업 시작하지 말고 기축(己丑)년은 十一월에 관액을 주의하고 신축(辛丑)은 十一월에 교통사고를 주의하고 계축(癸丑)년은 정.이월에 도난. 화재를 주의하라.

寅년은 이사 사업해 이권 사업변동 등 길흉이 엇갈리는 해 이다. 그러나 직장을 찾이자는 수진 전업의 안이며 관공직자는 수진발전의 안이다. 병인(丙寅)년은 정二월에 사기를 주의하고 무인(戊寅)년은 五월 七월에 관액 손재물 주의하고 경인(庚寅)년은 섯달에 횡액을 주의하고 임인(壬寅)년은 섯달에 송사를 주의 하고 갑인(甲寅)년은 七.八월에 횡재 수가 있으리라.

卯년은 관액을 주의하고 혹은 부모의 근심이 있기 쉽고 건강에도 주의하여야 할 운이다.

을묘(乙卯)년은 재산 실패를 주의하고 정묘(丁卯)년은 부모에 대한 근심이 있고 기묘(己卯)년은 관재와 건강을 주의하고 신묘(辛卯)년은 五월에 물을 조심하고 계묘(癸卯)년 十월은 신병과 화재를 주의하라.

辰년을 만나면 귀인이 생겨서 새로운 사업을 시작하게 되는 길한 운이나 갑진(甲辰)년은 三월에 만사 순탄하며 재수 대통하고 병진(丙辰)년 五월은 사기와 관액을 주의하고 무진(戊辰)년 三·四월은 재수를 주의하고 경진(庚辰)년 八월은 고전과 방쟁을 주의하고 임진(壬辰)년 六·七월은 귀인이 도와 재수 대통하리라.

巳년을 만나면 모든 일에 침착해야지 그렇지 않으면 모든 일이 실패되고 폐가 하리라.

을사(乙巳)년 三월은 재수 길하고 정사(丁巳)년 十월은 남을 위해 보증을 스지 말고 기사(己巳)년 三·四월은 관액과 신병을 주의하고 신사(辛巳)년 十二월은 외출을 주의하고 계사(癸巳)년 三·四월은 새로운 일을 하되 침착히 하라.

오년을 만나면 횡액 관액을 주의하고 누구를 막론하고 삼오(甲午)년 정 二월은 남을 믿지말고 병오(丙午)년 十一、十二월은 직업변동을 이고 무오(戊午)년 七、八월은 상묘살이 들으며 경오(庚午)년 七、八월은 관액 횡액을 주의하고 임오(壬午)년 九、十월은 송사、부부 이별을 주의하라. 未년 만나면 욋수를 사지 말라. 하는 일마다 남에게 피해를 주게되니 한심한 일이로다.

을미(乙未)년 정월은 범사를 주의하고 정미(丁未)년 五、六월은 재운이 쇠퇴하고 기미(己未)년 八월은 집을 이사하면 길하고 신미(辛未)년 十一、十二월은 교통사고를 주의하고 계미(癸未)년 三、四월은 관청구설、송사를 주의하라.
申년을 만나면 만사 길하며 귀인을 만나 새로운 업체를 만들면 길하며 갑신(甲申)년 九、十월은 三、四월이 재운이 향하고 병신(丙申)년 七、八월은 여행을 삼가하고 무신(戊申)년 九、十월이 재운이 향하고 병신(丙申)년 七、八월은 뜻밖에 손해보기 쉽고 경신(庚申)년은 七、八월에 고집을 주의하고 임신(壬申)년 十一월은 접안에 우환이 있으리라.
酉년을 만나면 하던일이 실패되기 쉬우며 만사가 파탄되니 주의하고 특히 여자관계를 주의하라.

을유(乙酉)년은 三·四월에 연정관계를 주의하고 정유(丁酉)년 五·六월은 결혼하지 말고 기유(己酉)년 十一월은 횡액수가 있으니 주의하고 신유(辛酉)년 八월은 횡재 아니면 화재를 주의하고 계유(癸酉)년 九·十월은 도난을 주의하라.

戌년을 만나면 집을 이사하지 않으면 부동산을 매매하는 일이 생기며 혹은 출타하는 수이다.

갑술(甲戌)년을 만나면 三월에 이사하는 수이고 병술(丙戌)년 五·六월은 여행하며 무술(戊戌)년 九·十월은 변동수 있고 경술(庚戌)년 十一·十二월은 교통사고를 주의하고 임술(壬戌)년 三·四월은 주색을 주의하라.

亥년을 만나면 남·여 연애관계를 주의하라. 손해 보기 쉽다.

을해(乙亥)년 정·이월은 결혼할 수이고 정해(丁亥)년 九·十월은 사기를 당하거나 도난을 주의하고 기해(己亥)년 十월은 관액과 신액을 주의하고 신해(辛亥)년 八월은 화재 여난·교제 등을 주의하고 계해년 三·六월은 새 사업을 시작하지 말라.

제 二 운세 獨守風流格

제二운 고독중부격 (孤獨中孚格)

성격 및 주의사항

머리는 영리하며 천재적으로 글공부는 잘하지만 초년에 너무 고독을 많이 만났기 때문에 우울하고 내성적인 성질을 지니고 있으며 자수성공하는 운이며 꾸준하게 발전하는 사람이라 하겠다. 그러나 끈기있게 노력하는자도 있지만 직장이나 가지고 자기 받은바 책임에 대해서만 노력을 하다보니 재산을 많이 모을 수 없고 평생동안 의식의 부족은 당하지 않는다. 초년과 중년은 실음이 아니며 객지에 나와서 자수성공하는 운이지만 말년은 완전히 기반이 잡혀서 남부럽지 않게 생활하게 되나 한산 조급하고 옹졸한 성격만 부리지 않는다면 변함없이 남을 위하고 자기를 위하여 매사에 성공되는 사람이다.

혹은 조실부모 하지 않는자가 있어도 역시 부모의 덕이 없다고 하겠으며 재산을 받는다 해도 모두 탕진하는 운명이라 하겠다. 사주에 육해(六害)살이 있다. (육송학 지서 여방비법과 육년보감을 참조하여 예방하기 바란다.)

직업 운
교육자. 기능공. 의사. 예술인. 상업등이 길하고 특기사업은 삼가하라.

결혼 운
축(丑)년생이나 신(申)년생이 길하며 중매결혼하면 백년)해로하며 연애 결혼하면 불화가 있다.

건강 운
위장병과 신경쇠약 및 폐병을 주의 하라.

수명 운
초년 七세를 주의하고 六九세와 八八세가 불길 하다.

형제 운
三.四형제운이며 혹은 이복형이 있기 쉽고 그러나 형제덕은 없다.

자손 운

자손은 많을 운이나 스스로 어찌하여 아들 둘을 두리라.

평생운

초년 二十세 이전에 죽을 운을 당하여 어려운 고비를 지나고 부모증 한쪽 부모가 일찍 사별 또는 생이별할 운이며 혹은 일찍 고향을 떠나며 二十세부터 四十세 이전 중년은 직장생활하지 않으면 재산에 근심이 많으며 四十세부터 六十세까지 말년은 재산도 거느리고 명예도 얻으니 말년이 편길한 운명이다. 구년을 만나면 동업하지 말고 물가에 가지 말라. 사업은 실패하고 물에 빠지는 운이다.

삼자(甲子)년은 끝서산 경사 있었고 병자(丙子)년 五·六월은 승선을 삼가하고 물을 조심하여야 하며 무자(戊子)년 十一월은 교통사고를 주의하고 경자(庚子)년은 남녀 교재를 주의하고 임자(壬子)년은 원행을 주의하라

묘년을 만나면 새로운 사업을 시작하는 운이다.
을축년을 만나면 반사 순조로우며 정축년은 五·六월이 재수 없으며 기축년은 三, 四월에 새로운 사업을 시작하며 신축년 정,二월은 가전부체로 근심이 있

고 계축년 七, 八월은 큰집을 주의하지 않으면 패가 망신하기 쉽다.

寅년을 만나면 집을 이사하든지 직업을 전환하는 운이다.

갑인년 三, 四월은 집을 이사하거나 부동산을 매매하는 일이 있겠으며 병인년 九, 十월은 이사를 하거나 직업변동수가 있으며 무인년 五, 六월은 벌리 여행을 떠난다. 그러나 교통사고를 주의하고 경인년은 대형시적으로 완전히 모든 일에 전화점이 될 것이고 임인년 十一, 十二월은 집안에 경사 있고 재수도 반응 반길 하리라.

卯년을 만나면 송사나 관액을 피하고 언쟁 구설도 주의하라.

을묘년 정 二월은 누구라도 언쟁을 피하고 인내 하여야 하며 정묘년 三, 四월은 관액과 횡액을 주의하고 기묘년 十一, 十二월은 도난 사기를 주의하고 신묘년 五, 六월은 물과 불을 주의하고 계묘년 七, 八월은 주색을 주의하라.

辰년을 만나면 미혼자는 결혼을 하든지 약혼하는 좋은 운이다.

갑진년은 만사 순탄하며 병진년 三월은 화재를 주의하고 무진년은 주식회사나 합자로 사업이 번창해지는 운이며 경진년은 구설과 언쟁할 운이나 만사에 주의 하며 임진년은 모든 일이 순조로우나 十一, 十二월은 교통사고를 주의하라.

巳년을 만나면 남녀교제나 혀욱을 주의하라.

을사년 二.三월은 마음에 음양이 동하니 산,라,하지만 사귀는 사람마다 피해만 주니 주의하여야 한다. 정사년, 五월은 물가에 가지 말고 기사년 八.九월은 건강에 주의하고 十一월은 고통사고를 주의하라.

신사년은 매사에 침착해야 하며 계사년 봄철은 근신하는 것이 좋을 것이다.

수년을 만나면 따르는 사람마다 피해 대인관계를 주의하여야 한다.

삼오년 三.四월에는 여자관계를 맺지 말라. 만약 사랑을 속식이게 되면 원수되기 쉬우리라. 병오년 十월은 우연히 마음이 안정되지 않아 신경질되어 있어 이관계가 좋지 못하며 가정 불화도 염려가 되다. 무오년 모든 사업을 중단하는 것이 좋겠다. 그렇지 않으면 사업이 실패하기 쉽다. 경오년 八월은 송재 아니면 남녀 교제로 실패한다. 임오년 三.四월은 원행을 삼가하고 송재와 두관을 주의하라.

未년을 만나면 마음은 앞서고 하는 일은 잘 되지 않으니 짜증만 나며 재수도 없다. 을미년은 어디로 가든지 실패와 손재만 있으니 군신하는 것이 상책이며 정미년운 도난과 송사문제를 주의하라. 기미년은 사람을 사귀면 아이가 되니 뒤인관계를 주의할 것이며 신미년은 사회적으로 명성을 떨치는 운이고 계미년은 구설수를 노력하면 만사 순탄하리라.

申년을 만나면 귀인이 도우며 미혼자는 결혼할 운이고 기혼자는 바람을 피울 운이다. 갑신년 조월은 생남하지 않으면 사업을 새로 시작하며 병신년은 만사 대길하지만 교만하거나 고집을 쓰지 않으면 과원 구설을 듣는다. 무신년 조.六은 만사 불길하며 경신년 전 二월은 새로운 일이 시작되며 임신년 조.六월은 원행을 삼가하고 남녀교재 관계를 주의하라.

酉년을 만나면 재산 활동이나 사람으로 인해 신경쓰는 일이 발생한다. 을유년은 만사 조심하되 특히 二,三월은 남의 말을 듣지말고 정유년 三,四월은 화재를 조심하고 기유년 十一월은 교통사고를 주의하고 신유년 조.六월은 물가에 가지말고 계사년은 백사를 조심하라.

戌년을 만나면 사람을 사귀지 말라. 사귀는 사람마다 나에게 해롭게 하며 을축년을 만나면 사람은 없다.

삼술년 三월은 사람을 주의하고 병술년은 十一, 十二월에 횡재 아니면 급히 실패하며 무술년은 형타하나 사기를 주의하고 경술년은 五, 六월에 도난 화절을 주의하고 임술년은 만사를 주의하라.

亥년을 만나면 남녀 교제나 결혼, 야혼등의 일로 근심을 하며 되는일이 없어 실패가 많으리라.

을해년은 도화살을 만나면 부부 이별 및 남녀 교제로 근심하며 정해년 三·四은 원행을 주의하고 기해년 七·八월은 남과 시비를 삼가하고 소송등을 피하고 신해년 七월 이후에는 어떠한 사업이라도 구시하는 것이 좋을 것이고 계해년은 술과 남녀 교제를 주의하라. 가정파란이 일기 쉽다.

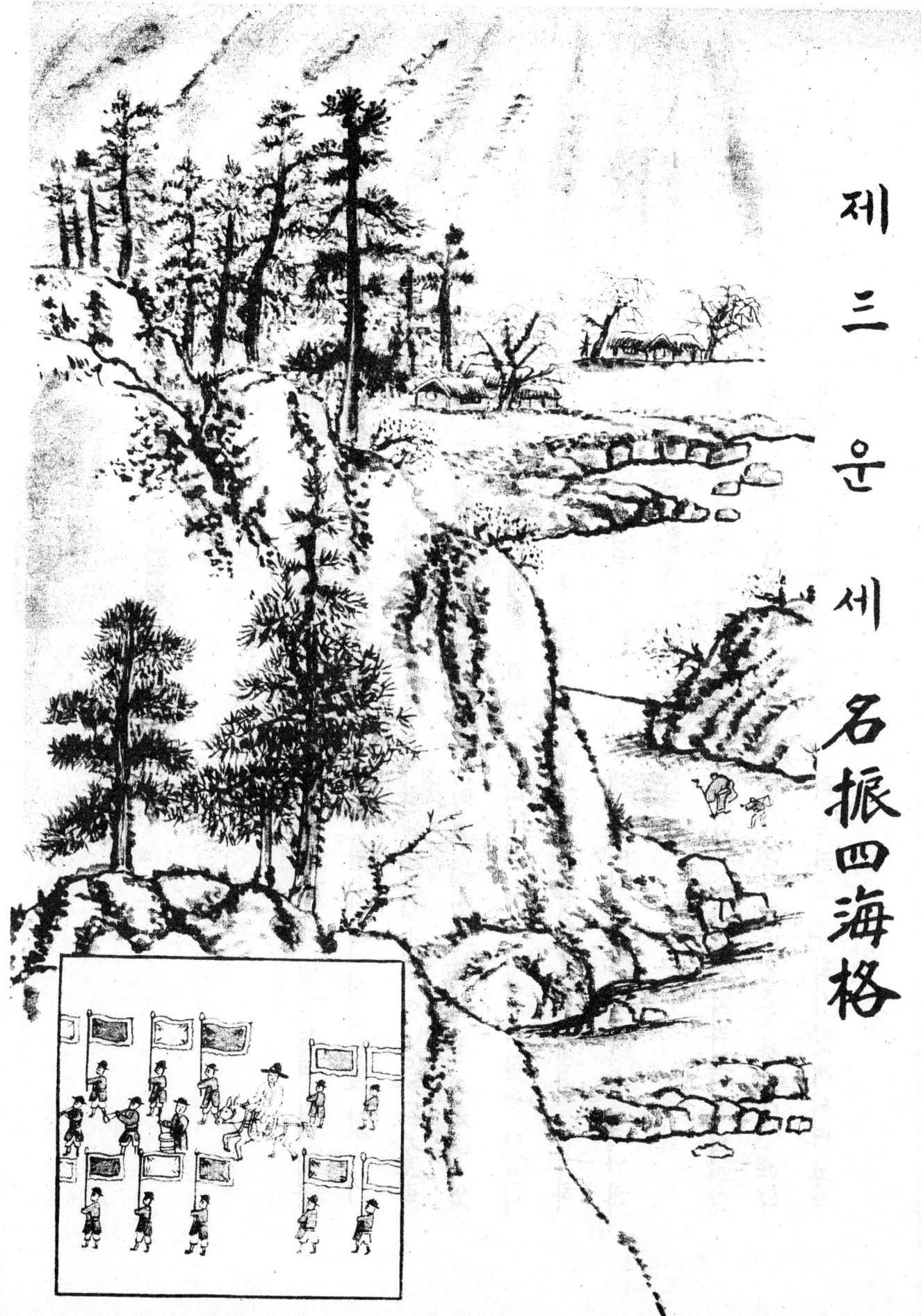

제 三 운 고송두령격 (高松頭令格)

성격 및 주의사항

타고난 운명은 속이지 못한다고 믿듯이 진실하고 착실하게 믿는 성격이며 항상 학자처럼 마음가짐을 가지고 있다. 고상한 성격에 인내심도 있으며 고지식한 성품이기도 하다. 나아가서는 많은 사람에게 설득력이 강하고 지도력 이 좋아서 많은 무리들 중에서는 특수한 인물이라고 하겠으나 부부 관계에 있어서는 고지식하고 완고하여서 잔재미가 없다. 그러므로 서로 믿는 성질은 있으나 아기자기한 맛은 없다고 보겠다. 부모의 덕도 있으며 학창시절에 열심히 공부하 여 일. 이등이 되는 운세이나 삼합 (三合) 이 상주에 있어서 너무 친우를 좋아 하 는 운세인데 친우만 경계하면 크게 성공하게 된다.

평생을 통하여 주의해야할 점은 성급한 처사라 하겠다. 개고기. 자라고기는 먹지 않 는것이 좋겠고 수산업 (水産業) 이나 투기 사업은 하지 않는 것이 좋을 것이다. 만약 에 투기사업이나 수산업을 하게되면 반드시 대실패를 하고 후회가 많게 되며 부부

산에도 이별하게 되는 운이다.

표면으로는 적극적인 행동으로이나 내면으로는 회의적이고 사교적인 복잡한 사람이라는 인상을 받는다.

집단속에서 일하면 남의 오해를 받기 쉽다. 독자적인 세계에서 복잡한 인생을 보낼 수 있는 방법이 성질에 맞는다. 또한 남의 부탁을 거절못하는 성질로 친한 사람이 많은 반면 주의하여야 할 것은 좋은 운세를 친한 사람이로 하여금 파(破)할 우려가 있다.

직 업 운

섬세한 신경과 행동을 발휘할 수 있는 직업, 자동차 경쟁자, 화가 등

결 혼 운

수년생과 亥년생 또는 구 녀생, 酉년생과는 결혼하지 말고 다른 사람과는 결하며 연애결혼이나 중매결혼중 어느쪽을 택하여도 실패는 없을 것이다.

—77—

건 강 운
치질. 신경성 고혈압. 위장. 간장병을 주의하라

수 명 운
초년 三·四세. 三十二세. 六十세를 무사히 넘기면 七十四세가 정명이라 하겠다.

형 제 운
五·六형제 운이며 덕이 있으나 형제들 중에서 존경을 받게 되리라.

자 손 운
二자중 一자가 총신하며 혹자는 四형제까지 둔다.

평 생 운 세
초년운은 고독하고 중년운은 풍파 있으나 말년운은 만사 길하리라. 구년을 만나면 원행을 주의하고 말을 조심성있게 하라. 항상 말을 조심하지 않으면 언쟁과 풍파를 면하기 어렵다.

甲子년 三·四월은 만사 대통하지만 원행을 주의하고 丙子년 정월은 하는일이 시작만 있고 끝이 없으니 인내하는 것이 좋을 것이며 戊子년 二월은 바람기만 없으면 재수 대통하리라. 庚子년 四월은 송사관계만 주의하고 癸丑년 十월은 즐거움이 많으며 만사대길 하리라.

표년을 만나면 하는일이 뜻과 같이 잘되지 않으면 큰 피해를 입게 되리라.

乙丑년 三·四월에 남녀교제 주의하고 丁丑년 五·六월은 여행을 금하며 己丑년은 만사 뜻과 같이 잘되지만 고집으로 손해 보리라. 辛丑년 十월은 낙상수를 주의하고 癸丑년 五월은 송사를 주의하라.

寅년을 만나면 이사를 하거나 직업을 전환하면 만사 길하며 혹은 외국 여행등 원행을 하기도 하리라

甲寅년 정·二월에 이사를 하거나 직업변화가 있겠으며 丙寅년 三·四월은 재수없으니 주의하고 戊寅년 十二월은 문단속 잘하라. 庚寅년 七·八월은 남의 일에 가담하지 말라 구설수가 있다 壬寅년 九월은 없이 쓴 물건이 있다 하여 욕

심내지 말라 손해와 관액을 만나리라.

卯년을 만나면 재산을 잃고 구설을 듣게 되니 근신하는 것이 좋으리라.

乙卯년은 三,四월에 마음을 안정하는 것이 좋고 만약에 새로운 직업으로 전환하려다가는 패가 망신한다. 丁卯년 五,六월은 재전난으로 많은 근심을 하게 되다. 己卯년 十一월은 도난과, 송사를 주의하고 辛卯년은 여행을 조심하라 우연히 남의 일로 구설을 듣는다. 癸卯년 三,九월은 도난과 사기를 주의하라.

辰년을 만나면 많은 일을 시작하여도 잘 진행되지만 사주에 겁재(劫財)가 많으면 큰 실패를 하리라 (사주비전 참조)

甲辰년 三월은 동업하지 말라. 丙辰년 五,六월은 큰일을 하지 말고 소송은 하여도 실패하지 않는다. 戊辰년 九,十월은 재수는 좋으나 남에게 속기 쉽다. 庚寅년 五월은 문서계약을 주의하고 壬辰년 五,十월은 만사 좋은 운이다. 그러나 슬하에 (자손) 근심이 있으리라.

巳년을 만나면 화재를 주의하고 고통사고를 주의하라.

乙巳년 五·六월에 원행하지 말라 교통사고의 위험이 있다. 丁巳년 三·四월에는 관청구설을 주의 하고 己巳년 十一·十二월에는 불을 조심하고 후巳년 五·六월은 물가에 가지말고 七·八월은 송사를 주의 할것이며 癸巳년 九·十월은 도난을 주의 하라.

午년을 만나면 사람과 하는일이 어찌 하나뿐 이겠는가? 그러나 대인관계를 조심하지 않으면 실패를 거듭하리라.

甲午년 一월은 남녀 이별의 운세이니 참을성을 갖이라. 丙午년 五월은 마음은 크나 먹지 않으니 침착하라. 戊午년 八월은 키인을 만나놓 치지 말라. 庚午년 十一월은 말을 조심하라. 허밀에 도끼겨이다. 소 午년 十二월은 송사와 언쟁을 하지 말라.

未년을 만나면 마음은 크데 되는 일은 없으니 한숨과 한탄이 겹쳐 있도다 어떠한 경우라도 참고 견디는 것이 옳은 취세가 된다.

乙未년 二월은 키인을 만나며 丁未년 三·四월은 만사 순탄하나 너무 욕심을 갖 으면 오히려 실패 하리라. 己未년 十월은 고집으로 패가망신하니 주의 하라

辛未년 十二月은 윗행할 수 있으나 인내로 지내시라. 癸未년 五·六月은 금전거래로 인하여 근심이 있으니 주의하라.

申년을 만나면 귀인도 있고 사업도 번창하지만 동업으로 진행 하여야 한다. 그러나 사람의 성품을 잘 파악하고 나서 동업을 시작하라.

甲申년 정월은 대인관계를 주의하라 여중 구설수가 있다. 丙申년 五月은 명예적으로 성공 하리라. 戊申년은 반사 신퇴하며 기혼자는 새로운 여자와 계가 시작된다.

庚申년은 미혼자는 결혼하고 몸을 다치기 쉬우니 주의하고 壬申년은 이성과계가

酉년을 만나면 마음은 소심하나 하는일은 잘 된다 그러나 힘에 버차게 사업을 하면 실패 한다.

乙酉년 정월은 매사를 신중히 하라 아차하는 찰라에 큰 손해를 입게 된다 丁酉년 三·四月은 관재 구설과 교통사고를 주의하고 己酉년 九月은 사기·도난을 주의 하고 辛酉년 十一·十二月은 송선 순차 하지 말고 癸酉년 五·六月은 해수옥을 하지 말라.

戌년을 만나면 사람을 구원하지 말라. 물에 빠진 사람 건져주니 보따리 달라는 격이 되리라.

甲戌년 二월은 사람이 해를 주니 경계하고 丙戌년 五월은 매사 신중히 하지만 도난과 횡액수 있으니 주의하라. 戊戌년 九.十월은 계약은 어떠한 것이든 맺지 말라 손해를 보게 된다. 庚戌년 한여름은 금전난으로 그럼이 태산 같으리라. 壬戌년 十一, 十二월은 부부 이별 자손의 질병 등 액운이 있으니 정월초하룻날 부처님 기도하라.

亥년을 만나면 남녀간에 음양이 발동하는 시기이다. 미혼자는 결혼하며 기혼자는 바람이 나서 재산 탕진 혹은 가정풍파가 일어난다. 乙亥년 정월은 어떠한 사람이라도 마음과 정을 주지 말 것이며 丁亥년 五.六월은 여행이나 금전거래를 하지 말고 己亥년 十一월은 낚시수와 구설수를 주의하라. 辛亥년은 재수는 좋으나 동업하지 말고 癸亥년 九.十월은 만사 주의하라.

제四 운세 奔走四方格

제 四 운 심약다패격(心弱多敗格)

성격 및 주의사항

고지식하고 마음이 착하다. 또한 약하고 악한 슬픈일이나 무서운 일을 당하면, 마음이 흔들리고 눈물이 흐르는 심약 유순한 성격의 소유자이다. 그러므로 큰일을 할수 없으니 담력을 기르는 것이 급선무이고 초년에 어머니가 들이 되지 않으면, 한쪽 부모가 일찍 사별하다. 그러므로 초년에는 고생이 많고 자립하여 학업을 마치는 운세이다. 대다수가 고학으로 공부를 하던가 아니면 학업을 중단하는 사가 많다.

이 사람은 일찍 부모와 고향을 이별하고 객지에 나가서 자기 스스로 운명을 개척한다면, 부모에게 폐가 돌아가지 않는다.

평생에 주의할 것은 물가에서 살지말고 배를 타는 것을 삼가하고 남에게 내 마음의 비밀을 즐겨 폭로하여 손해보는 일이 허다한데 인내심을 가지고 신중하게 일을 처리해 나간다면, 더 과 없이 즐거움을 누리리라 본 운은 가장 의지가 굳고 자신의 의지를 행동에 옮길수 있는 사람, 그러나 그 의지를 감추고 이면에서 지휘할 수 있는 참모형이 되므로 좋은 운세를 잡을 수 있다. 그러나 사교성이 부족하고 상단에 치우쳐 다른 의견을 받아들이는 도량이 없는 것이 흠이다. 넓은 도량으로 협동하는 아량을 기른다면 대단히 비약할 수 있다.

성격이 다른 친우와 팀웍을 짜면 기능을 십이분 발휘할 수 있다.

직 업 운
수예, 양재등 꼼꼼히 하는 일이 특기. 자신이 직접하지 않고 고용인을 쓰면 성공할 가능이 크다. 시장물품구입, 판매 확장등

결 혼 운
자년생이나 축년생이 길하고, 신, 진년생도 길하다. 자기 스스로 좋은 자를 선택해서 결혼하는 운이다.

건 강 운
신장· 심장· 신경쇠약· 음질등에 주의하라·

수 명 운
六세를 주의하고 六十六세와 七十八세를 주의하라·

형 제 운
형제는 많으나 독신운이다· 있다고 해도 덕이 없고 이복형제 이며 별거하게 되리라· 三·四형제 운이다·

자 손 운
三·四의 자녀를 두지만 종신은 二자 뿐이고 둘째 아들이 성공하리라·

평 생 운
초년 조실부모하고 중년에 일찍 고향을 떠나서 자기스스로 성공하는 고독한 운명이며 부부이별 및 재산 풍파 등 불운이 겹치나 四十세를 지나면 큰 재산도 갖고 있으며 많은 사람도 지도하는 웃사람의 운명이다 그러므로 말년이 대길한 운명이며 평생 형제 덕이나 친우, 친척의 덕을 볼생각은 하지 않는것이 좋다

子년을 만나면 부모에 근심이 있으며 재산및 건강의 운세도 불길하다 甲子년 四,五월은 부모를 잃거나 손재가 있다 丙子년 正,二월은 관청구설과 건강불길로 근심이 많으니 참을성 있게 근신하라 戊子년 九,十월은 과옥이 손재의 근원이 되며 庚子년 七,八월은 고집이 손재의 근원이고 숙구년 十二월은 화재와 도적수 있으니 예방비법에서 화재부작을 사용하라

丑년을 만나면 커인도 있고 호부도 구나 항산분수에 맞는 처사를 하도록 乙丑년 二,三월은 커인은 있으나 너무 믿지말고 불안한 동업은 하지말고 丁丑년 九,十월은 구설수 있으니 언쟁을 조심하고 己丑년 七,八월은 관재구설, 횡액수를 주의하라 추丑년 十一,十二월은 원행을 삼가하고 癸丑년 正,三월은 과재수 있으니 언동을 구히 조심하라

寅년을 만나면 이사하거나 직업변동이 있으리라

甲寅년 五,六月은 매사 불길하니 근신하고 丙寅년 正,二月은 도적 및 문서 계약관계 주의하고 戊寅년 十一,十二月은 화재를 주의하라 庚寅년 七,八월은 관청구설을 주의하고 壬寅년 五,六月은 물가에 가면 횡액수 있다

卯년을 만나면 부부어쟁이 지나치면 이별까지 하게 되니 주의하라.
乙卯년 正,二月은 구설 및 어쟁을 피하고 丁卯년 七,八月은 자녀 근심이나 부인의 건강이 불길하고 己卯년 九,十月은 횡액수 있으니 위년보감 이나 예방비법에서 횡액부적을 사용 예방하라 辛卯년 九,十月은 부동 산계약 주의하고 癸卯년 十一,十二月은 원행 및 이사하면 재운이 불길하다

辰년을 만나면 단독사업을 동업으로 하면 좋을것이나 항상 사람을 경계하라
甲辰년 三,四月은 사업의 말을 반신반의하고 丙辰년 五,六月은 남녀교제 관계로 구설을 듣거나 재정난으로 근심하리라. 戊辰년 七,八月은 가정에 우 환이 떠나지 않을 것이며 庚辰년 九,十月은 관청구설을 주의하고 壬辰년 七,八月은 고집으로 인하여 손해 있으니 주의하라.

巳년을 만나면 춘반기는 좋은것 같으나 중반기 하절을 당하면 불길하

—90—

여 기진 맥진할 것이니 만사를 참을성 있는 처사를 하도록
乙巳년 正,二월은 관청구설을 피하고 丁巳년 七,八월은 고집을 주의하고
인내심을 갖이라. 己巳년 正,二월은 집안에 근심이 있으리라 辛巳년 九
十월은 여행을 주의하고 癸巳년 五,六월은 여행을 피하라.
午년을 만나면 재수도 좋지 않으나 구설과 건강운도 복잡하니 예방비법에서
재수부적을 사용 예방하라.
甲午년 五,六월은 건강운 불길하고 丙午년 七,八월은 관청 구설 주의하
고 戊午년 十一,十二월은 횡액 및 화재수 있으니 예방비법에서 화재 부
적으로 예방하라 庚午년 九,十월은 문서 계약을 주의하고 壬午년 五,六
월은 원행 및 승선 등 주의하라.
未년을 만나면 부부 이별 아니면 하는일이 실패하거나 부진한 불길운이다
乙未년 五,六월은 군신하고 인내하라. 丁未년 九,十월은 재운은 좋으나
관청구설을 조심하고 己未년 正,二월은 화재 및 도적을 주의하라. 辛
未년 七,八월은 구설및 여행을 피하고 癸未년 十一월은 원행 및 이사를 주의

-91-

申년을 만나면 우연히 시작한 일이 큰 수입을 올리는 길운이다
甲申년 正、二월은 관청구설 및 송사문제를 주의하고 丙申년 五、六월은 횡액수 있으니 물가에 가지말고 戊申년 九、十월은 문서계약을 주의하라、庚申년 正、二월은 도적및 화재 주의하고 壬申년 五、六월은 배를 타지 말라
酉년을 만나면 재운과 건강운 불길하니 조심하라、
乙酉년 四、五월에 사업실패운이니 침착하고 丁酉년 九、十월은 질병으로 고생할운이며 己酉년 正、二월은 손재수 있으니 남의 말 듣지 말라 辛酉년 九、十월은 집안이나 친한사람과 어장수 있으니 참지 않으면 손해가 큰다 癸酉년 正、二월은 동업이나 금전거래를 주의 하라
戌년을 만나면 재운이나 명예가 발전하는 운이다
甲戌년 三、四월은 명예가 발전되며 매사 순조로우나、고집은 손해의 근원이다 丙戌년 七、八월은 도적을 주의하고 戊戌년 七、八월은 횡액수 주의 하고 庚戌년 十、十二월은 교통사고및 화재를 주의 하고 壬戌년 五、六월은 물가에 가지 말라

亥년을 만나면 남녀 교제면에서 주의하지 않으면 마음의 상처는 물론 손재도 따르다

乙亥년 三、四월은 마음을 안정시키라 불안과 초조는 실패뒷이이다 丁亥년

六、七월은 남의 말을 들으면 사기 당한다 己亥년 九、十월은 물건의 매매를

하지말라 속는 운이다、 辛亥년 五、六월은 여행이나 이사를 하지 말고 癸亥

년 七、八월은 소송 및 건강에 주의하라 크게 불길하다、

제五운세 晚年得意格

제 5 운 정귀인격 (正貴人格)

이 사람은 四세 혹은 七세에 병으로 고생하고 부상을 당할 운이며 十三,十七,十八세에는 귀인이 도와줄 운이나 十九세에는 병액과 일신상의 대변동으로 번민이 많은 운이다. 二十三세에는 행운이 와서 매사 순조로우나 여색으로 인하여 실패운도 있다. 二十八세는 운세가 침체하니 만사 여의치 않으니 허욕은 금물이다. 총명에만 의지하지 말고 인내로 극복해야 한다. 二十九세부터는 만사 길운이나 동업하지 말고 三十一세에는 사업은 순탄하지만 뜻밖의 손실이 있겠으며 부모와 이별하는 슬픈 일이 오기 쉽고 三十八,九세에는 모든 일이 떠걸한 시기이며 四十세부터 四十三세는 액운이 발동하는 시기이니 주의하고 조신하는 것이 상책이다. 四十五세 이후의 만년운은 평온하고 안락한 운이다.

부운은 표년생으로 동물에 비교하면 소에 해당하며 계절로는 겨울에 해당하는 운이다. 어떠한 중책을 맡아도 지치지 않고 돌아오는 봄을 기대하며 정력을 축적하는 때, 최후까지 믿고 나가는 끈기와 인내로 서서적으로 차분하게 처리하는 성격으로 자신이 완벽하게 남들이 될때까지 되풀이 해서 생각이 되면 목표를 향하여 맹진한다.

한편 이 띠녀생은 자신이 결정한 것만이 옳다고 생각하며 자신이 기세를 얻었을 때에는 강열한 개성을 발휘하나 평상시는 유순하다. 그러나 유순하다가도 한번 비위에 거슬리거나 야성적인 성정이 발작하는 무서운 면이 있다.

이 띠녀생은 만성형, 즉 중년 이후에 성공하는 운으로 젊어서 성공한 사람은 주의를 게을리 해서는 안된다.

가정에 있어서는 견실한 생활패턴으로 장래를 계획성 있게 꾸민다. 특히 여성은 가정적인 형으로 유순하게 자식들의 성공을 지켜보며 수단하게 지내는 형이다. 인내심이 있으나 지나친 성격에 쳇들을 당하게 되면 더다혀 강한 고집을 발휘하게 되는 것이 특징이며 평생에 재산이 많아 의식의 근심이 없다.

또한 여섯쾌 천복과 창의력을 다분히 가지고 있으며 강열한 의식의 소유자로 사상, 복장, 음식등 무엇이든 자신의 개성에 맞지 않으면 일체 받아들이지 않는다. 결벽한 편도 강하며 남정은 가족적 품위와 오묘한 심리조종으로 여성을 사로잡는다.

직 업 운

회사원, 금은보석상, 약종상, 제과, 다방, 예술, 농업, 고물상, 정치, 관공직 등이 길하다.

결 혼 운

未년생을 피하고 민생 酉생이 길하다. 늦게 결혼하는 것 좋겠다.

수 명 운

七十二세를 무사히 넘기면 八十二세를 주의 하라.

형제 자손운

형제는 三형제 아니면 四형제가 되겠고 자손은 二, 三형제를 두리라.

평 생 운

초년, 중년, 말년이 모두 좋은 운편이라고 말할 수 있겠다. 그러나 조금 나쁘다고 한다면 중년 三十세부터 四十세까지 풍파가 있고 매우 바쁜 시기라고 보다

子년을 만나면 소인은 대인이 되고 대인은 명예가 더 발전하는 운

甲子년을 만나면 三, 四월에 남에게 의존하는 일은 하지 말라. 丙子년 五, 六월은 물을 조심하고 戊子년 九, 十월은 횡액 및 건강 쇠퇴 운이다. 庚子년 正二, 월은 문서계약은 하지 말고 壬子년 五, 六월은 남녀 고제문제 주의하라 표년을 만나면 왼인도 확실치 않은 불안과 초조가 엄습하는 운이다

乙표년 三, 四월은 이사를 하면 우환이 자주 발생한다 丁표년 九, 十월은 문서계약 및 보증서는 일을 주의하고 己표년 七, 八월은 관청구설 및 어쟁을 피하라 辛표년 正, 二월은 도적 및 화재를 주의하고 癸표년 五, 六월은 물가에 가지 말라

寅년을 만나면 믿었던 사람에게 배신 당하는 운으로 동업이나 보증 등을 삼가 할것

甲寅년 正, 二월은 남의 말을 믿으면 사기 당하고 丙寅년 五, 六월은 보증서면 극히 위험하고 어음을 받는 것도 위험하다 戊寅년 九, 十월은 동업이나 투자는 삼가하고 庚寅년 三, 八월은 횡액수 있으니 주의할 것이며 壬寅 년 九, 十월은 부동산 이외의 계약은 하지 말라

卯년을 만나면 질병으로 고생을 하거나 손재수가 있다.

乙卯년 九,十월은 도적 및 화재를 주의하고 丁卯년 七,八월· 횡재하지 않으면 十월에 화재수 있다. 己卯년 九,十월은 문서계약 하지 않으면 금전손해 보리라 辛卯년 正,二월은 믿었던 사람에게 사기 당하니 주의하고 癸卯년 五,六월은 만사 불길 하므로 과욕을 삼가하라

辰년을 만나면 재운도 좋으며 소망도 성취되는 길운이다 또한 귀인이 있어서 협조를 받을수 있는 시기이기도 하다

甲辰년 正,二월은 우연히 귀인을 만나서 소망성취 된다 丙辰년 九,十월은 문서계약을 하면 배신과 사기 당하다 戊辰년 七,八월 三,四월은 매사 주의하라 庚辰년 五,六월은 원행 및 여행을 삼가하라 壬辰년 十一,十二월은 이사 및 여행하지 말라 구설과 손재를 당하리라

午년을 만나면 친척간이나 가족중에 쟁으로 구설이 있으니 참을성 있게 매사 신중 한 처사를 하도록 (午년과 巳년은 동일함)

甲午년 正,二월은 친지간에 다쟁을 피하라 丙午년 五,六월은 물가에

지 말고 戊午년 九·十월은 횡액수 있으니 유년보감으로 예방하라. 庚午년 九·十월은 사기당할 수 있니 주의하고 소수년 七·八월은 고집으로 망하니 침착하라

未년을 만나면 건강을 주의하고 소송 문제를 주의하라 (예방비법에서 과재구설부적을 사용하라)

乙未년 二·三월은 가정불화를 주의하고 丁未년 五·六월은 횡행 및 고통사고를 주의하고 己未년 九·十월은 재수 머론하나 뜻밖의 질병으로 고생하니 유년보감에서 잡귀불침부를 사용하라. 辛未년 조·六월은 물조심하고 癸未년 十一·十二월은 화재수 있으니 조심하라.

申년을 만나면 재운·건강은 모두평길 하다.
甲申년 二·三월은 화재와 도적을 주의하고 丙申년 五·六월은 물과 불을 주의하고, 戊申년 五·六월은 관청구설 및 언쟁을 피하라 庚申년 九·十월은 문서계약을 삼가하라 사기당한다. 壬申년 七·八월은 자손근심이 아니면 부모에 근심 있으리라.

酉년을 만나면 하는 일도 더 순조롭게 잘 잘 진행되며 커인도 잇고 만사 순조로운 운세이다.

乙酉년 九、十월은 소송및 언쟁을 주의하고 丁酉년 九月 十월은 몸을 다치는 운이니 건강에 주의하고 己酉년 一、二월은 문서계약 및 손재수를 주의하라 辛酉년 七、八월은 고집으로 송사가 생기니 주의하고 癸酉년 五、六월은 원행 및 여행을 주의하라

戌년을 만나면 집안에 구설 우환을 주의하고 투기사업에 투자하면 실패한다

甲戌년 五、六월은 원행하면 손재 및 구설 잇으며 丙戌년 七、八월은 소송 및 도적을 주의하라 戊戌년 五、六월은 물에 가면 횡액수 잇으며 산에 가면 강도를 당하리라 庚戌년 五、六월은 관청구설 및 재산 사기 등 주의하고 壬戌년 一、二월은 화재를 주의하라

亥년을 만나면 이사를 하거나 직업변동은 대길운이다 그러나 다음 사항을 준수하라

乙亥년 三,四月은 문서계약을 주의하고 丁亥년 三,四月은 도적 및 화재 등을 주의하라 己亥년 七,八月은 관청구설을 피하고 辛亥년 七,八月 은 문서거래 및 사업면 등등 주의하고 癸亥년 九,十月은 도난 및 화재를 주의하라.

제六 운세 夫婦離別格

제 六 운 조실고독지격 (早失孤고格)

가정재산 풍부하며 인격과 풍부한 재질을 타고난 행운아 이다. 웃수저를 입에 물고 태어난 격으로 부모덕은 견실한 성격이나 고생을 모르는 기반적 좋은 조건을 타고나서 낙천적이며 현실과 인간에 대한 인식에 부하 무르뎌가 있다. 특히 일시적인 기분에 좌우되어 뽐/엄하는 것등은 금물, 여성은 예산)초과하는 물씀구입에는 주의를 해야하고 매사를 철도있게 처리하는 것을 잇어서는 안된다.

박학하고 너그러우며 인심을 미묘하게도 사로잡는데 소질이 있다. 이사람의 미소짓는 얼굴을 앞에 놓고서는 어떠한 경계심도 풀려 친구감을 주는 특징이 있다. 탁월한 취세와 사교술은 단순한 기교가 아니다. 박애적 정신이 풍부하다. 그렇다고 쾌인도 아니다. 또한, 돈놀이로 축재를 하는데 능력이 있고 진퇴와 자제를 적절히 한다. 남의 비위만 맞추다 보면 경시 당하는 수가 있으니 주의 하여야 한다.

三,六세에 부모중 한쪽 부모를 사별하거나 어머니가 둘이 되기 쉽고 十三세에 물이나 불에 놀라는 일이 있으며 十六,十七세에 커인을 만나며 二十세에 관액을 당하기 쉬운 운이다. 또 신상에 질병이 오기 쉽다. 二十三, 二十四세는 재운과 명예운이 강하게 왔으므로 매사에 온 힘을 기울려야 할때이나 남녀 연령관계에 주의하여야 한다. 二八, 二九세에는 너무 욕심을 내서는 안된다. 三十세부터 만사 길하며 四十三세 부터 四十三세까지는 고통사고 관권구설을 주의 하라. 四十八세 이후에는 평탄 하리라.

이 사람의 성품은 눈물이 많고 마음이 약하다 그러므로 많은 사람을 사랑할줄 알고 이해할줄 아는 특수한 인물이라고 하겠다. 그러나 자본이 많은 부유층의 사람에게는 반박심을 갖는 사람이라 하겠다. 마음은 착실하나 너무 자기마음만 믿고 남을 믿다가 배신당하고 실망하는 수가 있으니 너무 남을 믿는 일을 주의하고 지나친 고집도 삼가 하는 것이 특수한 주의점이며 평생에 중년부터 재산도 많이 모으고 말년에는 부귀를 누리게 된다.

직 업 운
농업. 운행가. 사업가. 식당. 과수원 등이 길하다

결 혼 운
亥年 未年 午年생과는 결혼을 피하고 구년생 표년생 사년생과 결혼하면 대길하며 이밖에 다른 띠와 결혼해도 평길하다. 조혼은 피하는 것이 좋다.

건 강 운
위장병. 심장병. 안질을 주의하라

수 명 운
七十三세를 지나면 八十三세를 상수하며 해소병이나 고혈압으로 말년에 고생 하리라

평 생 운
초년은 고독하며 중년은 사소한 풍파가 있으며 자수성공하여 말년은 부귀공명하며 태평세월을 누리게 될 것이다 구년을 만나면 협조해 주는자도 있으며 무직자는 취직을 하게 되는 좋은 운세

이며 출세도 하지만 다음 사항을 준수하여야 한다.

甲子년 五, 六월은 문서계약을 하지말고 丙子년 七, 八월은 원행이나 여행하면 사기당하며 戊子년 正, 二월은 도적및 화재를 주의하라 庚子년 七, 八월은 문서거래를 주의하고 壬子년 五, 六월은 물가에 가면 횡액수 있으니 주의하라

丑년을 만나면 부모중에 질병으로 고생하든지 부모를 이별하는 수도 있다.
乙丑년 十一, 十二월은 부모에 대한 근심이 있으며 丁丑년 九, 十월은 재산에 손재아니면 가정에 병자 있으며 己丑년 五, 六월은 문서계약을 주의하고 辛丑년 正, 二월 이사및 여행을 불길하다. 癸丑년 七, 八월은 관형 구설과 도적수를 주의하라.

寅년을 만나면 집안 이사를 하든지 직업변동이나 외국으로 여행하는수 있세, 甲寅년 三, 四월은 가정을 이사하지 않으면 직업에 변동이 있으며 丙寅년 九, 十월은 문서관계로 근심이 있고 戊寅년 七, 八월은 관재구설아니면 건강을 주의하라 庚寅년 正, 二월은 도적및 화재를 주의하고 壬寅년 七, 八월은 사기및

구설을 주의하라

卯년을 만나면 자녀 근심아니면 형제 중에 병자가 발생하며 손재수도 있다
乙卯년 正·二월은 원행및 고통사고를 주의하고 丁卯년 九·十월은 직업변동, 이사, 여행등 주의. 손재및 구설수 있다. 己卯년 正·二월은 집안에 우환으로 근심하고 辛卯년 七·八월은 자손 근심 아니면 부모근심 있으며 癸卯년 二·三월은 무단속을 잘 하라 실물수 있다
辰년을 만나면 매사 물길하니 극히 조심하고 다음사항들을 준수하면 면하리라
甲辰년 三·四월은 문서거래 주의하고 丙辰년 五·六월은 윗사람의 말을 들으면 밑으 도끼에 발을 찍힌다. 戊辰년 正·二월은 질병을 주의하고 庚辰년 十·十二월은 도적, 사기, 화재등을 주의하고 壬辰년 九·十월은 부동산거래 주의
巳년을 만나면 귀인을 만나 도움을 받게되나 진실성이 없으면 오히려 구설과 손재를 당하리라
乙巳년 五·六월은 고통사고 주의하고 丁巳년 正·二월은 구설과 언쟁을 피하

고 己巳년 九·十월은 횡재 아니면 명예가 발전하리라. 辛巳년 七·八월은 소송이 아니면 가정에 풍파가 있으며 癸巳년 五·六월은 원행 및 이사 등 주의 午년을 만나면 부부간에도 어쟁이 자주 있으며 사회적으로도 구설이 있으니 주의 甲午년 丑·二월은 가정풍파 아니면 손재수 있고 丙午년 五·六월은 자녀 근심아 니면 본인의 건강이 불길 하리라. 戊午년 丑·二월은 도적 및 사기 주의하고, 庚午 년 十一·十二월은 도적 및 화재 주의하고, 소午년 三·四월은 신규사업을 하는데 경 험 없는 일은 하지 말라.

未년을 만나면 매사 불길하니 매사 신중한 처세를 하라 乙未년 五·六월은 길을 잃음은 기러기와 같으나 침착하자는 실패를 면하리라. 丁未 년 九·十월은 우연히 만난 사람이 손해를 주니 사람을 믿지 마라. 己未년 十一·十二 월은 횡액수 있으니 여법비법에서 횡액무적을 사용하라 辛未년 九·十 우 재산손해를 당하지 않으면 사기당하기 쉽다 癸未년 七·八월은 관청구설과 어쟁을 주의하라

申년을 만나면 매사 평탄한 운세이나 다음 사항을 준수하라

— 111 —

甲申년 五,六월은 문서계약을 주의하라. 丙申년 十一,十二월은 남녀관계를 삼가하고 戊申년 九,十월은 문서계약으로 손해를 보며 庚申년 七,八월은 손재수 있으니 금전관리 잘하고 壬申년 五,六월은 횡액수 있으니 물을 조심하라

乙酉년을 만나면 소규모사업은 발전하나 대규모 사업은 실패한다.

乙酉년 五,六월은 남의 말을 믿지 말고 丁酉년 七,八월은 관청 구설 및 언쟁을 주의하고 己酉년 九,十월은 문서계약을 주의하라 辛酉년 十一,十二월은 원행 및 여행을 주의하고 癸酉년 正,二월은 이사 및 여행을 삼가하라.

戊년을 만나면 질병으로 고생을 하든지 몸에 흉터를 갖게되는 불길운이다

甲戌년 五,六월은 문서상 희소식이 있으며 丙戌년 七,八월은 부동산 계약으로 실패운이며 戊戌년 正,二월은 근친자와의 거래를 삼가하고 관청구설 주의하라 庚戌년 五,六월은 원행 및 이사하지 말고 壬戌년 十一,十二월은 친척 및 가정에 질병으로 구설 하라

乙亥년을 만나면 원행하든지 가정을 이사하거나 사업가는 사업변동운이다

丁亥년 三,四월은 원행 직업변동 주의하고 丁亥년 五,六월은 투기와 허욕을 삼가하고

己亥년 三·四月은 남을 믿지 말고 辛亥년 九·十月은 말씀매매에서 손재 있으니 주의하고 癸亥년 五·六月은 원행 및 이사운이 길하다

제七운세 漸次向吉格

제 七 운 불자지격(佛者之格)

이 사람은 항상 놀고먹는 법이 없다. 오로지 젖을 짜는 젖소도 자신이 먹을 풀을 뜯어먹는다. 그러므로 한평생 한가하지 못하고 눈속에 덮여있는 초목과 같이 항상 바쁘다. 성질은 정직하며 참을성이 많아서 내성적인 고집을 가지고 있다. 좀쳐럼 고집을 내지는 않으나 한번 고집을 부리기 시작하면 끈질기며 좀쳐럼 풀리지 않는다. 성격이 대담한 듯하나 실상은 약하며 내심이 강한고로 실패는 별로 없지만 때때로 변덕스러운 성질을 써서 성공에지장을 받으며 타인으로부터 배신을 받는 것이 되어 항상 누가 하는 한탄을 하게 된다. 그러나 구준한 성품으로 변덕심만 없는 사람이라면 일생동안 재산을 모이면서 살 것이다.

초년 三·四세에 죽을 고비를 넘기는 많은병을 앓는 우이고 九세를 지나면서 액운을 벗어난다. 너무 착실하고 외고해서 많은사람에게 무시하게 보인다. 十八세는 원행하며 二十五세에는 결혼하며 독은 쌍남도 한다.

또 부부지간에 근심이 있고 二十六세 三十七세에는 자손으로 인하여 二十九세에는 직업문제로 근심이 있고
세에는 신병과 손재를 주의하고 五十三세 六十세에는 재산을 많이 얻는다. 四十五세 四十九
에게 존경도 받으며 박학하고 원만한 성품으로 미묘하게 인심을 사로잡는다. 여러사람
이 사람의 미소짓는 얼굴 앞에서는 어떠한 경계심도 풀려 친구감을 주는 특징
이 있다. 탁월한 사교술은 단순한 기교가 아니다. 박애정신이 풍부하나 혼인
운 아니다. 또한 돈놀이로 축재의 능력이 있고 진퇴와 자제를 적절히 한다.

직 업 운
사업가, 금은보석상, 약종상, 식품점, 예술가, 농업, 철물상, 관공직 등이
적성에 맞는다

결 혼 운
남자는 동갑이나 두살이나 네살 손아래가 길하고 여자는 네살이나 여덟살
손위의 남자가 길하다

건 강 운

위장. 간장. 신장. 국부병 거병등이 염려되니 항상 주의하고 삭사에 병신살이 있으니 때년 생일날에는 부처님께 기도하면 병신살을 면하다

평생 운

초년에는 높아 신(神)의 도움을 받으며 중년은 일찍 출세하여 말년에는 재산과 명예를 함께 떨치는 운이다 평생 주의할 것은 개고기는 먹지 말라 구년을 만나면 귀인도 있고 협조자도 있으며 마음먹은 일들이 순조롭게 성공되고 재수 도 왕성해서 부귀공명 되나 다음사항들을 주수하여야 한다.
甲子년 五. 二월은 고집을 주의하고 丙子년 五. 二월은 도퇴및 화재를 주의하고
戊子년 五. 六월은 원행 및 물가에 가지 말라 庚子년 七. 八월은 문서계약으로
사기당하니 주의하고 壬子년 九. 十월은 문단속 잘하고 인감도장 주의하
라. 구설 및 실물수 있다.
표년을 만나면 매사 순탄하나 과옥에는 손재가 따른다.
乙표년 五. 二월은 관청구설 주의하고 丁표년 五. 二월은 불과 도적을
주의하고 己표년 九. 十월은 문서계약을 피하라 辛표년 七. 八월은 집

— 118 —

아에 병자가 있어 구심하고 寅년을 만나면 재수는 형길하나 부부 이별 및 관청구설수 있으니 다음사항들을 준수 하라

甲寅년 正, 二월은 남의 일에 가담하지 말고 丙寅년 三, 四월은 의하고 戊寅년 九, 十월은 화재를 주의하고 庚寅년 五, 六월은 원행 및 이사 하지 말라. 庚寅년 七, 八月에는 직업변동수 있다 卯년을 만나면 이사 하거나 직장 혹은 직업을 변동하는 운이다.

乙卯년 三, 四월은 이사를 하되 음양전서에서 이사 방위를 살펴 도록 하라 丁卯년 五, 六월은 직업변동 하지 말고 己卯년 七, 八월은 소송 및 어쟁을 피하고 辛卯년 七, 八월은 구설을 주의하고 癸卯년 十一, 十二월은 질병을 주의하라

辰년을 만나면 윗 어른의 병환이 아니면 본인의 건강이 쇠퇴하고 손재수 있다. 甲辰년 五, 六월은 신경성 질환으로 고생하겠고 丙辰년 七, 八월은 문서계 약을 주의하고 戊辰년 九, 十월은 소송 및 황액수 있으니 주의 하라. 庚辰년 五, 六월은 여행 및 배타지 말고 壬辰년 九, 十월은 관청 구설 및 도적을

-119-

주의하라

巳년을 만나면 횡재수도 있고 하는 일도 잘되는 길운이다

乙巳년 五,六월은 문서계약을 하지 말고 丁巳년 七,八월은 과천구설을 주의하고 己巳년 九,十월은 원행 및 이사하라 辛巳년 九,十월은 이사를 하거나 원행을 하면, 악운을 면하리라, 癸巳년 七,八월은 자녀 구심아니면 금전적인 구심이 있다

午년을 만나면 우연히 질투와 반감을 가지고 경쟁하는 사람이 생겨 심적으로나 실제면에서 손해보는 운쯔

甲午년 二月은 3쟁 및 구설을 피하고 丙午년 三,四월은 원행 및 이사를 하면 모든 액운을 면하리라. 庚午년 五,六월은 재수도 없지만 횡액수를 조심하고 임오년 正,二월 신규사업 시작하지 말고 戊午년 九,十월은 원행 및 이사하라

未년을 만나면 누구와도 금전거래를 주의하고 소송 및 쟁송을 피하라

乙未년 五,六월은 여행 및 배타지 말고 丁未년 九,十월은 관청 구설 및 건강주의하고 己未년 七,八월은 교통사고를 당할 수이니 여방비법에서 회액

부적으로 예방하라 丁未년 六, 七월은 남녀관계를 주의하고 癸未년 五, 六월은 해수욕이나 배타지 말라

申년을 만나면 반길 반흉 운이나 다음사항을 준수하지 않으면 대흉운으로 변하다

甲申년 五, 六월은 횡액수 주의하고 丙申년 三, 四월은 키인이 있어나 협조를 받으면 크게 성공하겠고 戊申년 九, 十월은 문서계약을 주의하고 庚申년 五, 六월은 원행 및 이사하지 말고 壬申년 三, 四월은 직업변동이나 이사하는 것은 불길하다.

酉년을 만나면 마음에 없는 직업변동을 충동질하여 손해를 보게 하는 운이다. 乙酉년 正, 二월은 관청구설이나 건강불길하며 丁酉년 七, 八월은 고집으로 손재 아니면 구설이 있겠고 己酉년 九, 十월은 부동산, 癸酉년 五, 六월은 화재 및 교통사고 주의하고 辛酉년 十一, 十二월은 계약등은 일체 금하라

戌년을 만나면 친구자와 이별하는 운이며 재운, 건강운 모두가 불길하다 주의하라

甲戌년 正, 二월은 건강을 주의하고 丙戌년 七, 八월은 손재수 있으니 근신하고 戊戌년 九, 十월은 문서 계약을 하지말라 사기 당하는 운세이다 庚戌년 七, 八월은 고집을 부리면 크게 구설을 듣는다. 壬戌년 十一, 十二월은 도적 및 화재를 주의하라 (예방비법에서 화재부적을 사용하라)

乙亥년 三, 四월은 투자등 금전거래를 하지말고 丁亥년 九, 十월은 굿소득이 예상되는 물건일지라도 사지말고 己亥년 七, 八월은 교통사고 주의하라. 辛亥년 九, 十월은 여행이나 원행을 주의하고 癸亥년 五, 六월은 물가에 가면 익사할 우려가 있으니 주의하라. 亥년을 만나면 마음이 동해서 갈피를 잡지 못하는 심난한 운세이다

제八운세 去舊生新格

제 八 운 대관승격(大官昇格)

이 운은 학자가 타고있는 말은 마음도 학자와 같다는 옛말과 같이 문학의 길이를 알려고하여 기어히 학자의 대를 이으며 일생동안 재산복도 있어서 평화롭게 생활하는 실운이다.

두뇌 명석하고 의지는 강하며 일사불난한 집중력이 있다. 견력이나 명예에 대한 집착이 특히 강하다. 즉 견력과 명예를 위해서는 수단과 방법을 가리지 않는다. 체질은 근육질로 야수와 같은 적극성이 있으며 생활면도 허실이 없는 매사에 합리적으로 하려한다. 따라서 별다른 취미도 없는 사람이 많다. 여성은 두뇌 명석하고 이지적이고 정리정돈 잘하고 가정도 청결성이 있다. 또 유행에도 대단히 민감하다.

이 사람은 우직하고 견실하며 고독한 것이 특징이며 기본성격이나 八월에 낳운 사람은 의외에도 폭넓은 사교성 과대성 못하게 사람을 끌어들이는 매력이 풍부하다. 애정도 희노애락을 솔직하게 표현하기 때문에 타인관계에서는 감정력이 여유를 남긴다. 화술이 능하고 좌담회같은 곳에서는 언제나 주역으로 군림하고 고로 삼형이 강한듯 하다. 나이 들수록 인망이 있어 인생의 주역일 수 있으나 없이 화군이라 말만은 주의를 요한다.

즉 八우생의 특징은 두루 갓추고 뛰어난 사람으로 명예심이 남달리 강하다. 자존심이 강해서 지기 싫어하고 남의 지휘받기를 대단히 꺼린다. 소위 소화같이 군면 성과 아울러 유연성을 몸에 붙이고 있다. 명랑 쾌활하며 계산도 잘하고 상식가이며 사리에 어긋난 사고와 행동을 할 수 없는 것이 난점. 매사 차근 차근 끈실하면 중년 이후에는 운이 트이니 익숙치 않고 규모가 큰 일에도 부딪히는 운기를 가지리라. 여성은 三十대 후반에 작은 점포를 성공한다.

직 업 운

남성은 관리, 정치가. 규모가 큰 사업, 운동가 등. 여성도 남성의 직장에 진출함이 좋다.

결 혼 운

남자는 卯년 四월생 여자가 길하고 여자는 酉년 九월생이나 辰년 四월생 남자가 길하다. 결혼에는 성격이 흡사한 상대를 택하는 것이 좋다. 여성은 결혼 전에는 이성을 기피하는 경향이 있으나 결혼후는 완전히 변한다.

수 명 운
九세를 지나면 七十九세가 정명이다

건 강 운
신장병과 간장병을 두려시하면 평을 다촉하기도한다

형제 자손 운
형제운은 반흉 반길 하며 三,四형제 운이고 자손은 하나 아니면 둘이 된다.

평 생 운
일생을 두고 고독한 운명은 어찌할수 없으나 초년, 중년만 지나면 고독도 면하고 자수성공한 재산으로 말년은 부귀를 누릴것이다 그러나 자손에 대해서는 혹 이복자식을 두는 사람도 있으니 살과 여자를 멀리 하는 것이 득별한 예방법이라 하겠다
구년을 만나면 소망성취 되고 축재 되는 길운이나 도화살이 있는 사람은 배신

혹은 사기를 당하는 악운이다
甲子년 正,二月은 문서계약을 피하고 丙子년 七,八月은 관청구설을 주의하고 戊子년 九,十月은 윈행 및 손재를 피하라 庚子년 七,八月은 화재 및 사기를 주의하고 壬子년 九,十月은 관청구설 및 소송을 주의하라.

표년을 만나면 건강운이 불길하니 건강에 유의해야한다.
乙丑년 九,十月은 직업변동운 불길하고 丁丑년 七,八月은 윈행 및 여행을 주의하고 己丑년 正,二月은 집안에서 큰 소리를 내지 말라 辛丑년 五,六月은 윈행 및 물가에 가지 말고 癸丑년 五,六月은 교통사고를 주의하라

寅년을 만나면 신규사업으로 변동하는 운이나 매사 신중을 기해야 하다
甲寅년 三,四月은 이사나 직장변동운 불길하고 丙寅년 五,六月은 길 잃은 기러기와같은 운이고 戊寅년 九,十月은 문서계약을 주의하라 庚寅년 七, 八月은 교통사고를 주의하고 壬寅년 十一,十二月은 화재와 손재를 주의하라

卯년을 만나면 가정을 이사 하던지 해외로 여행할 운이다
乙卯년 三,四月은 이사하거나 여행하라 또 직업변동을 해도 길하다 丁卯년 五,六

月은 매사 조심하고 경거망동 하지말고 己卯년 九·十月은 문서계약 및 도둑을 주의하고 辛卯년 화재 혹은 병자로 인한 근심이 있겠고 癸卯년 五·六월은 횡재를 하려다 손해를 보는 운이다

辰년을 만나면 건강·이사·여행등 모두 불길하고 횡액수도 있으니 주의하라. 甲辰년 三·四월은 의옥과 실제가 산만되니 구신하고 丙辰년 五·六월은 횡액수 있으니 물가에 가지말고 戊辰년 九·十월은 금전거래를 주의하라. 庚辰년 九·十월은 문서계약을 주의하고 壬辰년 七·八월은 고집으로 패가 망신하니 주의하라.

巳년을 만나면 직장인은 분가하여 전근하게 되며 사업가는 동업자를 만나는 운이다 乙巳년 七·八월은 고집으로 인한 재산손실이 있으며 丁巳년 九·十월은 문서계약을 주의하고 己巳년 九·十월은 여행 및 교통사고를 주의하라 辛巳년 七·八월은 소송 및 어쟁을 피하고 癸巳년 七·八월은 집안에 병자 아니면 가출하는 식구가 생긴다

午년을 만나면 측재는 되나 고독감으로 이성간의 고뇌를 갈구하게 되다

甲午년 三·四月은 남녀교제 관계로 경사가 있으며 丙午년 五·六月은 원행 및 여행하지 말고 戊午년 九·十月은 문서계약 및 도적을 주의하라 庚午년 九·十月은 이사를 하거나 원행을 하면 악운을 면하다 壬午년 七·八月은 혹 우슬하에 자녀들로 인하여 근심이 있다.

未년을 만나면 부부 이별 혹은 부모와 이별하는 운이며 손재수와 건강도 좋지 않음을 볼것 운이다.

乙未년 五·六月은 문서상 보증을 서게 되면 과형 구설을 면치 못하고 丁未년 九·十月은 원행및 교통사고 주의하고 己未년 七·八月은 상하 누구하고 문서계약을해도 손해보리라 辛未년 正·二月은 신규사업이나 직업변동은 삼가하고 癸未년 七·八月은 고집으로 패가 망신 하리라.

申년을 만나면 매사 반흉 운이며 모든 일이 여의치 못하다 甲申년 五·六月은 매사 여의치 못하여 실망하게 되고 신경질 적이며 丙申년 正·二月은 부부 간의 애정이나 친척지간의 구설을 조심하고 戊申년 五·六月은 문서계약을 하지말라 庚申년 九·十月은 도적 및 사기를

주의하고 壬申년 五·六월은 여행및 교통사고를 주의하라
酉년을 만나면 미혼자는 결혼하고 기혼자는 바람이 날운이다
乙酉년 五·六월은 문서 거래를 주의하고 丁酉년 九·十월은 남의말을 믿지말고
己酉년 九·十월은 질병으로 근심하거나 송재수 있다. 辛酉년 五·六월은 여행
을 삼가하고 癸酉년 十一·十二월은 고통사고를 주의하라
戌년을 만나면 귀인도 있고 악인도 있으니 불길한 운세이다.
甲戌년 九·十월은 소송및 관청구설은 주의하고 丙戌년 三·四월은 원행이나 이사
를하면 악운을 면하게 되고 戊戌년 正·二월은 문서계약 및 보증을 주의하라
庚戌년 十一·十二월은 도적및 화재를 주의하고 壬戌년 三·四월은 동업이나 신규
사업은 불길하다
亥년을 만나면 매사 변동운 이다 이사 혹은 사업장 이전은 길하다
乙亥년 三·四월은 방위를 잘살펴 이사하면 길하고 丁亥년 九·十월은 도적및 사
기를 주의하고 己亥년 七·八월은 고집으로 소송문제 발생한다 辛亥년 正·二월
은 원행및 이사는 대길하고 癸亥년 十一·十二월은 도적및 화재를 주의하라

제九운세 先困後泰格

제九운 공명학자격 (功名學者格)

범은 넓은 행동범위를 갖고 있다. 범사에 천리를 왕복하다는 정도, 넓은 생활영역을 확보하는 힘을 갖고 있다. 또 범은 천리 숲속에 산다 저놈이 출중한 자는 세계에서 언제든지 탈출하려 하다. 원유의 꿈을 가진 자가 대망을 안고 좁은 향리를 떠나올 때 하는 말이다. 독립심이 왕성하고 단독행동을 취하고 둘로의식이 회박한 것이 특징이다. 성격은 주접성이 길으면서도 마음은 나뉘전이며 주위가 아무리 어두어도 태양은 반드시 떠오른다는 신념을 버리지 않는다. 한번 말하고 마음먹은 것은 절대 굽히지 않는 강인성이 있다. 무엇이든 한번 시작한 것은 해 치우지 않으면 그치지 않는다. 그것이 오히려 손해가 되는 경우도 있으나 대를 쪼개듯한 담백성은 약간의 실패에는 개념치도 않는다. 새로운 용기를 가지고 웃으면서 난관을 돌파해 나가는 밑음성이 있다. 최후에는 웃는자. 적어도 그 신념을 버리지 않는다. 그러나 때로는 인(寅)년생인데도 고양이같이 순한 사람이

-132-

있다. 그것이 진짜 寅인 것이다. 먹이를 노리는 범의 등을 구부리고 소리도 안내고 숲속을 숨어서 뛴다. 순한듯한 사람이야 말로 야망을 가슴깊이 간직하고 호시탐탐 기회를 기대하고 있는 것이다.

이 사람은 때에 의 병으로 어려움을 겪고 六세에 부모중 사별 아니면 생이별 할 우이 나 양자의 명부을 맺는 것이 좋겠고 七세에 병으로 크게 고생하거나 부상을 당하는 수가 있고 十四세에는 집을 나가지 않으면 고독을 맛보며 十八세에는 뜻밖의 횡재나 의외되는 일을 하게 되고 연애 파계가 있으며 十九, 二十세에는 전염병 아니면 손재수가 있고 二十三, 四세에는 명예가 떨쳐 지위가 올라가고 二十八,九세에는 사업이 중단되고 심신이 착란하고 이사하거나 피신해야 할 일이 생기겠고 三十세에는 매사가 순조롭지 못하며 三十五세부터는 운수가 바뀌어 운수대길하여 크게 발전하고 四十二,三세는 평탄하나 四十三세에는 질병, 사업실패 등 매우 불길하며 四十五六세부터는 운수 더둔해지고 五十세 이후에는 행복하고 노래에는 안녕하다.

결혼은 수년생이나 실년생이 길하며 연애결혼하는 편이 좋으며 형제운은 형제 아니면 사형제이고 아들은 三형제를 두며 종신자식은 하나뿐이다.

평생 운

초년에는 질병으로 자주 고생하고 여러곳에 흉터를 갖게 되며 중년은 일찍 출세하기도 하는데 사주에 도화살이 있으면 출세가 늦거나 못하게 되고 (도화살을 보는 법은 사주비전에 있음) 말년은 재산 걱정 없이 부귀를 누리며 자녀덕이 있으나 사주팔자 지지에 十二운성중 사(死) 장(葬) 포(胞)가 있으면 자식덕이 없게 된다 (十二운성법도 사주비전에 있음)

구년을 만나면 고향을 떠나거나 원행을 하게 되는 운이며 가정, 직장도 변동되는 운이다

甲구년 三, 四월은 이사를 하거나 원행을 하고 丙구년 五, 六월은 우연히 사귄 사람의 덕을 보게 되고 戊구년 五, 六월은 횡액수 있으니 물가에 가지 말고 庚구년 九, 十월은 원행 및 무서워져 주의하고 壬구년 五, 六월은 물과 불을 주의하라

표년을 만나면 재운 건강은 모두 길하나 사주에 삼살이 있으면 관청 구설이 있다

乙표년 三, 四월은 우연히 알게된 사람이 피해를 주게 되니 주의하고 丁표년 十二월은 집안 식구가 줄게되고 己표년 九, 十월은 매사 주의하라 손재수 있다

癸丑년 七, 八월은 부부언쟁이나 자녀의 질병으로 근심이 있겠고 癸丑년 五, 六월은 재운이 불길하니 근심하라.

寅년을 만나면 동업을 하던자는 서로 헤어지게 되며 원행이나 이민등으로 타향으로 나가는 운이다.

甲寅년 三, 四월은 원행혹은 이민이 길하며 丙寅년 九, 十월은 타인과 언쟁을 하면 피를 보게되며 戊寅년 正, 二월은 화재및 도적을 주의하라. 庚寅년 七, 八월은 신규사업이나 직업변동은 불길하고 壬寅년 七, 八월은 매사 불길하니 중들기하라.

卯년을 만나면 믿을 사람이 없다 이득이 없으니 주위사람을 경계하고 남의 일에 가담하지 말라.

乙卯년 正, 二월은 남의 말을 듣지 말고 丁卯년 三, 四월은 서둘지 말고 침착하라. 관청구설이 무섭다. 己卯년 五, 六월은 여행및 남녀교제 주의하고 辛卯년 七, 八월은 손재및 도적 주의하고, 癸卯년 三, 四월은 이사를 하거나 무꺼 래하면 큰 이득이 있으리라.

辰년을 만나면 부부 이별수 손재수 있으나 하고있는 일에 동요없이 전진하면 뻘일 없으리라.

甲辰년 三·四월은 문서에 희소식이 있으며 丙辰년 三·四월은 관청구설을 주의하고 戊辰년 二월은 부동산 매매나 직업변동으로 근심이 있으며 庚辰년 五·六월은 여행 및 교통사고를 주의하고 壬辰년 九·十월은 소송 및 구설을 피하라

巳년을 만나면 질병으로 고생하거나 심하면 수술까지 받게되며 혹은 재산 손실을 보게 된다

乙巳년 五·二월은 교통사고를 주의하고 丁巳년 五·六월은 문서계약을 주의하고 己巳년 七·八월은 문서계약 및 관청 구설을 피하라 辛巳년 五·六월은 원행 및 이사를 삼가하고 癸巳년 十·十二월은 화재를 주의하라

午년을 만나면 멀리 있는 친한 사람이 도움을 주며 건강과 재운도 길하다.

甲午년 三·四월은 문서계약이나 이사를 하면 丙午년 五·六월은 원행을 주의하고 戊午년 九·十월은 소송 및 도적을 주의하라. 庚午년 五·六월

우 실물과 사기를 주의하고 壬午년 七·八월은 어쟁 및 부부 이별을 주의하라

未년을 만나면 재운, 사업은 모두 길하다

乙未년 五·六월은 허욕은 금물 丁未년 九·十월은 과욕은 손재이며 己未년 七·八월은 윗어른 슬하에 질병으로 근심이 있으리라. 辛未년 十一·十二월은 화재 및 도적을 주의하라 癸未년 五·二월은 문서계약을 주의하라

申년을 만나면 살고있는 집을 이사하고 또 여행을 해도 길하다

甲申년 三·四월에 이사하면 길하다 丙申년 九·十월은 윗행·여행이 길하고 戊申년 五·二월은 횡액 및 구설을 주의하라 庚申년 七·八월은 질병으로 고생하거나 손재수 있고 壬申년 九·十월은 문서계약 및 화재를 주의하라

酉년을 만나면 소송문제나 손재 등 근심이 많다

乙酉년 五·二월은 문서계약을 주의하고 丁酉년 七·八월은 아무리 딱한 사정 일지라도 남의 일에 간섭하지 말라 관천구설이 있다 己酉년 十一·十二월은 화재 아니면 손재수 있다 辛酉년 三·四월은 또 五·六월은 어떤 일이든

변동해서는 안된다 실패하다 癸酉년 九, 十월은 친척의 일로 항상 손해만 보리라.

戌년을 만나면 귀인이 있으며 귀인으로 하여금 새로운 일이 시작되며 마음먹은 일이 잘 되지만 피갈살(魁罡殺)이 있는 사람은 실패를 면하기 어렵다 (사주비전 참조)

甲戌년 표, 二월은 사업상 의욕과 실제가 부합되지 않으니 주의하고 丙戌년 七, 八월은 자손으로 인한 근심이 있고 戊戌년 五, 六월은 여행 및 물가에 가지 말라 庚戌년, 九, 十월은 부동산, 매매로 득리하고 壬戌년 五, 六월은 건강운 이 별로 안하니 주의하라

亥년을 만나면 서걸 후횡이니 조심하라

乙亥년 五, 六월은 금전거래를 신중을 기하고 丁亥년 九, 十월은 형제가 아니면 형제처럼 가까운 사람과 거래하며 크게 득리하고 己亥년 五, 六월은 재수는 좋으나 갑작스런 손재를 주의하라 辛亥년 九, 十월은 관청구설을 조심하고 癸亥년 七, 八월은 질병을 조심하라

제 十 운 세 孤獨小風格

제 十 운   우중희생격 (憂中喜生格)

적당한 책기는 무관하나 지나치면 호란한 것까지는 좋으나 패모가 되어 범이 평소에 가지는 조심성이 없어진다.

일생의 운세는 대단히 강하다. 소시적부터 운이 좋으나 자기 자신을 너무 믿는 탓으로 오래 지속되지 못하며 기복이 심하다.

寅년생 남자는 대단히 부지런하여 가정에 붙어 있지 않는다. 외적 행동에는 구애없이 넓기 때문에 가정을 착실히 지킬수 있는 여성을 구한다. 여성은 경조심견실하고 자립성이 강하다. 이론적이며 의론을 좋아한다.

특히 겉으로 보아 관용하며 속마음이 강하며 호남아이고 명예심이 강하다. 또한 자비심이 길고 인자하며 의협심이 강한데 남을 깔보는 경향이 있는데 주의하고 여자는 초년은 불길한 파이고 중년에는 풍파가 있겠으며 말년에는 길운으로 노래에는 평안하다.

평에는 늣늣하게 매사 원만하나 하면 시작하면 맹렬한 속도와 열을 올리는 전형

적인 사람이며 매사를 두뇌 보다도 피부로 이해하고 행동하며 급한 고집의 소유자이기도 하다. 또한 화사하고 행동적이나 평소의 착실하고 노력을 요하는 직종에 종사하는 사람이 많다. 좀 시간관념이 없어 타와의 약속시간을 어기고 서도 무신경적 대담성이 있다.

초년 三·四세에 죽을 고비를 지나서 고독한 생활화 하여 지나는 운세이다. 七·八세 이내에 한쪽 부모를 잃어버리지 않으면 어머니가 들 되는 형제가 있는 수가 있다. 二四·五세에 좋은 이성을 만나서 백년해로할 운이다. 인내와 허욕을 변동하지 않으면 정식 부부간에 이별하게 되며 二十九·三十세에 사업이 큰 실패가 있으며 三十八세 부터 새로운 사업을 착수하여 서서히 전진하여 성공하는 운이다. 초년 중년에 많은 풍파로 고생하다가 五十六세에 이루러는 부귀공명하리라.

부부운은 수생이나 戌생이 길하고 申생이나 酉생은 궁합이 맞지 않으니 피하는 것이 좋겠고 연애빈 중매반으로 성혼하면 결하며 첫딸 낳고 아들 둘을 두리라.

형제는 五·六형제의 운이나 독신의 운명이다. 더도 없지만 뜻도 맞지 않는다. 수명은 七十세를 지나면 八十九세 장수하리라.

평 생 운

초년, 중년, 말년중에서 좋은 운이라면 중년으로 본다. 그러나 사주팔자에 도화살이 있다면 말년이 길하고 중년은 풍파가 있다고 보며 초년은 고독하고 자주 질병으로 고생하게 된다.

구년을 만나면 이사하거나 성조를 해도길하다 신축은 변동도 되지만 화패도 된다. 甲子년 三·四월은 만사 대길하나 과욕은 삼가하고, 丙子년 五·六월은 매사 불길하고 戊子년 七·八월은 문서계약을 하지말라 庚子년 九·十월은 이사하거나 사업변동은 길하고 壬子년 七·八월은 동업하지 말라.

丑년을 만나면 재산이 는다. 그러나 사주에 상충살이나 역마살 겸처 있으면 재산 실패 (살은 사주비전 참조)

乙丑년 五·六월은 외행을 하지말고 금전거래 주의하고 丁丑년 三·四월은 문서

-142-

계약 및 보증등 주의하고 乙丑년 二월은 도적 및 질병을 주의하라 丁丑년 十, 十二월은 화재를 주의하고 癸丑년 五, 六월은 물가에 가지말고 비행기 여행을 하지 말라.

寅년을 만나면 매사 불길하고 허약부리지 말고 참을성 있는 그복을 요하다 甲寅년 三, 四월은 원행 및 출행을 주의하고 집안에 우환으로 근심하고 戊寅년 十一, 十二월은 부모중에 한분과 이별하지 않으면 손재가 있다 庚寅년 五, 六월은 남녀교제로 구설수 있으며 壬寅년 七, 八월은 丙寅년 七, 八월은 소송 및 어전을 피하라.

卯년을 만나면 매사 불길하고 심적인 고독을 느낀다 乙卯년 二월은 마음산란하여 안정을 요하고 丁卯년 三, 四월은 문서계약 및 수표거래 조심하고 己卯년 五, 六월은 수술을 입지 않으면 횡사하기 쉬우니 주의하라 辛卯년 七, 八월은 금전적인 타격이 있겠고 癸卯년 九, 十월은 믿었던 사람으로 부터 손해보니 주의하라

辰년을 만나면 부동산과 계로 문서계약이 이루어지며 신규사업도 하게되는 길운이나

사주에 자형살(自刑殺)이 있으면 반대로 실패하다 甲辰년 三·四월은 문서계약으로 크게 두리를 하고 있으며 戊辰년 五·六월은 윗행운 여행을 삼가하라 庚辰년 九·十월은 망신살과 손재수과 사기를 주의하고 辛辰년 十一·十二월은 화재 및 도적을 주의하라 壬辰년 十一·十二월은 화재 및 도적을 주의하라 乙巳년 三·四월은 집안에 우환이 있거나 재산 손실이 있으며 丁巳년 九·十월은 巳년을 만나면 소송을 피하고 건강에 주의하라 자손의 근심도 있다. 금전거래 주의하고 己巳년 七·八월은 참을성 있는 처사가 필요하다 후巳 년 五·六월은 말과 불을 조심하고 癸巳년 九·十월은 의외의 횡재가 있으나 조급히 서두르지 말라

午년을 만나면 귀인이 있어 도움을 받겠으나 정직한 처사를 하라 甲午년 三·四월은 좋은 운이다 이 좋은 기회를 잘 활용할 것이며 丙午년 正二월은 행남하지 않으면 부부간에 질병으로 고생하며 戊午년 七·八월은 남의 말을 믿지 말고 庚午년 五·六월은 원권을 하면 뜻밖에 횡재의 재산을 얻는다 壬午년 五·六월은 배타지 말고 해수욕 주의하라

未년을 만나면 나를 돕는자 없으니 적게 만둣 하지 말라 乙未년 五,六월은 문서 계약을 피하고 丁未년 正,二월은 도적을 주의하고 己未년 十一,十二월은 화재를 주의하라 辛未년 正,二월은 원행하지 말고 癸未년 九,十월은 문서 계약을 피하라.

申년을 만나면 동업하던 일 옷 각자 독립하게 되고 단독 사업은 주식업계로 번찬하는 운세
甲申년 五,六월은 문서 계약을 피하고 丙申년 七,八월은 건강은 불길하니 조심하고 戊申년 正,二월은 과욱이 패가 망신을 초래한다. 庚申년 七,八월은 무서 계약을 피하고 壬申년 九월은 횡재할 것 같으나 손재의 구원이니 조심

酉년을 만나면 옷 집안 식구가 부열되 가정불화가 극심하니 명산 대천을 유람하며 휴양함이 상책이리라.
乙酉년 正,二월은 화재 혹은 가정불화 주의하고 丁酉년 七,八월은 친구와 말을 듣다가 관재 구설이 있고 己酉년 五,六월은 원행 및 물을 조심하라 辛酉년 五,六월은 질병을 주의하고 癸酉년 十一,十二월은 화재를 주의하라

戌년을 만나면 하고 있는 일을 두고 다른 새 사업을 시작하거나 확대하게 되며 잘 운영되는 길운이나 사주에 팔패살이 있으면 실패하다 (팔패살 : 사주비전 참조)
甲戌년 正, 二월은 생기 왔으니 길운이며 丙戌년 七, 八월은 관청 구설 주의하고 戊戌년 九, 十월은 고집으로 손재를 보며 庚戌년 三, 四월은 여행이나 원행을 삼가하고 壬戌년 十월은 도적 및 언쟁을 주의하라

亥년을 만나면 귀인이 도와서 좋은 일이 시작 되며 남녀교제 주의
乙亥년 五, 六월은 원행 및 여행을 금하라 丁亥년 九, 十월은 재운이 길하고 己亥년 三, 四월은 운세는 불길하나 의욕은 왔으니 참음을 취세를 하라 辛亥년 正, 二월은 이사하거나 원행은 불길 하고 癸亥년 十一, 十二월은 도적 및 사기를 주의하라

제 十一 운세 萬事風流格

제 十一 운 치정치부격(治政治富格)

반응이 민감하고 미적이며 감동하기 쉽고 불쌍한 사람에게는 아낌없는 동정을 하다. 모금운동 등 헌신사업에 앞장서고 사물에 놀라기를 잘한다. 본운의 사람은 행동적인 성격과 계획성이 가미되어 처세에 능하다. 장해물제거를 한다면 二번 주자로 뛰다가 마지막 결승지점에서 선두주자의 틈을 이용하여 선두주자가 되는 사람이다. 또 기장과 휴식의 조화에 능하며 매사에 지로를 모르며 틈만 있으면 조급을 의히는 명수이기도 하다. 四十세 전후에 부하의 과실로 사회적 곤경에 처해지나 평소의 신용과 의리로 커다란 덕을 입어 궁지에서 벗어날 수 있다. 여성은 가정을 잘 지키는 반면 독녀복은 사회활동에도 참여하는 광범한 행동영역을 갖고 있다. 학자일에 앉아 사무를 보는것 보다 뛰어 돌아다니며 활동성이 있는 일에 적성이 맞는다. 샐러리맨이라도 사무실리라 하고 사장실의 수부사무를 보는것 보다 외적 행동면에서 사장을 모시하여 수행업무에 더욱 유능하다.

자신이 결정한 일에는 추호도 촌보의 후퇴를 모르는 강인성이 있다. 그로인 하여 패가망신하는 경우도 한편쯤 고려하여야 한다.

특히 남을 너무 믿는 것이 특징이며 이사람의 약점이기도 하다. 항상 남을 위해서 노력을 하여도 얻어지는 것은 매사에 손해만 겹친다. 더욱이 술과 여자는 주의하고 여자는 남자와 춤추는 것을 삼가야 한다. 그래야만 금히 막치는 악운을 면한다.

직업은 법관, 정치인, 의사, 기자, 무역사업, 투기사업, 기술직 등이 실하다. 건강면에서는 신장병, 신경성혈압을 주의하고 수명은 七十세를 주의하라. 형제는 二, 三형제운이고 자녀는 三구의 운이다. 둘째아들이 공부 잘하고 출세한다.

결혼은 중매결혼이 합당하며 여자는 너무 자기의 고집과 자만심 때문에 후기를 놓치고 늦어져 바쁘게 서두르다가 서로 맞지 않는 사람과 결혼하게 되니 자존심과 고집을 버리고 二十二세에 결혼하는 것이 현명하다. 남자 나 여자가 서로 六세차이가 있게 결혼하면 무난하리라.

-149-

평생 운

초년에 부모에 풍파가 있으나 중년이후 말년까지 중에 운세. 신앙을 갖지않은 사람은 풍파가 많고 사주에 병살이 있으면 초년에 병신이 되나(병신살은 사주비전을 참조하고 예방비법 133면에 있는 부적으로 예방하라)

구년을 만나면 직장이나 주직을 하지말고 참았섯 있게 구속하라. 주직을 하게되면 망신을 당하게 되며 실패하고 후회하게 되나.

甲구년 三.四월은 심신이 산란하고

十.十二월은 금전 거래를 피하라. 庚구년 七.八월은 전업을드리하게 되고 戊구년 구년 五.六월은 남녀 교제를 삼가하고 질병을 조심하라

丙구년 五.六월은 말을 조심하고

펴년을 만나면 뜻밖의 인물에게 손재를 당하니 남을 믿지말고 매사 신중이 하라

乙펴년 三.四월은 순재수 있으니 금전과리 잘하고 구펴년 五.六월은 말을 말과 불을

주의하고 己펴년 十.十二월은 화재를 주의하라 辛펴년 五.二월은 실물수 있으니

주의하고. 癸펴년 은 五.二월은 생남을 하지 않으면 여행을 할 수나.

寅년을 만나면 은혜를 얻어서 성공이 되나 우이며 남과에 보착 해도 귀인이 도와서 순조롭

게풀리는 길운이다 투기적인 욕심은 손재가 따른다
甲寅년 五·六月은 부동산 계약 및 신규사업은 불길하고 丙寅년 二·三月은 종은 일이 연속되는 길운이며 戊寅년 九·十月은 전씨·강씨와의 금전거래를 삼가하라 庚寅년 五·六月은 해수욕장에 가지말고 壬寅년 十一·十二月은 여행 및 소송을 주의하라

卯년을 만나면, 남녀 다같이 마음이 안정되지 않는 불길운이며 남의 것을 탐하는 욕심 이 동하여 관청 구설을 듣는 운이다
乙卯년 五·六月은 여행을 하되 정동쪽은 피하고 丁卯년 一·二月은 남의 말을 믿으면 자기 것을 그 사람에게 빼앗기는 운이고 己卯년 九·十月은 부동산 매매 또는 문서 계약 등으로 바쁜 운이다. 辛卯년 七·八月은 실물 및 손재 주의하고 癸卯년 一·二 月은 화재 및 도난을 주의하라

辰년을 만나면 직장을 변동하지 않으면 살림집을 이사하는 운이다 삼재가 들지 않으면 재수는 길하다
甲辰년 一·五月은 승진 및 발전의 운이며 丙辰년 九·十月 고통사고 및 수술할 운이며

戊辰년 五·六월은 물가에 가지말라 庚辰년 十一·十二월은 화재 및 손재수 있고 辛辰년은
三·四월에 욕심을 부리면 사업을 실패한다
巳년을 만나면 산길 여행이니 힘에 알맞는 처사를 해야 실패를 면한다
乙巳년 五·二월은 관청구설 언쟁을 주의하고 丁巳년 五·六월은 남녀교제 및 연정판
계가 시작되는 길운이고 己巳년 九·十월은 남의 일에 가담하지 말라 구설듣는다 辛
巳년 七·八월은 원행 및 여행을 삼가하고 癸巳년 十一·十二월은 교통사고를 주의하라
午년을 만나면 시험·사업등 매사 길운이나 사주에 삼형살(三刑殺)이 있으면 형애수 있으니
사주·비견에서 잘살펴 여행하라
甲午년 五·六월은 원행 및 여행을 금하고, 丙午년 五·二월은 화재 및 도적을 주의하고
戊午년 五·六월은 외인(가족이 아닌)을 집안에 두지말라 큰 피해를 입는다. 庚午년
九·十월은 실물수 있으니 문단속 잘하고 壬午년 五·六월은 재운이 불길하다.
未년을 만나면 매사 길운이나 믿었던 사람으로 부터 배신당할 우려가 있다
乙未년 五·六월은 원행 및 여행을 삼가하고 丁未년 九·十월은 고집으로 어쟁 및 소송
문제가 발생하고 己未년 五·二월은 무단속 잘하라 辛未년 三·四월은 여행이나 이

살들 하면 길하고 癸巳년 七, 八월은 남의 일에 신경쓰지 말라

申년을 만나면 원행및 여행을 삼가하고 가정 이사 및 부동산 매매과 계약 좌향을 잘 살핀 후 처리하라

甲申년 正, 二월은 이사 및 여행을 삼가하고 丙申년 五, 六월은 물을 조심하고 戊申년 七, 八월은 관청구설을 조심하라 庚申년 十, 十二월은 도난 및 화재를 주의 하고 壬申년 七, 八월은 소송 및 몸 조심하라

酉년을 만나면 마음을 안정시켜라 하는 일마다 불안하고 실패하게 되며 사람마다 손해를 주니 어찌할 것인가?

乙酉년 三, 四월은 계약이나 약속을 하지말고 丁酉년 五, 六월은 원행 및 여행을 삼가하고 己酉년 七, 八월은 관재와 질병을 주의하라. 辛酉년 七, 八월은 자손 이나 부모의 질병으로 근심하게 되고 부인의 건강도 불길하며 癸酉년 正, 二월은 횡액수 있으니 여행을 삼가 하라

戌년을 만나면 만사 순탄하며 하는 일이 잘되는 좋은 운이며 귀인도 있고 재산도 늘어나는 길운이다.

甲戌년 五·六월은 문서계약 및 신규사업을 시작하면 길하고 丙戌년 七·八월은 동생이나 나이 적은 사람에게 인정을 베풀거나 금전을 대여하지 말라 배신 당한다. 戊戌년 五·六월은 여행을 삼가하고 庚戌년 正·二월은 도난 및 사기 주의하고 壬戌년 九·十월은 화재를 주의하라

亥년을 만나면 미혼자는 결혼하며 기혼자는 생남하거나 재물이 들어온다.

乙亥년 七·八월은 생남을 하거나 재물이 들어온다 丁亥년 九·十월은 신규사업을 불실하고 己亥년 正·二월은 문서계약 및 부동산 매매를 하지 말라 손해볼 운이다 癸亥년 七·八월은 횡액수 있으니 여행 및 승차 승선등을 주의하라.

辛亥년 十一月 十二月에는 질병을 주의하라

—154—

제 十二 운세 大鵬登天格

제 十二 운 초곤후태격 (初困後泰格)

이 사람은 인정이 많아 남의 일을 자기 일같이 보아주며 초년에 일찍 부모를 잃음을 운이며 고독하게 생활하며 어려서부터 타향에 나와 자수로 성공하는 운이다.

특히 두뇌 명석하고 일사불란한 집중력이 있다. 권력이나 명예에 대한 집착이 강하다. 권력을 잡고 명예를 얻기위한 것이라면 수단과 방법을 가리지 않는다. 체질은 근육질로 실로 야수와 같은 적극성이 있다. 생활면도 허실이 없는 매사에 합리적으로 하려 한다. 따라서 별다른 취미도 없는 사람이 많다. 여성은 두뇌 명석하고 이지적이고 정리 정돈을 잘하고 가정도 청결성이 있다. 유행에도 대단히 민감하다.

외면으로는 겸손한 신사숙녀이나 본질은 타인에게 의뢰하지 않고 자신이 포용하지도 않는 성격의 이면성이 있다. 직관력이 뛰어나지만 굿것만을 믿지않고 듣고, 보고, 만쳐보고, 두들겨보지 않고서는 착수하지 않는 조심성과 체험과이다. 여성은 마음이 좀 좁은 것이 결점이다. 최초의 결혼에서 실패해도 재혼해서 행복할 운.

자신의 실력이 자신이 있으며 명예를 욕구하며 또 잡을 수 있다고 확신하는형으로 그것을 위해서는 모든것을 희생하고도 남음이 있다. 그 의욕은 좋으나 지나치게 되면 배고픈 범이 먹이를 찾으려고 쥐나 개나 하는 격으로 탐욕하게 되며 많은 적을 만든다.

초년 三·四세에 한쪽 부모를 이별할 운으로 찌무 유모에게서 선전할 운으로 만약 그렇지 않으면 초년에 부모덕이 없는 운이다. 十五·六세에 고향을 떠나며 또는 외국으로 가기도 한다. 二十五·六세에는 명진사해하며 모든일이 순조롭고 재산도 축재를하나 二十九, 三十六·七세에는 실패운이 있다. 三十六·七세에 눈커이 을 만나며 四十세 이후에는 크게 부귀 하리라.

건강운은 신경통, 간장, 심장이 약하고 주의하고 수명은 六九세를 지나면 八十九세이며 자손은 첫딸을 낳고 아들은 들 아니면 셋을 둘 운이다.

결혼은 연애결혼을 하게 되며 취가 더늬 많이 보겠다.

형제는 배다른 형제가 있으며 四·五형제 운이다 직업은 의사, 예술가, 운동가, 철학, 기술, 출판, 서점등이 길하며 물장사 만은 불길하다.

평생 운

초년은 고독하며 부모 근심있으며 중년은 일찍 고향을 떠나서 자수성공하며 학고도 고학하는 운세. 말년은 많은 사람에게 존경을 받으며 명예적으로 발전하며 대길 운이다 구운을 만나면 수진, 발전, 이사등의 일이 발생하는 운이며 매사가 성공되는 운이다 그러나 사주에 괄패살이 있으면 실패하게 된다
甲구년 정·二월은 문서계약 주의하고 丙구년 五·六월은 회액수 있으니 물을 조심하고 戊구년 七·八월은 언쟁 및 구설을 주의하라 庚구년 正·二월은 질병을 주의하고 壬구년 九·十월은 문서계약을 하지 말라
표년을 만나면 길흉이 상반 하나 투기사업 및 경험없는 일을 하면 실패한다
乙표년 五·六월은 주의하고 丁표년 九·十월은 자손이나 부모로 인해 근심

이 웃고 己丑년 十一, 十二월은 도적 및 화재를 조심하라. 辛丑년 正, 二월은 실물수 있으니 주의하고 癸丑년 正, 二월은 출행 및 고통사고를 주의하라.

寅년을 만나면 사업체를 변동하는 운이나 별로 길하다. 甲寅년 五, 六월은 문서계약을 주의하고 戊寅년 四, 五월은 부모 근심 아니면 신체상에 흉터가 생긴다. 庚寅년 正, 二월은 도적 맞 화재를 주의하고 壬寅년 九, 十월은 문서 계약 및 보증서는 것을 주의하라.

卯년을 만나면 미혼자는 결혼하고 사업가는 실패하는 운으로 금전거래를 조심하라. 乙卯년 正, 二월은 문서계약 주의하고 丁卯년 五, 六월은 윗행 및 여행을 하면, 손재가 있고 己卯년 九, 十월은 화재를 주의하라. 辛卯년 十一, 十二월은 도난 및 질병을 주의하고 癸卯년 三, 四월은 남의 말을 믿으면 실패 및 배신 당하리라.

辰년을 만나면 외국으로 이민을 가거나 이사 혹은 여행을 하게 되리라. 甲辰년 三, 四월에 살방만 피하고 이사하면 길하고 丙辰년 五, 六월은 문서계약 및 여행을 피하고 戊辰년 正, 二월은 남의 말을 듣지 말라. 庚辰년 十一, 十二월은 관청 구설을 피하고 壬辰년 三, 四월은 여행 및 이사하면 악운을 면하다.

巳년을 만나면 부부 이별 및 언쟁이 많을 것이며 가정에 질병도 자주 잇어서 손재와 구설을 많이 당하리라

乙巳년, 三·四月은 초상집에 가지말고 丁巳년 五·六月은 금전적인 타격을 받겠고 己巳년에는 횡액 및 질병을 주의하라 후巳년 十一·十二月은 소송 및 언쟁을 주의하고 癸巳년 七·八月은 자녀의 근심이 아니면 질병으로 근심하리라

午년을 만나면 만사 순탄하며 하는 일이 잘되수 길운이다
甲午년 九·十月은 횡재아니면 재산이 축재 되고 丙午년 七·八月은 밤길을 조심하고 戊午년 正·二月은 친척지간에 언쟁을 피하라 그리고 금전거래를 삼가하라 庚午년 三·四月은 커잇이 도우니 신규사업시작하면 성공하고 수午년 五·六月은 금전거래를 주의하라

未년을 만나면 받길 반흉운이니 매사 신중을 기하라
乙未년 十一·十二月은 언쟁및 소송을 피하고 丁未년 九·十月은 자손 근심아니면 부모에 근심이 잇고 己未년 五·六月은 도망 가지 않으면 안될 우이니 조심하고 辛未년 三·四月은 여행은 불길하고 무서계약은 길하다 癸未년 正·二月은 이사 및 원행하지 말라

申년을 만나면 질병으로 고생하거나 관청구설이 있고 이사하게 되다
甲申년 正, 二월은 문서계약 주의하고 丙申년 九, 十월은 길운이 점차 다아오며 戊申년 正, 二월은 도적과 화재를 주의하고 庚午년 九, 十월은 배신당하고 구심하는 이며 壬申년 九, 十월은 만사 불길하니 신중을 기하라

酉년을 만나면 구설과 소송을 주의하고 부부 이별을 주의하라
乙酉년 五, 六월은 여행을 주의하고 丁酉년 九, 十월은 동업이나 신규사업 시작하지 말고 己酉년 九, 十월은 횡액수 있으니 승차나 승선을 삼가하라 辛酉년 五, 六월은 빚을 많이 지게 되니 주의 하고 癸酉년 十一, 十二월은 남녀교제 주의하라 구설과 손재 있으리라

戌년을 만나면 사업잔을 이전하거나 적잔을 변동하는 운이며 재운도 펼길 하다
甲戌년 五, 六월은 삼이이 동업하면 크게 성공하고 丙戌년 九, 十월은 고집과 언쟁을 피하고 戊戌년 十一, 十二월은 화재와 과재를 주의하라 庚戌년은 잔치, 최씨와의 금전거래를 주의 하고 壬戌년 九, 十월은 문서계약을 주의하라

亥년을 만나면 멀리 있는 사람이 찾아오는 운이며 보고싶은 사람을 만나는 희망찬

-161-

운이 기도하다

乙亥년 五·六월은 물가에 가지말고 丁亥년 九·十월은 물가에 가지말라 己亥년 正·二월은 누구하고라도 손을 잡고 노력하라 성공 되리라. 辛亥년 九·十월은 신규사업을 시작하면 성공하고, 癸亥년 十一·十二월은 도난 및 쓰리 주의하라.

제 十三 운세 功名大盛格

제 十三운 공명대성격 (功名大盛格)

본 운의 사람은 七세에 중병으로 위경을 겪거나 부상을 당할 운이며 十四세 이후가 초년의 걸음이며 十七세에는 뜻밖에 성공할 운이다. 二十세를 전후하여 남녀 정사관계로 고민이 있고 二十二세에는 대통운이 되다. 二十세에는 크게 득리할 일이 생기나 동업은 불길하고 三十조세에는 대통운이 되다. 四十세로 접어 들어서는 一생의 최대평화의 운이며 대실패를 하게 되니 주의를 요한다. 四十六세에는 매사 뜻과 같이 되고 평생을 웃사람의 기분에서 살게 된다.

남자는 여자와 화재를 주의하고 여자는 초혼에 주의 하지 않으면 재혼을 한다. 본 운의 사람은 도끼에 낳은 사람은 도끼처럼 우연성이 풍부하다. 적을 만드는 것을 무엇보다도 기피할 모든 사람들을 내편으로 끌어 들이지 않고는 배기지 못하는 이심의 모를 잘 잡는 재능이 있다. 겉으로 보아서는 멋쟁이는 아니나 청결감이 충만한 신사가 많다. 애교가 있고 사람을 놓치지 않는 화술의 모를 터득한 사람이다. 매년에 철생한 사람들 중에는 부드러운 사람이 많지만 꼭 그런것 만은

—164—

아니다. 정보를 수집하는 수단이 좋으며 민첩한 행동력을 가지고 일단 계획한 일은 고집스럽게 밀어 하겠다고 생각하면, 즉시 행동에 옮기지 않고는 못배긴다.
그러나 세심한 곳에서는 때당히 신경질 적이다. 한편 자기주의 주장이 강하지 않기때문에 다른사람에게 사랑받는 존재이기는 하나 때로는 민첩한 행동이 경솔과 경속되기 쉽다. 그러므로 자기의 전문분야를 확고히 정하여 매진하여야 할 것이다. 그리하여 적극성을 길러야 한다.
일생의 운세는 별다른 곡절없이 향상할 것이며 평온한 인생을 보낸다. 三十세를 넘어서 원만한 인생에 실증을 느껴 전직을 생각하나 이 고비를 참고 넘겨야 한다. 유연성이 있고 재치가 있고 외향적인 고로 오히려 심경이 혼미하여 전직을 자주 하게 된다. 이것은 모두 유혹에 약하기 때문이나 변동을 삼가 구하지 않는 것이 현명한 취세이다. 또한 성질이 온화하고 사교성도 있으나 급속도로 성공하여 알찬서러 하다가 손해를 본다. 그러므로 기회는 오지만 놓쳐버리고 만다. 자선심을 기르고 우정에 항상 비용이 많이 지출되나 인정을 받지 못하며 색정에 주의하여야 한다.

말년운은 점차 쇠약해지니 경거망동을 삼가야 한다.

직업은, 건물(乾物)상, 약종상, 잡화상, 법률가, 농업, 군인, 화상, 화약업
이 길하며 건강운은 허복부, 각기, 심장, 중풍, 황달 등을 주의하고 남녀
공히 수액을 주의하라.

수명은 七十상수하며 형제는 삼형제나 형제 운이며 자손은 아들 둘이
아니면 조남패를 두며 부부운은 이내심을 갖은 사람은 백년해로 하지만
심약하고 마음에 자신력이 없으면 본 부부와 이별하게 된다

평생 운

 초년, 중년, 말년이 다 길한 팔자라고 본다. 그러나 중년에 너무 성급히 서둘다가
는 오히려 손해와 실패를 하며 풍파가 있으리라

구년을 만나면 우연히 산재를 보며 건강도 쇠퇴되는 흉한 운세이며 관첵구설과 소
송을 주의하라

甲구년 旡, 二월은 구설을 주의하고 丙구년 十一, 十二월은 교통사고 및 질병을 주

의 하고 戊구년 九·十월은 소송 및 질병을 주의하라. 庚子년 五·六월은 무서계약 주의 하고. 辛구년 七·八월은 질병 및 몸 다치기 쉬우니 주의하라.

壬년을 만나면 살고 있는 집을 이사하든지 직업을 변동하는 대혁신의 운세이다. 乙丑년 三·四월은 무서계약 및 이사하는 운이고 丁丑년 九·十월은 도적 및 사기를 주의 하고 己丑년 七·八월은 원행하면 고등사고 당한다 辛丑년 三·四월은 동업이나 투기사업 시작 하면 실패 한다. 癸丑년 十一·十二월은 이사 및 직업변동 하지 말라.

寅년을 만나면 남자나 여자 다 같이 바람나는 흉파의 운세이다. 이럴때는 근신하고 내하고 매사를 서서히 진행하라.

甲寅년 五·六월은 남녀 교제를 주의하고 丙寅년 正·二월은 정신이 산란하여 진다 그러나 마음을 안정하지 못하면 손재와 패가 망신한다. 戊寅년 九·十월은 신구사업 시작하지 말고 庚寅년 九·十월은 집을 이사하면 근심을 덜게 되며 壬寅년 五·六월은 물가에 가면 횡액수 있으니 출행을 금한다.

卯년을 만나면 초바기는 잘되는 것 같으나 후반기에는 매우 곤란을 받는 운이다. 乙卯년 正·二월은 남의 권유를 받는 일은 하지 않는 것이 좋겠고 丁卯년 九·十월우 무서져않을 주의하고 己卯년 十一, 十二月은 웃행 및 여행을 삼가하라 辛卯년 五, 六월은 남녀관계를 삼가하고 癸卯년 三, 四월은 부동산 매매에 관계하면 구설을 들으리라

辰년을 만나면 다른 사람을 도우는 일에 열중하며 매우 바쁜 시기이다 그러나 구덩이라 것은 사는 것이니 수십년 후에는 도움을 다시 받게 되리라

甲辰년 표, 二월은 금전거래로 큰 구설이 생기며 戊辰년 九, 十월은 문서계약으로 손재와 구설이 있으니 많으니 역시 말건한 우이고 丙辰년 七, 八월은 재운은 좋으나 고민이 많으니 주의하라 庚寅년 七, 八월은 관등사고를 주의하고 壬辰년 三, 四월은 도적 및 사기를 주의하라

巳년을 만나면 집을 나가지 않이면 집 전체를 이사하게 되며 하는 일도 변동이 있으리라 乙巳년 五, 六월은 말과 불을 주의하고 丁巳년 十一, 十二월은 과액 및 소송을 주의하고 己巳년 三, 四월은 부부 이별 및 어장을 주의하라. 辛巳년 五, 六월은 직업변동을 하지 말라 癸巳년 七, 八월은 고집으로 손재 있고 사업 실패하니 주의하라

午년을 만나면 매사 불길하니 신중한 처사를 하라

甲午년 正, 二월은 화재와 도적을 주의하고 丙午년 六, 十二월은 부부 이별 및 재산 풍파를 주의하고 戊午년 三, 四월은 색정 직업에는 손대지 말것이며 되리라 庚午년 九, 十월은 문서거래 주의하고 투기사업에는 손대지 말것이며 壬午년 六, 七월은 사람마다 해를 줄 것이니 사람을 경계하라

未년을 만나면 주위의 사람들이 모두 도와 주며 재산도 나를 따르니 매사 순조롭다 그러나 송씨, 심씨와의 거래를 조심하라

乙未년 五, 六월은 문서계약을 주의하고 丁未년 九, 十월은 이사나, 여행을 하지 말고 己未년 十一, 十二월은 금전대여 거래는 하지 말라 辛未년 正, 二월은 횡액수 있으니 여행을 삼가하고 癸未년 九, 十월은 문서계약을 주의하고 구설을 주의하라

申년을 만나면 반길 반흉하니 매사 신중을 기하라

甲申년 正, 二월은 도적 및 화재를 주의하고 丙申년 五, 六월은 금전과계로 언쟁을 할 우이나 참을성 있게 처리하면 길하다. 戊申년 正, 二월은 과, 현

구설을 주의하라 庚申年 十一, 十二月은 여행 및 교통사고를 주의하고 辛申年 九, 十月은 부부 싸움 및 이별수 주의하라.

酉年을 만나면 재운, 건강운 불길하며 특히 관청문제, 소송문제를 조심하라 乙酉年 五, 六月은 과청 구설을 주의하고 丁酉年 七, 八月은 문서계약 및 금전거래 주의하고 己酉年 九, 十月은 질병을 조심하라 辛酉年 一, 二月은 도적 및 손재 주의하고 癸酉年 九, 十月은 문서계약 및 이사를 하지 말라

戌年을 만나면 커인도 윘고 사업도 번창하는 좋은 운이다 甲戌年 三, 四月은 문서계약 및 새사업은 친한사이가 아니면 하지 말고 丙戌年 九, 十月은 직업변동이나 이전은 결하고 戊戌年 一, 二月은 여행 및 저산실패 조심하라 庚戌年 九, 十月은 횡액수 주의하고 壬戌年 一, 二月은 구치간의 금전 거래를 하지 말라.

亥年을 만나면 사업번찬, 승진, 합격 등 매사 순조로운 길운이다. 乙亥年 五, 六月은 우연히 만난 사람이 큰 피해를 주니 사람을 사귀지 말것이며 丁亥年 一, 二月은 재산실패 아니면 몸다치니 조심하고 己亥年 九, 十月

은 부동산 계약으로 손해를 보니 계약에 주의하라 추亥년 七·八월은 관청구설이 아니면 몸을 다치니 주의하고 癸亥년 二·三월은 새로운 일을 시작하면 실패하리라

제 十四 운세 家華福祿格

제 十四 운 전화위복격 (轉禍爲福格)

언행이나 사고에 있어서 상당히 신중한 형, 반면에 한번 정한 것에 대한 지표현에는 대담 솔직한 방법으로 호소하는 형. 과장된 표현과 교묘한 화술로 대하나 알증을 주지 않는 특징이 있다. 이 사람은 가는 곳마다 주위를 명랑하게 하는 더없는 성격의 소유자이다.

여성은 몸가짐에 있어 세심한 편은 다른 운의 사람에 비해 유달르다. 특히 취침전에 경대 앞에서 머리를 빗는 것등은 일과이고 혹 기분이라도 상한 날이면 1시간 정도 경대 앞에서 몸을 매만지는 것은 보통이다. 돈을 쓰는 것도 화려한 편에 주로 쓰지만 장신구류 등을 특히 좋아한다.

이 운의 사람은 대인관계가 부드럽고 화술도 능하여 사회자나 편집자적 업무에 적합하다. 또한 감정이 평부하며 회고하는 것은 취미적인데가 있다. 매사를 그끔이여 다시한번 식으로 한다. 그러나 결코 퇴보적인 것이 아니고 옛것이라도 버릴 것은 버리고 좋은 것은 되살려 쓰는 형. 새로운 것을 취하는 사람

-174-

에게는 비판을 받을 것이나 개념치 받을 것이다. 그리고 수집벽이 대단히 강하다 우표. 고철. 등등.

또 여성은 시어머니를 받드는데는 일류급이며 남편의 식사를 늦추는 일이 있어도 시어머니의 비위를 거슬리는 일이 없는 형이다.

초년 十五세 이내에 부모를 잃지 않으면 자기 스스로 부모슬하를 떠나게 되며 그렇지 않으면 신병으로 고생하는 운이며 二十四세에 인연을 맺어 풍파를 겪고 二十九세에는 직업적으로 조금 근심하리라.

三十五六세에는 동서남북에 이름을 날리며 二十九세에는 관액과 구설을 주의하고 四十三세 四十五세에는 교통사고나 손재를 주의하라. 五十六세와 六十세에는 자녀로 인하여 근심이 있으며 일생을 이것저것 직업을 바꾸어 생활하는 운세이다.

수명은 三十九세를 주의하고 七十 수가 왕하며 자손은 二,三자 두리라. 형제는 많이 있으나 말년에는 들 아니면 독신이 되다. 직업은 확실한 기술이나 여슬게통의 직업이 알맞고 관공직이나 역슬

― 175 ―

의학등이 적당하다.
결혼은 四.五세차이가 있는 배필이 길하며 취덕이 있고 여자는 남편덕이 있는데 결혼을 일찍하든지 二十七세 이후로 늦게해야 길하다.

평 생 운

초년에 조실부모 하지않으면 어머니가 들되는 우이며 불연이면 잔병으로 고생하며 중년은 결혼 문제나 사업문제로 풍파를 겪은후 말년에는 재운도 길하며 만사가 순탄하리라
구년을 만나면 잔병으로 고생하거나 청구설이 있으니 매사 신중을 기하라
甲子년 五.二월은 무서계약 및 새로운 일 시작하지말고 丙子년 五.大월은 여행이나 이사 하지 말고 戊子년 三.四월은 결혼이나 약혼은 불길하다 庚子년 三.大월은 원행 및 여행을 삼가하고 壬子년十一.十二월은 화재를 주의하라
표년을 만나면 화재 도난을 주의하고 모든 일이 뜻대로 되는 운이니 직장변동이나 이사를 하면 길하다.

乙丑년 五·六月은 직업변동운 하지 말고 丁丑년 七·八月은 부동산매매두 문서계약 운 일체하지 말고 己丑년 正·二月은 횡액이나 화재를 조심하라. 辛丑년 十一·十二月은 소송 및 이별수 주의하고 癸丑년 正·二月은 여행 및 가정변동을 하지말라

寅년을 만나면 마음이 들며 안정되지 않으니 매사 신중히 또 참을성 있는 처세를 하라 그러면 점차 안정을 되찾으리라

甲寅년 正·二月은 출행하고 싶고 결혼하고 싶은 불안정한 운이니 안정을 찾고 丙寅년 九·十月은 마음을 털어놓을 곳이 없어 답답한 시기 戊寅년 正·二月은 화재를 주의하고 庚寅년 七·八月은 언쟁 및 소송을 주의하고 壬寅년 七·八月은 믿었던 사람이 손해를 주니 주의하라

卯년을 만나면 반길 반흉이니 다음 사항을 준수하면 매사 순탄하리라

乙卯년 五·六月은 누구를 만나든하고 믿지말라 丁卯년 九·十月은 욕심을 부리지 말고 己卯년 十一·十二月은 무서계약 및 약속 어음거래 주의하고 辛卯년 正·二月 은 도적을 주의하라 癸卯년 七·八月은 무서계약을 하지 말라

辰년을 만나면 이웃을 돌보아 주는것은 좋으나 뒤에서 원수 삼는 사람이 있으니 주의

甲辰년 正, 二월은 여행이나 원행을 주의하고 丙辰년 五, 六월은 원행 및 도적을 주의하고, 戊辰년 七, 八월은 교통사고를 주의하라, 庚辰년 正, 二월은 횡액수 있고 壬辰년 九, 十월은 문서계약 및 금전거래를 주의하라

巳년을 만나면 이사하거나 개축 복은 새집을 짓는 운이며 재운도 길하다 그러나 삼재가 들었으면 실패하다

乙巳년 正, 二월은 새로운일 시작하지 말고 丁巳년 五, 六월은 원행 및 여행을 삼가하고 己巳년 九, 十월은 관행 구설을 주의하라 辛巳년 七, 八월은 고집과 언쟁을 주의하고 癸巳년 五, 六월은 원행 및 물가에 가지말라

午년을 만나면, 매사 순탄하지 못한 불길운이나 다음사항을 준수하면 큰 실패는 없다

甲午년 三, 四월 동업하지 말고 丙午년 七, 八월은 무서신 기쁨이 있으나 조급히서 들지말고 戊午년 九, 十월은 이사하면 우환으로 고생하게 되다 庚午년 七, 八월은 자손 근심아니면 부모의 질병으로 근심 있겠고 壬午년 五, 六월은 병으로 고생하니 벼슬부적으로 예방하라.

未년을 만나면 살고 왔든 집을 다른 사람에게 인계하고 멀리 떠나는 운으로 길운이다 乙未년 正、二월은 문서계약을 하면 결하고 丁未년 九、十월은 부동산 매매로 크게 득리하며 己未년 正、二월은 문서계약을 하면 결하고 辛未년 五、六월은 횡액수 주의하고 癸未년 七、八월은 화재와 도난을 주의하라

申년을 만나면 가정불화가 발생할 운이니 조심하라 丙申년 甲申년 三、四월은 명지사업하는 운이나 투기를 한 것은 실패한다 戊申년 正、二월은 문서계약 및 금전거래 주의 九、十월은 금전거래를 주의하고 戊申년 正、二월은 문서계약 및 금전거래 주의 하고 庚申년 九、十월은 언쟁 및 소송을 주의하고 壬申년 十一월은 화재와 횡액수를 주의하라

酉년을 만나면 사귀고 왔는 사람도 헤어지고 떠리고 있던 사람도 원수되기 쉬우니 대인관계를 신중히 처세하라 乙酉년 五、六월은 자신을 알고 남을 속이게 하지말고 丁酉년 七、八월은 교통 사고를 주의하고 己酉년 三、四월은 이사하면 길하다 辛酉년 十一、十二월은 수표어음등 금전거래를 주의 하고 癸酉년 正、二월은 남녀교제 주의하라

戌년을 만나면 무직자는 취직이 되고 사업가는 성공하는 길운
甲戌년 五, 六월은 문서산 기쁜일이 있으며 丙戌년 七, 八월은 관귄구설을
피하고 戊戌년표, 二월은 원행및여행을 삼가하라 庚戌년 五, 六월은 교
통사고를 주의하고 壬戌년 七, 八월은 횡재를 바라지 말라 마음만 상한다
亥년을 만나면 운세는 좋으나 자기분수를 지켜 겅거만동 하지말라
乙亥년 五, 六월은 재전면에서 타격을 받겠고 丁亥년 九, 十월은 사업운 변
찬하나 금전적인 타격이 크다 그러나 부동산으로 투자하면 실패하다 己亥년
正, 二월은 원행및 이사하면 길하다 辛亥년 七, 八월은 관귄구설을 주의 하
고 癸亥년 十一, 十二월은 횡액수 있으니 주의하라

제十五운세 神仰有德格

제 十五 운 오복구전격(五福俱全格)

토끼가 뛰어 올르기 좋은 언덕. 토끼는 앞다리가 짧고 뒷다리가 길어서 언덕을 뛰기에는 알맞게 되어 있다. 좀 잔평치레가 많은 것이 흠이다. 또한 일을 할때나 취미를 오래 지속하지 못하고 중단 혹은 바꾸는 단점이 있다. 걸으로는 대단히 의적이고 안정감이 있는것 같이 보이고 사실 실력도 있으나 속으로는 지나치게 소심하고 정직하다. 좀더 담력을 기르는 것이 좋겠다.

부모로부터 물려받은 재산 혹은 기반으로 무엇이가 특수한 능력을 갖고 인생을 출발할수 있는 행복한 사람이다. 그러므로 이 행복을 중년부터 말년까지 변함없이 유지함이 긴요하다. 애정면에서도 박애적이어 특히 여자는 남성으로부터 푸로포-즈를 받으면 거절을 못하다.

취미면에서도 ㅎ‧ 블록의 차가 격심한 까닭에 실행은 것은 군축에도 가지 않으려 한다. 또 치밀한 계산을 하지 않으면 안심을 못하는 사람이며 이첨미를 갖고 주위와의 융합에 노력을 요한다.

이 운의 사람은 대단한 내성적인 사람이다. 겸양한, 미덕이 있어 주위 사람들에게 칭찬을 받기도 한다. 사회생활에서는 손해보는 수가 많다. 그러므로 조금이라도 의문이 있으면 솔직하게 자신의 의견을 말하여야 한다.

직업면은 까다롭고 단체적인 것보다 단촐한곳에서 자신을 살리는 것이 좋다. 그러므로 공무원이나 기술직이 좋으며 투기사업 불가하다.

초년 六‧七세는 건강에 주의하고 三十세에는 실패운이 있으며 四十六‧七세에 횡재하거나 사업에 성공한다. 五十六‧七에는 만사 행동 하리라.

수명은 六十九세를 무사히 넘기면 八十六세 장수 하리라.

자손은 三‧四 남매이나 종신자손은 하나이다.

형제는 五‧六형제나 되나 덕이 없으며 화목하지 못한다.

평 생 운

초년, 중년, 말년 모두 좋은 운이라 본다 그러나 중년에 자기의 능력을 알지 못하고 차별없이 덤벼들다가 실패와 풍파를 겪을 수가 있으니 자기의 능력 고려하여 처세하면 길하리라

子년을 만나면 사람마다 악인이니 누구를 믿는단 말인가, 부모 형제도 배신하는 운이니 침착성을 잃지 말고 다음 사항을 준수하라

甲子년 三, 四월은 문서 계약을 주의하고 丙子년 七, 八월은 고집 및 소송문제를 주의하고 戊子년 九, 十월은 소송 및 송쩌를 주의하라 庚子년 十一월은 화재를 주의하고 壬子년 三, 四월은 여행 및 사기를 주의하라.

표년을 만나면 직업변동 아니면 이사를 하게되다 도부부 이별 및 손재수도 있다 乙표년 三, 四월은 직업변동을 하거나 이사하지 않으면 손해를 본다 丁표년 표, 六월은 관권구설이나 여행을 주의하고 己표년 표, 六월은 관권구설이나 어쟁을 주의하라 辛표년 九, 十월은 직업변동을 하지 말고 癸표년 九, 十월은 동업이나 자금 투자 등을 주의하라

寅년을 만나면 미혼자는 결혼하고 기혼자는 바람나는 운이다. 사업가는 남의 말을 듣다가 실패하는 불길한 운이다

甲寅년 三,四月은 문서계약 및 금전거래를 주의하고 丙寅년 五,六月은 원행이나 여행을 삼가하라 질병을 얻는다. 戊寅년 五,六月은 하거나 손재가 있으니 주의하라. 庚寅년 十一,十二月은 화재나 도난을 주의하고 壬寅년 五,二月은 초산집에 가지말라 불길하다

卯년을 만나면 재운, 건강운 모두 평탄하나 가정풍파 일기쉬우니 주의하라

乙卯년 五,六月은 원행이나 해수욕 가지말고 丁卯년 九,十月은 문서신경 쓸일이 있으나 부반에 실패운이니 안하는것이 길하고 己卯년 五,二月은 집안에 질병을 주의하라 후卯년 五,二月은 화재와 도난을 주의하고 癸卯년 三,四月은 이사하면 길하리라.

辰년을 만나면 만사 신중을 기하면 평탄하나 그렇지못하면 실패와 큰풍파를 면치 못하리라

甲辰년 正,二月은 여행 및 이사를 하지 말고 丙辰년 五,六月은 바닷가에 가지 말고

戊辰년 三, 四월은 손재수와 사기 당하는 운이니 주의하고 庚辰년 五, 六월은 자녀 근심 아니면 부부 이별하고 그렇지 않으면 질병으로 고생하리라 壬辰년 五, 六월은 재운도 없고 건강운도 불길하니 주의하라

巳년을 만나면 새집을 짓게 되며 새로운 일을 시작하는 발전의 운세. 작장변동 이사등 변동운이기도 하다

乙巳년 표, 二월은 문서계약 및 신규사업이 길하고 丁巳년 五, 六월은 물가에 가지 말고 己巳년 七, 八월은 고집과 언쟁이 길하고 辛巳년 三, 四월은 동업자를 구하고 사업규모를 확장해도 순탄하다 癸巳년 十一, 十二월은 여행 및 화재를 주의하라

午년을 만나면 사업실패 및 매사 부진등 불길한 운이나 다음사항을 준수한다면 큰 피해는 없으리라

甲午년 표, 二월은 문서 보증이나 계약 및 금전거래를 조심하고 丙午년 九, 十월은 믿었던 사람이 손해를 끼치니 주의하고 경계하라 庚午년 七, 八월은 소송 및 언쟁을 피하고 壬午년 九, 十월은 남녀교제를 주

의 하라 戊午년 五․六月에는 원행을 주의하라 未년을 만나면 귀인도 있고 재수도 있으며 건강운 모두 길하다 그러나 다음사항을 주의하지 않으면 손재와 실패하리라

乙未년 三․四月은 어떤 사람 이라도 남의 말을 믿지 말고 값싼 물건은 사지 말라 관재 구설이 있다 丁未년 九․十月은 이 있더라도 당황하지 말라 후未년 五․六月은 고통사고 및 질병으로 고생하니 주의하라 癸未년 正․二月은 원행과 여행을 삼가하라 몸다치는 운이 申년을 만나면 매사 순조롭고 재운도 길하나 과욕은 실패의 원이다. 甲申년 十一․十二月은 단독사업은 불길하고 丙申년 五․六月은 문서계약 및 여행을 하지말고 戊申년 七․八月은 관청구설 및 언쟁을 피하고 庚申년 三․四月 은 여행이나 이산운이 길하며 壬申년 九․十月은 도적 및 사기를 주의하라. 酉년을 만나면 관청구설 및 고통사고를 주의하고 투기사업 및 경험없는 일을 하지 않는 것이 실패를 면하는 길이다. 乙酉년 正․二月은 친척 간에 금전거래를 삼가하고 丁酉년 五․六月은 하는 일

이 모두 부진하니 매사 신중히 처리하라 己酉년 九·十월은 여자는 자녀를, 남자는 자기 처를 잘 지키라 잊어버리는 이별의 운이다 庚酉년 正·二월은 도전및화서 계약을 주의하고 투기적인 일은 하지 말라 癸酉년 正·二월은 문재를 주의하라

戌년을 만나면 원행하면 귀인이 있고 새로운 일을 시작하면 협조자가 있으니 만사 수탄 하리라

甲戌년 五·六월은 남녀교제로 크게 두리믈하며 丙戌년 三·四월은 가정에 웃음꽃이 피는데 지나친 인정을 베풀다가 구설을 듣는다 戊戌년 正·二월은 남쪽으로 여행하는 것은 불길하고 庚戌년 九·十월은 윗사람이나 아랫사람의 도움을 받으면 소망이 성취되고 壬戌년 十一·十二월은 괴로운사고 및 손재수 주의하라

亥년을 만나면 매사 깊수이며 미혼자는 결혼하는 길년이다.

乙亥년 三·四월은 도적을 주의하고 丁亥년 正·二월은 신규사업이 길하고 己亥년 九·十월은 문서계약 및 투기업은 불길하다 辛亥년 九·十월은 화재를 주의하고 癸亥년 五·六월은 말을 조심하라.

제 六 운 세 佛前功德格

제 十六 운 고독중부격(孤獨中孚格)

모든 일을 척척 잘 처리해 나가면서도 이렇게 해서 좋을가 하고 항시 미심쩍어하는 의심형이다.

어떤 일을 이상(理想)을 추구하는 사람들의 특성이다. 살피고 또 살펴서 착오가 없도록 처리하는것은 좋으나 그럼으로 해서 모처럼의 기회를 놓치는 일이 있어서는 안되겠다. 또한 고독을 즐기고 타인에게 간섭 받는 것을 싫어하다 본연의 사람은 이상(理想)적인 기질을 살릴수 있는 직종에 종사하여 자신을 구축하는 것이 좋겠다. 특히 이사람은 야비하고 나약한 기질이 아니고 투쟁적인 기질이 강하다.

그 대담성이 때로는 무계획하여 정욱한 경우에 다다라서 당황하는 경우가 많다. 또한 지지 않으려는 감정이 강하여 실체가 될수도 있다. 항상 꺼리것은 좋으나 과하지 않도록 하여야 할 것이다. 한가지에 몰두하는 편이 있으며 주위를 솔직하게 받아 드리지 못하는 편이 있다. 확고한 목적을 추구하는 형이기에 남만

적인 인간관계를 거부하고 피도 눈물도 없는 생활형이라고 말을 듣는다. 그러나 애인이나 친지간에는 매우 명랑한 형이다. 여자는 비교적 심술 궂은데가 있다.

초년 十세 이내에 한쪽부모와 이별하는 운이다. 혹은 계모를 두기도 하며 학교도 중단해야하는 고독한 운이다. 그러나 성명학 비법(姓名學秘法)(주 송학저서)에서 작명하라면 군액운은 편할 것이다.

十二세부터 二十五세까지는 흉과가 많겠으며 二五세부터 三五세까지는 여자로 인한 근심이 있겠으니 남녀 교재를 주의하고 四十五세 부터는 재산과 가정으로 인한 근심이 있겠다.

직업은 기술업. 병원. 약종상. 건축업 공무원이 적성에 맞다. 자손은 三, 四 남매가 되며 형제는 二, 三형제가 된다. 위장. 간장. 심장병의 위험이 있으며 구세를 무사히 지나면 七十 상수 하리라.

평생 운
초년 일찍 한쪽부모를 잃고 중년은 자수성공하는 운이며 말년이 되어야 풍파를 면하고 평탄하며 소망이 이루어질 수 있는 좋은 시기라고 보겠다 그러나 남녀를 막론하고 과욕은 실패의 원인이니 주의하여야 한다 甲子년 三·四월은 주의하고 丙子년 七·八월은 문서계약 및 실물을 주의하고 戊子년 五·六월은 물가에 가지말라 庚子년 十一·十二월은 도적 및 실물을 주의하라 壬子년 正·二월은 문서계약을 주의하라 표년을 만나면 집안 살림을 정돈하며 하고 있는 직업을 전문하는 운이기도 하다 또한 재운이 좋지않아서 금전적인 면에서도 구심할 것이다 乙표년 九·十월은 부동산 매매계약이나 새로운 일이 시작되며 丁표년 七·八월은 과청구설이나 몸을 다치는 운이니 원행및 과액을 주의하고 己표년 五·六월은 문서계약으로 몸을 다치리라 辛표년 七·八월은 과청구설이나 수술하는 운이며 癸표년 正·二월은 화재를 주의하라. 寅년을 만나면 자기도 모르는 사이에 집안 생활이 복잡해지고 부부 언쟁이 찾아진다 甲寅년 七·八월은 가정풍파를 조심하고 丙寅년 五·六월은 물가에 가지말고

戊寅년 正, 二月은 손재수도 있고 마음아픈 일이 있겠다. 庚寅년 正, 二月은 도적 몇 화재를 주의하고 辛寅년 三, 四月은 남을 위하는 일은 하지말라.
卯년을 만나면 매사 순조로우나 힘에 겨운 일에는 애섬부리지 말라.
乙卯년 三, 四月은 새로운 일을 시작하는 발전의 운이나 경험없는 일은 하지 말고
丁卯년 七, 八月은 금전관계로 고민하는 운이나 결과는 잘 회전되겠고 己卯년 九, 十
月은 일확천금 하려다가 골탕먹는 운이니 매사 신중을 기하라 辛卯년 正, 二
月은 여행을 주의 하라 癸卯년 正, 二月은 교통사고를 주의 하라
辰년을 만나면 재물은 들어오나 지탱을 못하고 되돌아 나가는 운이다 이러한 운에는
변동을 하지 말고 지속적인 전진이 길운으로 유도한다
甲辰년 正, 二月은 문서계약이나 관청구설을 주의하고
수 있으니 여행을 삼가 하고 戊辰년 九, 十月은 투자적인 물품구입은 삼가하라
庚辰년 正, 二月은 고통사고를 주의하고 壬辰년 十一, 十二月은 화재를 주의하라
巳년을 만나면 부동산 매매, 이사 등 변동하는 운이다. 그러나 이사방위는 식신방 이
나 관인방을 택하라.

乙巳년 三·四月은 이사할 운이며 사업만도 번동이 있겠고 丁巳년 표·二月은 원행이나 여행을 주의하고 己巳년 五·六月은 물가에 가지말라 辛巳년 표·二月은 도적을 주의하고 癸巳년 十·十二月은 매사부진한 운이라.

甲午년 五·六月은 재운 불길하고 매사부진한 운이다 丙午년 三·四月은 회액수 있으니 회액부적으로 예방하라 戊午년 十·十二月은 허덕이고 庚午년 七·八月은 과청 구설을 주의하고 壬午년 五·六月은 물가에 가면 익사하는 운이다.

未년을 만나면 귀인도 있고 재수도 있으며 매사 순조롭다 乙未년 五·六月은 친척간에 금전거래를 하지말고 丁未년 九·十月은 재운이 좋으나 구설을 주의하라 己未년 七·八月은 무서계약관계로 과청 구설 있으니 주의하라 辛未년 三·四月은 횡재수 있으나 우연한실수로 손재 당하기 쉽다 癸未년 二月은 자손의 근심 아니면 부인의 건강이 불길하다.

申년을 만나면 매사 편길한 운이다

甲申년 三·四월은 무허 잡품이나 시험에 합격하여 기쁨이 있고 丙申년 五·六월
우 문서잘 이로 보증을 서거나 금전거래를 하지 말고 戊申년 七·八월은 관청구설 및
질병을 주의하라. 庚申년 二·三월은 부모 근심 아니면 자녀 근심이 있겠고 壬申
년 五·六월은 원행 및 교통사고 주의하라
酉년을 만나면 소송및 관청 구설을 주의하고 질병과 몸다치는 것도 주의하라
乙酉년 三·四월은 직업이나 직장면동하지 말고 丁酉년 五·六월은 문서상
기쁜 일이 있겠고 己酉년 七·八월은 관청구설 및 질병을 주의하라. 辛酉년 二·
三월은 관재 사고를 주의하고 癸酉년 三·四월은 관청구설 및 교통사고를 주의하라.
戌년을 만나면 재수 건강운이 길하나 다음 사항을 주수 해야한다.
甲戌년 三·四월 五·六월은 키인도 물가에 가지말고 戊戌년 九·十월은 동업을 말고
고 丙戌년 三·四월은 키인도 있고 협조자도 있으나 남을 너무 믿다가 당하는 수이
하지 말고 참을성 있게 전진하라. 庚戌년 九·十월은 동업을 합동으로 하는 일
을 길하고 壬戌년 三·四월은 원행 및 교통사고를 주의하라.
亥년을 만나면 만사가 수탄한 반면에 욕심이 지나치면 실패와 관청구설이 있다

乙亥년 三·四월은 매사 성급하지 말고 丁亥년 九·十월은 관청구설을 주의하고 질병을 주의하라 己亥년 正·二월은 원행 및 여행을 삼가하라 辛亥년 七·八월은 부모나 자녀로 인하여 근심이 있으나 동쪽으로 가서 약을 구하여 쓰면 길하고 癸亥년 十一·十二월은 고통사고 및 관액을 주의하라

제 十七 운 세 早登靑雲格

제 十七운 대공성창격(大功盛昌格)

초년운은 좋다. 十세부터 十三세 까지 사이에 병을 앓었거나 부상을 당할 운이고 十五세에는 옛날 같으면 등과하는 진취적인 운이다. 二十세에는 뜻밖에 횡재를 하거나 외국여행을 할 운이며 二十二세에는 주색으로 인하여 손재운이며 혹은 질병이나 재난을 당하기 쉽고 二十五세에는 대성할 운이나 주위의 가까운 사람들을 주의해야 한다. 소재 잇기 쉽다. 四十三세는 운세가 정지된 상태이니 육심부리지 않는 것이 좋다. 四十四세부터 四十八세까지는 운세가 다시 복원되니 이 기회를 놓치지 않고 잘 포착하여 노력하면 말년운이 대길하리라. 四十九세에 가정불화를 조심할것.

본운은 진년생 즉 용(龍)해에 출생한 사람으로서 용은 가공의 동물이나 기린 봉황 거북과 함께 四령(四靈)이라고 추앙을 받는 길조의 동물중의 하나이다.

이 용은 말(馬)과 같이 긴 얼굴이며 뱀을 닮은 체신을 하고 발은 닭을 닮았으며 등에는 八十一장의 비늘로 덮여있는 형체로 입에는 여의주를 물고 하늘

육지. 물속을 자유자재로 돌아다니며 조화를 부리는 영물이라고 한다. 특히 八十매의 비늘 숫자는 희망을 뜻한다고 한다.

이처럼 辰년생인 용띠는 망망대해처럼 어느 기점을 잡을 수 없는 성격을 가지고 있다. 범위가 크고 몽상가이며 언제나 모험과 낭만을 동경한다. 또 담백하고 소소한 것에 사로 잡히지 않는 대인적 풍격을 느끼게 한다.

이 辰년생은 평소에 대단히 게으르다. 그러나 무엇을 저지를지 모르는 듯한 대담한 호기와 열과 패기로 일에 임한다. 그래서 한 번 시작하면 누가하는 특징은 여지없이 발휘된다. 특히 예술. 운동. 종교등 허구의 세계에 있어서 이 辰년생의 매력이 있다. 또한 몽상가적인 경향이 있는 이 辰년생은 어느 무엇을 위하여 열중할 때는 나무랄데 없는데 한 번 좌절 되었을 때에는 너무나도 간단히 미련을 버리고 손을 떼는 경향이 있다.

어느 통계에 의하면 「인간 증발」한 사람중 辰년생이 접하는 비율은 퍼다히 크다고 했다. 이와 같이 열중과 체념과의 사이를 크게 흔들리고 있는 것이 辰년생이라고 보는 것이다.

그 진폭이 크면 클수록 인간적으로는 대단히 매력적이라고 할수 있다. 그러므로 辰년생에게는 틀에 박힌 생활은 맞지 않는다. 자유분 방하고 자신의 기량과 개성을 시장 시킬수 있는 세계야 말로 이 辰년생에게는 필요한 것이다.

남자는 투쟁형인 것과 같이 여자도 여자로서의 범위를 넘어 표면에 나서는 경향이 강하다.

辰년생은 대단히 강한 운세를 가지고 있다. 아침햇살이 퍼지듯 좋은 입장에 섰으나 三十五세 후에는 성장전의 정체가 있어 이때까지 순조로 왔던만큼 타격도 크다. 그것을 넘어서야 한다.

애정면에서는 무-드에 약하다. 남녀 같이 만혼하는 경향이 있다. 본 운의 사람은 성품은 강직 활발한 기풍이 있으며 침착하고 심사숙고하며 선악을 판 단할줄 아는 사람이며 권위가 있으나 여자는 고독이 많다. 항상 고집만 주의 하면 길인의 운세이다.

수명은 七十六세이며 자손은 二자가 종신한다.

형제는 무덕하며 말년에 형제가 해로한다
직업은 어떠한 직업이라도 좋으나 불을 이용하는 업종은 삼가하는 것이 좋다
화재운이 있다

평 생 운

초년, 중년에는 부모의 덕을 많이 받는다. 말년은 많은 사람의 존경을 받는 운세
이나 사주에 상화살이 있는 사람은 초년에 조실 부모하고 고난을 겪는다
구년을 만나면 무직자는 직장을 구하고 사업가는 번창하는 길운이나 사주에
도화살이 있으면 불길한 운이다.
甲구년 三, 四월은 새로운 일이 시작되며 丙구년 五, 六월은 원행 및 여행
을 삼가하고 戊구년 九, 十월은 관청구설을 주의하라 庚구년 丑, 二월
은 화재를 주의하고 壬구년 十一월은 고통사고를 주의하라.
丑년을 만나면 매사 여의치 못하고 재정난으로 허덕인다.
乙丑년 三, 四월은 부부 이별운이니 언쟁을 주의하고 丁丑년 五, 二월은 동
업하지 말고 己丑년 五, 六월은 물가에 가지말고 辛丑년 十一, 十二월은

원행을 주의하고 癸丑년 九、十월은 자금 투자 하지 말라.

寅년을 만나면 이사를 하거나 새로 집을 짓는 운이다.
甲寅년 九、十월은 이사 하거나 새집을 짓는 운이고 丙寅년 九、十월로 구설을 듣고 물건으로 인하여 손해 보니 주의 하라 戊寅년 正、二월은 윗행 및 여행을 삼가하고 庚寅년 十一、十二월은 가정 불화를 주의하라 壬寅년 는 부부 이별 아니면 금전적으로 근심이 있으니 주의 하라.

卯년을 만나면 매사 신중히 처리 하면 평길 하다.
乙卯년 五、六월은 교통사고를 주의 하고 丁卯년 七、八월은 과·첨구설을 피하고 己卯년 正、二월은 친척간에 언쟁을 주의 하라 辛卯년 九、十월은 무서 관계로 손해 있으니 주의 하고 癸卯년 十一、十二월은 이사하면 모두 악운을 면하리라.

辰년을 만나면 남녀 둘 일하게 음양이 둔하는 풍파의 시기이다 미혼자는 결혼 하면 길하다
甲辰년 五、六월은 무서거래 주의 하고 丙辰년 七、八월은 고집으로 손해를 보며 戊辰년 正、二월은 여행하면 구설수 있으니 주의 하라 庚辰년 七、八월은

황제 아니면 승진 발전하는 운이고 수辰년 正,二월은 남의 말을 듣지 말라
巳년을 만나면 직업이나 직장을 변동하는 운이다.
乙巳년 正, 二월은 변동하지 말고 丁巳년 九,十월은 직장 및 사업관계로 근심
하게 되나 참을성 있게 노력하면 성사가 되리라 己巳년 正,二월은 원행 및
여행을 하지 말고 辛巳년 三,四월은 자금투자는 하지 말라. 癸巳년 五, 六월
은 주정간으로 근심이 있겠으나 참을성 있게 극복하면 수립하리라.
午년을 만나면 사업관 및 집안에 특파가 심하니 예방비법에서 재수 머물무
적을 사용하여 예방하라.
甲午년 三,四월은 원행 및 이사주의 하고 丙午년 五,六월은 여행한 어려움이
다치더라도 실망하지 말고 끈기 있게 노력하면 소망이 달성되리라. 戊午년
七,八월은 소송 및 관청구설 주의하고 壬午년 四,五월은 부모 근심 아니면
몸을 다치고 주의 하라 庚午년 九 十월에는 직업변동수 있다
未년을 만나면 미혼자는 결혼 하고 재물이 축적되는 길운이다
乙未년 三,四월은 고통사고 주의하고 丁未년 五, 六월은 남의 말을 믿지 말고

-203-

己未년 九, 十월은 문서계약 및 언쟁을 주의하라 후未년 七, 八월은 관재와 소송을 주의하고 癸未년 五, 六월은 자녀 근심이 아니면 집안에 질병이 있으리라.

申년을 만나면 윗행하는 운이로 해외여행할 운이다. 혹은 이사도 하리라 甲申년 三, 四월은 이사하면 길하고 丙申년 五, 六월은 재전간(財錢間)으로 괴로움을 하리라 庚申년 九, 十월은 말이로는남 고 뒤로는 손해보는 운이고 壬申년 五, 二월은 관청구설을 주의하라

酉년을 만나면 어려운 일이 자주 부딪친다 그러나 그때마다 협조자가 있어서 난관 극복하는 운이다.

乙酉년 三, 四월은 두 지적인 사업은 하지말고 丁酉년 五, 六월 문서거래 주의하고 己酉년 七, 八월은 고집으로 큰언쟁이 있겠으니 주의하라 辛酉년 七, 八월은 수표나 어음거래를 주의 하고 癸酉년 五, 六월은 문서계약을 주의하라

戌년을 만나면 질병과 구설이 침범하니 침착하게 만사를 극복하라.
甲戌년 三, 四월은 상가집과 병문안을 삼가하고 丙戌년 五, 六월은 여행 및 원행

을 주의하고 戊戌년 七, 八월은 소송 및 구설을 주의하라 庚戌년 正, 二월은 횡액수 있으니 주의하고 壬戌년 七, 八월은 자녀의 근심 아니면 질병으로 고생하리라

亥년을 만나면 매사 전체되어 있는 산패이니 참음을 섬었고 끈기있게 노력하면 길하다 乙亥년 三, 四월은 새로운 일을 시작하면 희망이 있다 丁亥년 九, 十월은 문서계약을 주의하고 己亥년 五, 六월은 물을 조심하라 辛亥년 正, 二월은 화재를 주의하고 癸亥년 十一, 十二월은 여행을 삼가하라

제六운세 金玉滿堂格

제 十八 운 잠용출해격 (潛龍出海格)

한시 공부하고 연구하면서도 행동적인 견실한 행동파이다. 전년인 41년의 영향을 아직 강하게 받고 있기 때문에 침착성까지 겸비되어 중후한 성격을 가지고 있다. 무엇이든 노력을 아끼지 않는 우세는 원래 견실성이 있기 때문에 진도가 늦은 감이 있으나 임신 출세 면에도 노력을 아끼지 않는 까닭에 착실하게 꽃을 피운다.

단지 젊어서 너무 세강(勢强)하면 중년이후에 일시 침체에 빠지는 수가 있다.

여성은 부도(婦道)에 열성이나 반면에 사고 방식은 합리적이다. 생활력이 강한 가정적 남성의 복이 있으나 너무 일로만 앞세우면 충돌할 염려가 있다. 그래도 뒤가 없이 낮에 충돌하면 밤에는 타협하려 한다.

명랑 친절하고 대인관계가 부드럽고 싫어하는 사람이 없다. 집회같은데 누 자진봉사하며 지도력이 있다.

또 소박하고 양성적이 성격이나 자유분방하며 성급하고 거침새가 없는 것이 결점이다.

여성도 화려한 것을 좋아하며 영감하고 개척정신이 왕성하다. 그러나 이성에 관한 문제에서는 심약하며 내성적이다.

특히 경제관념이 발달하여 구두쇠적 기질이 있다. 또한 투기심도 강하며 학교를 가는데 전공과목을 택하는 것도 상경학을 택한다. 오직 사업과 돈 버는데만 몰두한다. 구차한 살림을 싫어하는 여성에게는 최적의 남편감이다.

초년에 부모의 덕이 없어 조실부모 하지 않으면 일찍 고향을 떠날 운이다.

三세 죠세에 죽을고비를 넘기나 三五세를 지나 중년이 되면 자수성공하여 풍차는 간혹 있으나 말년에는 복과 귀를 겸한다. 그러나 사주와 성명이 부합 되지 않을 경우에는 말년에 많은 고생을 하기도 한다. (성명의 길흉은 추송학 저서 성명학비법을 참고 하시앙)

수명은 七十 산수 하겠으며 아들은. 四.죠형제 운이다.

형제운은 三형제가 되지만, 형제만 해로할 것이다.

-209-

직업은 상업, 공업, 건축, 섬유류 업이 길하다
건강은 눈, 귀, 위장병을 주의하라.

평생 운

초년은 고독하고 중년은 고집으로 손해 보게 되며 말년은 재산이 많이 축적되며 만사 순탄 하리라
구년을 만나면 매사 길운이나 특히 신규사업을 시작하면 수조롭게 성공한다
甲구년 三, 四월은 새로 시작하면 길하고 丙子년 五, 六월은 횡액수 있으니 물가에 가지 말고 戊구년 九, 十월은 승진, 합격, 재운 모두 길하다 庚子년 표, 二월은 시험합격 승진등으로 기쁨이 있고 壬子년 十一, 十二월은 시험합격 사업시작 등 길운이다
표년을 만나면 사업운도 불길하고 관청구설과 몸다친 우이니 조심하라
乙표년 九, 十월은 원행하지 말라 몸다친다. 丁표년 표, 二월은 횡액수 주의하고 己표년 九, 十월은 욕심부리다 관청구설을 당한다 辛표년 五, 六월은 만사부진하니 주의하고 癸표년 七, 八월은 관청 구설을 주의 하라
축표년 五, 六월은 만사부진하니 주의하고 癸표년 七, 八월은 관청 구

寅년을 만나면 이사하지 않았으면 새집을 짓고 직업도 전환하는 운이다. 甲寅년 正, 二월은 집 이사하라 丙寅년 三, 四월은 이사를 하거나 새로 집을 지으면 길하다 戊寅년 十一, 十二월은 문서계약을 주의하고 庚寅년 五, 六월에 문서계약을 하는 것은 사기 당한다 壬寅년 七, 八월은 관재구설 및 질병을 주의하라

卯년을 만나면 재수가 왕성하나 의외의 손재도 있겠다 乙卯년 五, 六월은 믿었던 도끼에 발등 찍히는 격이니 모든사람을 경계하라 丁卯년 九, 十월은 재난, 여난, 병난 등을 당하는 운이니 여행비법 참조 미리 예방하라 己卯년 十一, 十二월은 원행 및 여행을 주의하라 辛卯년 正, 二월은 화재나 질병으로 고만하게 되고 癸卯년 七, 八월은 마음을 안정시키고 침착한 처세를 하라.

辰년을 만나면 어쟁이나 법적으로 매사를 처결하려 하면 자기의 과오를 자초한다 甲辰년 三, 四월은 문서계약 및 남을 믿고해야할 일은 하지말라 丙辰년 正, 二월은 이사하거나 직업을 변동하는 운이다 戊辰년 九, 十월은 부동산 계약

-211-

우두리를 하나 달롯계약운 손`해를 본다 庚辰년 五, 六월운 횡액수나 구설수 웟으니 주의하고 七, 八월운 수술을 하거나 질병으로 근심하리라 巳년을 만나면 만나는 사람마다 실패 하는 일마다 불길한 운이다
乙巳년 九,十월운 행운불길하니 선둘지 말고 丁巳년 九,十월운 남의 보증을 서지 말고 己巳년 五, 六월운 여행하지 말라, 질병 있다.
辛巳년 七, 八월운 타인이나 부부지간에 언쟁을 극히 조심하고 癸巳년 三, 四월운 부부 이별 아니면 질병으로 고생 하리라

午년을 만나면 이사하라 그렇지 않으면 가정불화로 편안치 못하다
甲午년은 고, 二월에 부동산 계약이 되어 이사하는 운이고 丙午년 三, 四월운 이사를 하거나 직업변동운이고 戊午년 九, 十월운 투기사업을 하면 실패하다 庚午년 고, 二월은 화재 및 구설을 주의하고 壬午년 五, 六월운 관둥사고를 주의 하라

未년을 만나면 남녀교제 주의하고 남의 일에 가담 하지 말라 구설이 있다 재운 도 불길 하니 도화살 부적을 몸에 지니고 다녀라

乙未년 三·四月은 남녀교제 주의하고 丁未년 五·六月은 관청구설을 주의하고 己未년 七·八月은 부부언쟁 및 남녀교제 주의하라 辛未년 五·二月은 도적 및 화재를 주의하고 癸未년 五·六月은 고통사고를 주의하라
申년을 만나면 미혼자는 결혼하며 기혼자는 이별하는 운이며 사업가는 새로운 일을 시작하는 길운이다.
甲申년 三·四月은 결혼하거나 새로운 일을 시작하는 운이며 丙申년 五·六月은 남을 믿다가 마음의 상처가 크겠고 戊申년 九·十月은 무서계약을 하거나 직장변동이 있으리라 庚申년 正·二月은 이사하거나 사업변동이 있겠고 壬申년 三·四月은 만사 길운이다.
酉년을 만나면 귀인이 있고 협조자가 있어 매사 순조롭다.
乙酉년 十·十二月은 화재와 손재를 주의하고 丁酉년 九·十月은 재정적이로 근심하게 되며 己酉년 五·六月은 이사하지 말라 辛酉년 七·八月은 고집을 주의하고 癸酉년 七·八月은 관행 구설과 질병을 주의하라
戌년을 만나면 언쟁과 소송을 주의하고 질병과 건강을 주의하라

甲戌년 쓰, 二월은 횡액을 주의하고 丙戌년 七,八월은 정씨,최씨들 경계하라 사기 당하리다 戊戌년 九,十월은 외출하면 구설을 듣는다 庚戌년 五,六월은 낙상이나 구설을 조심하고 壬戌년 五,六월은 질병으로 고생하거나 수술을 할 운이다.

亥년을 만나면 매사 부진한 운이나 정열을 기우리면 순조로우리라

乙亥년은 쓰, 二월은 금전거래를 조심하고 丁亥년 十一,十二월은 화재 및 회액수 왔으니 주의하고 己亥년 三,四월은 동업이나 새로운 일은 시작하지 말라 辛亥년 九,十월은 부동산 매매는 하지 말라 癸亥년 三,四월은 새로운 일은 시작은 불길하고 결혼은 길하다.

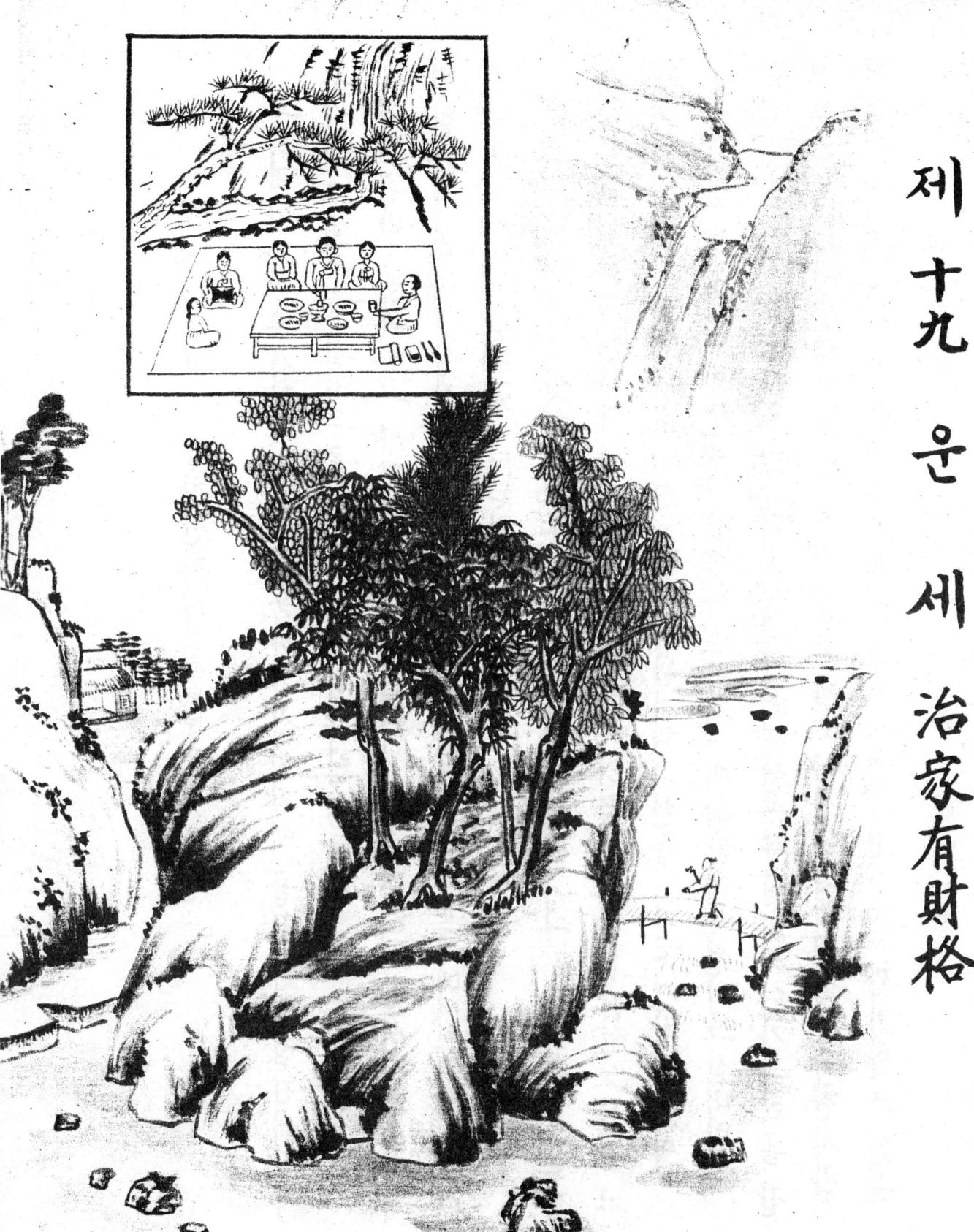

제 十九 운세 治家有財格

제 十九 운   군창신화격(君唱臣和格)

추리력이 강하고 세계에 앉아 조용히 자기 생각에 골몰하며 발전해감과 동시에 그 이론을 실지로 응용해 보려는 적극성이 있다. 남녀 공히 온화하고 나쳐주이며 친절하다. 이웃의 여자는 이지적이며 새침한 감이 있으나 실지로 대화를 나누면 보기보다는 탁 트인 데가 있다. 그러면서도 어디인지 모르게 다정한 데가 있다.

이웃의 남자는 진실하면서도 치군치군하며 여성적이다. 한편으로는 정력적으로 일하며 남자의 세계에서는 일보다도 양보치 않는 용감성도 있는 사람이다. 일단 여성을 대하면 완전히 남자의 이성을 잃는 경향이 있다. 고독하고 내향성이며 섬세한 신경의 소유자. 대화중에도 절대로 상대방의 눈을 바라보지 않는 형. 버스나 전철같은 데에서도 우물거리다가 자리를 잡지 못하는. 다시 말해서 자신을 내세우고 뻗고 나가는 면에서는 부족한 사람 적업도 대인관계가 별로 없는 홀로 자신의 재능을 신장하고 발휘할 수 있는

업종이 좋다

여성은 도회적이면서 외모따로 활발하고 언행도 수려한편, 그러면서도 어느극한 사항에서는 남자를 뺨칠 정도의 용감성과 과감성을 발휘하다. 결코 남자에 뒷전하는 형은 아니다.

초년 1, 2세에 죽을 고비를 지나며 10조세때 고등사고 횡액수를 주의하라 38세부터 이름을 날리며 많은 부하를 거느리는 두령격 운세이다. 48세에 직업의 전환운이 오며 50세 이후에는 평탄하리라. 수명은 80 상수하며 자손은 2, 3자를 두고 형제는 4, 5형제의 운이나 고독한 편이며 직업은 군인, 경찰, 법관, 기자, 건축기사등이 길하고 의사 철학, 우편등도 괜찮하다.

평생 운

초년은 자주 질병으로 고생을 하다가 중년부터 건강이 회복되어 재산과 명예가 사방에 떨치고 말년에는 부귀 공명하리라

子년을 만나면 키인도 있고 농업자도 생기나 남을 너무 믿지 않다가 손해 보리라 甲子년 교, 二월은 키인이 생긴다 그러나 그사람을 어떻게 대하느냐에 따라서 길흉이 판명 되리라 丙子년 七, 八월은 과액 및 소송을 주의 하고 戊子년 五, 六월은 매사를 신중히 처리하고 庚子년 七, 八월은 도적 및 화재를 주의 하라 壬子년 五, 六월은 회액수 있으니 여행을 주의 하라

표년을 만나면 하는 일이 중단되며 수술을 하거나 질병으로 고생한다 한편 생남할 운이기도 하다

乙표년 三, 五월은 매사에서 성공하고 시험에서 합격 되는 길운 丁표년 五, 六월은 많은 사람 앞에서 만신당할 운이고 己표년 九, 十월은 지나친 욕심으로 물건을 사들이게 되면 손해 보리라 辛표년 五, 六월은 원행 및 여행을 주의 하고 癸표년 十一, 十二월은 화재와 도적을 주의 하라

寅년을 만나면 이사하지 않으면 집을 수리하고 사업전을 이전 하는등 변동의 운 甲寅년 九, 十월은 이사를 하는 등 변동이 있는 운이며 丙寅년 三, 四월은 부모근심 아니면 부부의 이사하거나 사업변동을 하면 길하고 戊寅년 三, 四월은 운

질병으로 고생하리라 庚寅년 九, 十월은 문서계약 주의하고 壬寅년 七, 八월은 고등사고 및 횡액수 있으니 주의하라

卯년을 만나면 재운과 건강운이 길하나 좀더 꾸준한 노력을 요한다 乙卯년 正, 二월은 원행 및 여행을 삼가하라 관형구설이 있다 丁卯년 九, 十월은 부동산계약으로 두리하다 己卯년 五, 六월은 집안에 병자가 발생하지 않으면 타인에게 많신 당할 운이다 辛卯년 七, 八월은 횡액수 있으니 여행을 삼가하고 癸卯년 正, 二월은 금전적으로 구설하지만 결과는 잘 풀릴 것이다.

辰년을 만나면 잘 알고 있는 일도 수간적으로 실수를 하여 실패하는 수이니 그러히 조심하고 매사에 대하면 순탄하리라 甲辰년 正, 二월은 웃사람이나 주위의 사람들의 충고를 잘 받아들여야 하고 丙辰년 五, 六월은 물을 조심하고 戊辰년 九, 十월은 남의 말을 믿고하는 일은 불안하다 경계하라 庚辰년 十一, 十二월은 이사하지 말라 질병이 침범하다 壬辰년 九, 十월은 문서계약은 하지 말라 손해보리라

巳년을 만나면 남과 원수를 사는 운인데 편인관계를 조심하고 구설 여정을

피하라 혹 몸이 아플수도 있다

乙巳년 九, 十월은 질병을 주의하고 丁巳년 五, 六월은 그저그저로 파격을 받겠고 己巳년 五, 六월은 건강이 좋지 못하여 몸을 보하여야면 고생하리라 후巳년 九, 十월은 소송 맞 언쟁을 주의하고 癸巳년 三, 四월은 집을 이사하면 매사 순탄하리라.

午년을 만나면 집이다 사업장을 옮기니 유이며 재운도 발길하니 욕심을 부리지 말라 甲午년 三, 四월은 이사하는 운이고 丙午년 五, 六월은 매사 불길하며 戊午년 十, 十二월은 괴롭고 단란하는 운이니 예방비법 참조 횡액부적으로 예방하라 庚午년 九, 十월은 부동산 매매는 손해를 보고 壬午년 三, 二월은 집안에 벗자가 있어 근심이 많으나 동쪽 의사를 찾아 의논 하면 기쁜 소식 들이리라

未년을 만나면 마음이 허황되게 동하는 것이 운이데 많은 일을 욕심부리지 말고 한가지 소망을 위해 전력을 다하는것이 현명할 것이다 乙未년 三, 四월은 지나친 욕심부리지 말라 丁未년 正, 二월은 남의 말을 듣지 말고 己未년 正, 二월은 화재를 주의하고 화재예방부적으로 예방하라

辛未년 七,八월은 회엑수 주의하고 癸未년 三,四월은 이사하면 길하리라.
申년을 만나면 귀인도 있고 마음의 자세도 바로 잡히며 용기가 생긴다
甲申년 正,二월은 신규사업이 길하고 丙申년 五,六월은 금전적인 수입이
있고 戊申년 九,十월은 질병으로 고생하거나 사기당하는 수이다 庚申년
조,六월은 여행및 남녀 교제 주의하고 壬申년 七,八월은 관청구설 및 건강
을 주의하라
酉년을 만나면 귀인을 만나고 사업도 번창하는 길운이다
乙酉년 五,六월은 관청구설을 피하고 丁酉년 正,二월은 화재를 주의하고 己酉년 三,
六월은 물가에 가지말라 辛酉년 十一,十二월은 도적 및 실물을 주의하고 癸酉년 三,
四월은 무서관계 보증을 서지말라 구설 있으리라
戌년을 만나면 몸 다치지 않으면 횡엑수 있으니 예방비법에서 관청구설 부적으
로 예방하라.
甲戌년 七,八월은 관청구설을 주의하고 丙戌년 五,六월은 교통사고를 주의
하고 戊戌년 九,十월은 사업실패 운이니 조심하라 庚戌년 正,二월은 여행

을 삼가하고 빛을 주심에 감사할 것이며 壬戌년 三、四월은 남을 믿다가 배신 혹은 사기를 당한다.

亥년을 만나면 재물이 들어 오는데 간 곳은 없으니 답답하기만 하다.
乙亥년 三、四월은 직업전환하지 말고 丁亥년 五、六월은 그믐과 겨울로 근심이 있겠고 己亥년 九、十월은 욕심부리다가 손해 보리라. 辛亥년 正二월은 무서계약을 주의하고 癸亥년 九、十월은 부동산관계 손대지 말라 손해 많으리라.

제二十운세 平生富貴格

제 二十 운 입해구주격(入海求珠格)

예민한 감수성과 부드러움을 간직한 반면 강열한 자아(自我)를 감추고 있다. 이 상반된 두개의 성격이 결합하는 가운데 자기계발에 도움이 되어 인격적으로도 사회적으로도 순조롭게 신장 된다. 잡다한 장해물 강력한 경쟁대상이 나타나도 무서운 근성과 분발로 난관을 돌파해 나간다. 여자는 내면의 강한 점이 외면으로도 나타나 굴곡이 심한 남자같은 용모를 갖는 사람이 있다. 남장이 잘 어울리고 같은 여성끼리 호감을 사게하는 형이나 남자에 대해서는 정상 그대로 완전한 여자 구실을 한다. 호방한 낭만도 있는 반면 면밀 섬세한 스케일이 크고 인간미가 풍부하다. 자신이 목적한 바가 무너져도 낙심치 않고 고통과 자신을 자제하며 시기를 기다려서 분기하는 형이다. 감정면에서는 기복이 심하고 남자는 애주가로 우연한 기회에 만난 이웃사람과도 호주머니를 털어가며 음주하는 형이다.

이 운의 남자는 자(子)년 7월생이나 묘년 4월생의 여성이 배필이며 여자는 상인한 정신력을 가진 戌년 1월생 남자가 좋은 배필이다.
직업은 특수한 기능직이 적당하다.
초년에 부모를 일찍 잃어버리는 운세이므로 매우 고독감을 지니고 있다. 그러나 사람의 고독은 능히 견딜 수 있는 특별한 인내심이 있으므로 꿋꿋하게 자수성공하여 중년이후부터 만남을 극복하고 부귀공명한다.
수명은 수상수하며 자녀는 3,4형제를 두며 형제운은 많은 형제가 있으나 배다른 형제도 있을 운이다. 또한 결의 형제를 맺어 덕을 보기도 한다.

평생 운

초년은 고독하고 복이 배다른 형제 있으며 중년은 자수성공하는데 파와 굴곡이 있으며 많은 사람을 거느리고 부귀공명을 하지만 자손 덕이 없는 사람도 있다.
구년을 만나면 재수 건하고 매사가 순탄하나 자기능력에 맞지 않으면 손을며 말라.

甲子년 정,이월은 인내로 현실을 극복하고 丙子년 九,十월은 이사하면 길하고 戊子년 五,六월은 금전관계로 근심이 있다 庚子년 九,十월은 소송 및 남녀교제를 주의하고 壬子년 五,六월은 원행하면 몸다친다.

丑년을 만나면 하던일도 중단되고 건강도 쇠퇴하며 신왕도 따라하는 별길한 운이니 매사 신중을 기하라

乙丑년 五,六월은 사기를 주의하고 丁丑년 九,十월은 소송을 주의하고 己丑년 三,四월은 신액을 주의하라 辛丑년 정,이월은 원행을 하지말고 癸丑년 七,八월은 남과 동업하지 말라

寅년을 만나면 원행을 하던지 이사를 하라 매사변동수가 있다 삼재가 들었으면 삼전무적을 사용하여 예방하라.

甲寅년 三,四월은 적업변동을 하라 丙寅년 五,六월은 언쟁 및 구설을 피하고 戊寅년 九,十월은 물건을 사면 길하나 팔면 손해를 본다 庚寅년 정,이월은 화재로 壬寅년 정,이월은 자손 근심 아니면 질병으로 고생하고

주의하라

卯년을 만나면 재운 건강운 평길하다

乙卯년 正、二월은 신구사업에 손대지 말고 丁卯년 五、六월은 원행이나 이사하지 말고 己卯년 九、十월은 손재수 있다 辛卯년 十一、十二월은 질병을 주의하고 癸卯년 五、六월은 물가에 가지말라.

辰년을 만나면 귀인이 왔다가 해치고 가는 운이니 일희일비(一喜一悲)라 하겠다 甲辰년 三、四월은 동업하지 말고 丙辰년 九、十월은 직업변동하며 길하고 戊辰년 五、六월은 이내로서 구설하라 庚辰년 十一、十二월은 관쟁구설이나 여잔을주의하고 壬辰년 三、四월은 원행하지 말라

巳년을 만나면 부부 이별 아니면 남녀교제관계로 원주 사게되니 주의하라 乙巳년 正、二월은 문서계약으로 손해 있으니 주의하고 丁巳년 九、十월은 문서계약 주의하고 己巳년 正、六월은 남녀교제로 구설있으니 주의하라 辛巳년 표、十二월은 화재와 도적을 주의하라 癸巳년 二월은 화재를 주의하고

午년을 만나면 외국이로 이민을 가거나 여행할 운이며 혹 집을 이사할 운이다.

甲午년 三·四月은 이사 하거나 원행할 운이고 丙午년 十一·十二月은 원행하면 교통사고 염려 있고 戊午년 七·八月은 관권구설을 주의하라 庚午년 三·四月은 남을 믿으면 사기 당하기 쉽다 壬午년 正·二月은 집안언쟁 및 구설을 주의하라
未년을 만나면 평탄하게 지내는 운이다 그러나 자기 역량을 헤아려 매사에 임하라 乙未년 五·六月은 친우를 경계하라 丁未년 五·六月은 물가에 가지 말고 己未년 九·十月은 문서계약을 주의하라 辛未년 五·六月은 원행을 하지 말고
癸巳년 七·八月은 소송 및 언쟁을 주의하라
申년을 만나면 단독으로 하던 일이 동업으로 확장되는 운이다 甲申년 正·二月은 투기사업이나 욕심을 부린 것은 손해를 보며 丙申년 五·六月은 문서계약에 신중을 기하고 戊申년 九·十月은 가정을 이사하며 김하다 庚申년 正·二月은 교통사고 및 관천구설을 주의하고 壬申년 七·八月은 집부리면 손해 보리라
酉년을 만나면 미혼자는 결혼 하며 사업가는 신규사업을 착하는 운이다 乙酉년 正·二月은 명예가 발전되고 丁酉년 三·四月은 새로운 일을 시작 하는 운이고

己酉년 十·十二월은 집안에서 집을나가는 사람이 없으면 본인이 집을나가게 되리라

戌년을 만나면 수술하지 않을이면 가지말고 癸酉년 九·十월은 관청구설을 주의하라

辛酉년 五·六월은 말가에 가지말고 癸酉년 九·十월은 관청구설을 주의하라

甲戌년 五·六월은 관청구설 주의하라 丙戌년 正·二월은 질병을 주의하고 戊戌년

十·十一월은 소송을 하거나 수술하는 운이다 庚戌년 五·六월은 자손이나 부모중

이별하는 운이고 壬戌년 七·八월은 윗행하면 고등사고 당한다

亥년을 만나면 매사 신중하라 정운은 없으되 부실히 노력하면 평탄하리라

乙亥년 三·四월은 남의 말을 듣지말라 丁亥년 五·六월은 윗행을 삼가하고 己亥

년 正·二월은 실병을 주의하라 辛亥년 十一·十二월은 도적 및 화재를 주의

하고 癸亥년 五·六월은 교통사고를 주의하라

저 구름은 서 科星之運

제 二十一운 과성지운 (科星之運)

구약성서에 아담과 이브에게 지혜의 사과를 주고 인류에게 번영과 전목의 길을 터 준 가교 역할을 한것이 뱀이다. 그러므로 뱀은 크나큰 「사랑의 가교」라고 할수 있다. 이와같이 본 二十一운 출생자는 밝고 온화한 성격을 가지고 있으며 정신적인 활동에 안정감을 준다. 또한 지적인 직종에 종사하는 사람이 많으며 비범한 재능을 가지고 대담하고 폭넓게 모든 일에 임하며 시작된 일은 최후까지 종결을 짓는 두 정적이고 과단성이 있으며 불굴의 정신력과 유연성을 겸비한 성격의 소유자이다.

표면은 의외에도 침착하고 냉정한 감을 주나 바탕이 온화한 부한 감정면이 엿보이는 것도 사실이다.

회사에 갓 들어와서 불안감에 사로잡힌 신입사원에게 그런면을 알고 위로해 주는 따스한 면이 있어 후배들에게 인기가 있고 신뢰감을 준다 여성이면 사과실이 왔어서 어디를 가나 무의비한 존재는 되지 않는다. 본 二十一年생에게는 뱀같이 징그럽다는 속담이 있다. 징그럽다는 것은 겉으로 보아서 그렇다는 것보다 집념스럽다는 뜻을 가지고 있다. 목적을 위한 면에는 좀 집념스러움이 타인의 추종을 불허하는 면이 있다. 우세는 검지형으로 대다한 집념과 정열로 가정을 돌보는 것이 만년에는 증호하다.

특히 성격은 온화하고 지혜로우며 사교성이 많은 고상한 성품인데 친우간에 호평을 받으나 질투심 강하고 내면으로 강직하다. 또한 호색가이며 용감하고 친절하며 정서적이다.

결혼은 남녀 공히 酉·표년생이 길하며 戌년생을 맞는 것은 흉하다. 직업은 공무원·예술방면·의사등이 인정한 사업이며 투기성 있는 사업은 피하는 것이 좋겠다.

자손운은 二·三형제를 두겠으며 자식덕을 보겠으며 출세하는 아들도 있다.

형제는 四.五형제 이나 중간에 이별 혹은 사별하고 고독한 운이며, 수명은 七.六세 상수 하리라.

초년 三.四세에 죽을 고비를 넘기고 十二.三세에는 물을 조심해야 한다 二十八세 이후부터 성공운이 트이며 四十세 전후해서 편지사고 하고 四十五세 이후에는 많은 사람들로부터 추앙을 받는다

구년을 만나면 즐거운 일이 집안에 들어오지만 사람을 대하는 방법을 착하게 대하여야 찾아오는 복을 받을 것이다

甲子년 조. 十一월은 이름을 날리며 둘째하는 운이며 丙子년 三.四월은 도난과 화재를 주의하고 戊子년 十一월은 화재와 병액을 주의하고 庚子년 正二월은 귀인을 만나며 길한 운이고 壬子년 九.十월은 재수 없으리라.

표년을 만나면 순재와 실수를 당하니 주의하라 乙표년 十월은 출행을 주의하고 丁표년 十二월은 밤길을 주의 己표년 八월은 재수 대통 후표년 六월은 만사 대형하며 癸표년 十一.十二월은 남녀고

재를 주의하라

寅년을 만나면 관재 구설을 주의하라.
甲寅년 正,二월은 허욕을 부리지 말고 丙寅년 五,六월은 교통사고를 주의
戊寅년 七,八월은 화재를 주의 庚寅년 十一,十二월은 횡재수가 있으며 壬寅
년 六월은 물가에 가지말라.

卯년을 만나면 급히 뛰고는 웃지만 도망칠 수는 없다.
乙卯년은 五,六월이 재수 대흉하며 丁卯년은 正,二월에 관재를 주의하며
己卯년은 七,八이 대길하며 辛卯년은 十一월에 횡액을 주의 癸卯년 十二월에
는 출행하지 말라.

辰년을 만나면 언쟁이나 소송등의 마찰을 피하라.
甲辰년 十一월은 송사에 주의 丙辰년 正,二월은 부부간에 언쟁을 주의 하고
戊辰년 三,四월에는 도적을 주의 庚辰년 七,八월에 화재와 교통사고를 주의
壬辰년 六월은 물가에 가지말것.

巳년을 만나면 농업이나 결혼식을 하지말라. 장차 풍파와 이별수가 있다.

-235-

乙巳년을 만나면 三,四月에 자손으로 인하여 근심이 있겠고 丁巳년 七,八月은 고집을 부리다가 형무소에 갈 운이며 己巳년 六,七月에 해수욕을 삼가하라. 辛巳년 十一,十二月에는 교통사고를 주의하고 추口년 二月에는 부모로 인한 근심이 있겠고 癸巳년에는 만사를 근신하라

午년을 만나면 매사에 불길하리라.
甲午년 正,二月은 사기를 당할 운이니 주의하고 丙午년 五月은 간통사건 등에 주의하라 수산직인 실수로 당하기 쉽다. 戊午년 十一,十二月은 여행하는 것에 주의하라. 교통사고의 위험이 있다. 庚午년 七,八月은 질병을 주의하고 壬午년은 사기를 당할 운이니 주의하라

未년을 만나면 집안에 틈파기 오기 쉬우니 각별한 주의를 요한다
乙未년 三,四月은 부부간의 언쟁을 주의하고 丁未년 正,二月은 원행을 하지말고 도적을 주의하라 己未년 七,八月은 물가에 가지말라. 辛未년 五,六月은 모든일이 잘되지 않는 불길한 운이고 癸未년 十二月에는 화재수가 있으니 주의하라

申년을 만나면 남자는 여자를 주의 하라、
甲申년은 만사 순란하나 三、四월에 남녀교재로 사기를당하니 주의하고 丙申년 七、八월은 모든일을 고집으로하면 손해를 보며 戊申년 九、十월은 남의 말을 듣지 말라. 庚申년 十一、十二월은 관청 구설을 주의하고 壬申년 五、六월은 여행 및 승선、승차등 불길하다、
酉년을 만나면 재산이 축재되는 걸운이다.
乙酉년 三월은 귀인을 만나며 丁酉년 五、六월은 물과 불을 조심하라、己酉년 七、八월은 만사 대흉하며 辛酉년 十一、十二월은 도적과 사기를 주의하고 癸酉년 三월、六월은 자녀가의 질병으로 근심하리라、
戌년을 만나면 적동을 변동하지 말라 실패 한다、
甲戌년 三월은 매사에 구시(?)할것、丙戌년 五、六월은 원행을 하거나 차타는것을 삼가하고 戊戌년 九、十월에는 투기 사업에 소대지 않는 것이 좋다、庚戌년 八월은 언행에 주의하고 구戌년은 매사 불길하니 구시하라、

亥년을 만나면 이사를 하거나 직업변동이 있다.
乙亥년 三、四월은 이사할 운이다. 丁亥년 九、十월에 직업변동을 하거나 큰 실패를 하리라. 己亥년 五、六월은 원행하지 말고 辛亥년 十一、十二월은 매사 주의하라 실패를 한다. 癸亥년 正월은 도적과 화재를 주의하라.

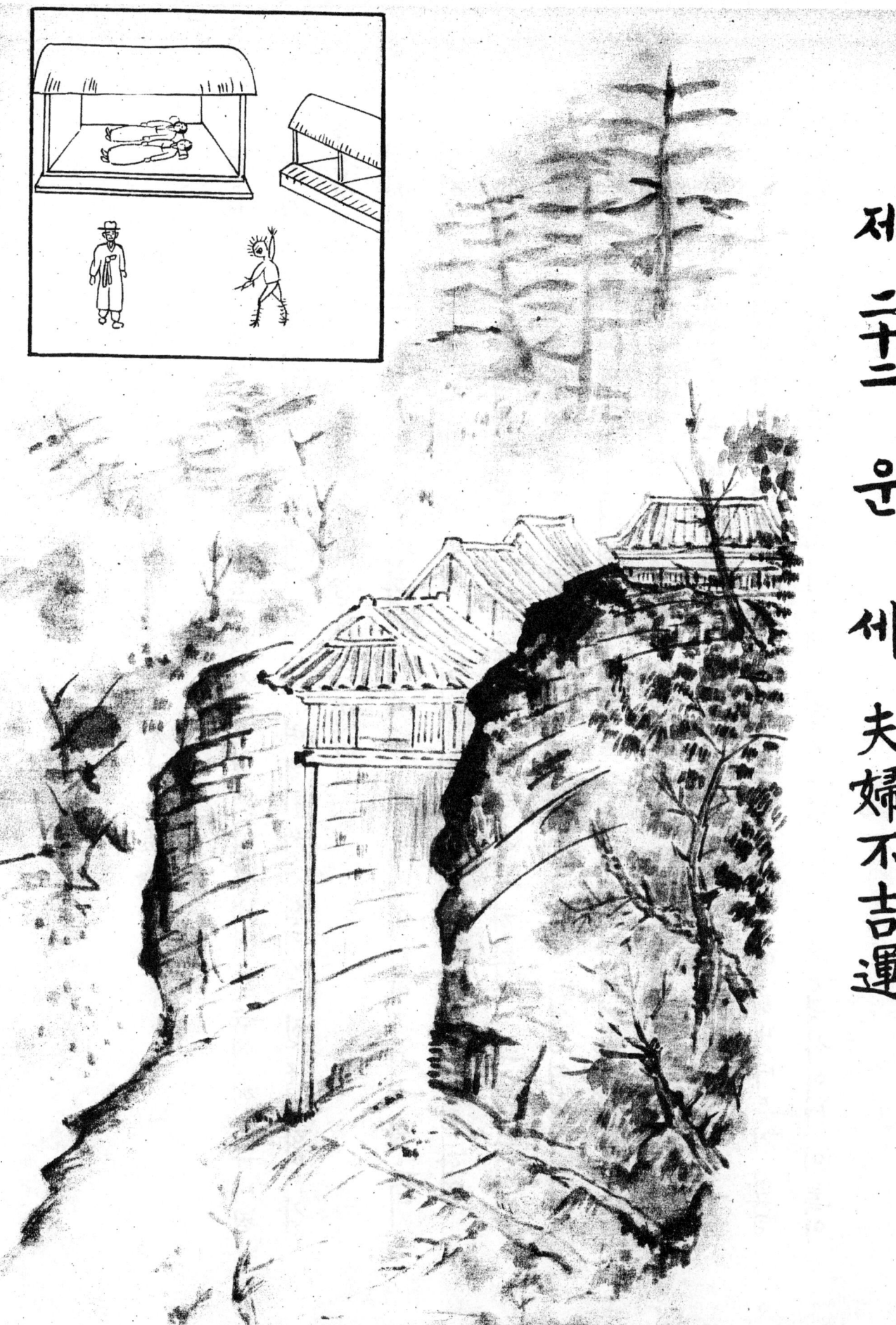

제二十三 운세 夫婦不吉運

제 二十二운 유재무익격 (有才無益格)

열(熱)하기 쉽고 냉(冷)하기 쉬운 성격, 일에 열중하여 단숨에 해치우나 실증을 잘 내고 쉬 기분에 좌우되기 쉽다. 변하기 쉬운 성격을 잘 조정하면 감투심이 있어 三十세 전에 두각을 나타낸다.

경제적으로는 중류정도의 생활은 할수 있으나 재산이 남아돌지는 않는다. 남성은 가정에서도 제멋대로다. 그러나 외부생활에서는 부단히 노력하여 가정경제를 윤택하게 하려하니 좋은 가정을 이룩한다. 그러므로 가정에서 마음 편하게 모성애를 발휘할 여성을 원한다. 巳년 三월생여자가 적격, 여성은 결혼후에도 자신의 취미와 욕망을 살리고저 하나 그것을 허락할수 있는 경제력과 관대함을 지닌 寅년 四월생이나 亥년 一월생 남자가 좋다.

더욱이 부운생에게는 때로 특이한 재능을 가진 사람이 있다. 외국어들(주로 동양에 와서 하다 두가 억다외 수를 암산으로 수초동안에 해버리다 두가 앞날을 예언하다 두가 등등 보통사람에게는 없는 능력, 소위 초능력자이나, 이들이 일동안에 완성하다 두가 억다외 수를 암산으로 수초동안에 해버리다 두가 앞날한 능력도 실연이나 결혼이나 고통사고 같은 것으로 감소되는 수가 있다. 현명한 판단력 빠르고 민속한 행동을 취할 수 있는 사람. 한가지 일에 집착하는 맛이 없고 명랑하고 친절감에 넘쳐 있다. 특히 미소짓는 얼굴은 모든 사람이 끌려들지 않을 수 없다. 이성으로부터 인기가 있고 조혼을 하거나 만혼을 하는 양극단으로 나누어 진다. 학생결혼을 하는 수도 많다. 결점은 침착성이 결여되어 약간 경솔한 감이 있다. 또한 낭비가 심하여 가계에 압박을 주는 수가 있다.

본운의 여자는 비교적 사치스럽고 행동파이다. 그러므로 경계해야 할 사람은 생활력이 약하고 의뢰심이 강한 남자이다. 이러한 남자와 결혼을 하면 평생을 두고 두통거리가 된다.

직업은 상업 혹은 공업이 적당하며 특기사업도 좋으며 자수성공하는 운이므로 동업도 적합하다.

자녀는 二남 二녀를 둘 운이며 자식에 대한 사랑은 남달리 세심하며 덕도 있다. 형제운은 고독하며 있다 하여도 이복형제의 운이다.

-241-

수명은 어릴때 五세미만에 죽을 고비를 넘겼으므로 명을 이어서 八十 상수 하겠다.

평생 운

초년 十五세 내외에 부모이별 아니면 부모중에 질병으로 근심할 운이며 二十세 전후하여 고향을 떠나 자수 성공할 운이다. 四十세 이후부터는 만사 순조 로우며 재산도 중류이산으로 향락한 여생을 보낸다.
구년을 만나면 뜻은 크나 되지 않으니 근심과 한탄으로 지내는 운이다.
甲子년 三, 四월은 남에게 사기당하는 일을 주의하고 丙子년은 키인은 없고 악인만 있으니 사람을 경계하라. 戊子년 五, 六월은 재수없으니 주의하고 庚子년 十一월은 화재와 도난을 주의 하라. 壬子년 九, 十월은 횡액을 주의 하라
표년을 만나면 키인도 있고 하는일도 순조롭다.
乙표년 三, 四월은 사기를 당하기 쉬우니 주의하고 丁표년 九월은 어떠한 물품이라 도 사고팔면 소해 보리라 (상인은 해당하지 않음) 己표년 十一, 十二월은 재수는 좋 은데 질병이나 자녀와 이별할 수가 있고 재산 소실도 있겠으며 辛표년 七, 八

월은 몸을 다치기 쉬우니 주의하고 癸표년은 둔엄하면 좋으리라.

寅년을 만나면 취음은 길하나 나중에는 흉하다.

甲寅년, 정월은 때는 되지 않았으니 허욕을 내는데 좀더 관찰하고 인내로 실정과 악을 하는데 세심해야 한다. 丙寅년 三,四月은 하는 일마다 신중롭지 못하니 힘껏 움직음을 삼가하라. 戊寅년 九월은 부동산 매매로 사기를 당하기 쉬우니 매매하지마라 庚寅년 十一月은 교통사고를 주의하고 壬寅년 十二月은 화재와 횡액수를 주의하라.

卯년을 만나면 이사를 하거나 여행을 하게 되는데 방위를 잘 보아 행하라 乙卯년 正,二月은 이사를 하거나 직장 혹은 직업에 변화가 있으리라. 丁卯년 五,六月은 사기를 당할 우이며 己卯년 十一,十二月은 여행이나 사업변동은 일체 하지 마라. 추卯년 九,十月에는 횡액을 당하거나 사업상 실패우이 있다. 癸卯년 五,六月은 물과 불을 조심하라

辰년을 만나면 소송 관액을 주의하고 丙辰년 七,八月에 소송을 피하라 甲辰년 五,六月에 관액을 주의하고

戊辰년 五·六월은 물과 불을 조심하고 庚辰년 十一·十二월은 화재를 주의 壬辰년 九·十월에도 교통사고나 불을 주의 하라

巳년을 만나면 평길한 운이나 허욕을 부리면 실패한다.

乙巳년 五·六월은 외출을 삼가하고 丁巳년 九·十월은 모든 계약 행위를 하지 말라 己巳년 十一·十二월은 병원에 가게 되리라 辛巳년 十월은 언쟁·소송을 피하라. 癸巳년 正·二월은 집안에 병자가 발생하리라.

午년을 만나면 남녀 교제관계로 언쟁, 송사, 이별등의 불길한 일들이 발생한다

甲午년 正·二월은 남녀 교제관계로 싸움이 일어나기 쉽고 丙午년 三·四월은 여행이나 출행을 금하고 戊午년 十一·十二월은 고통사고를 주의 하라. 庚午년 六·七월은 매사 불길하며 壬午년 九·十월은 언쟁 및 소송을 주의 하라

未년을 만나면 매사 불길한 운이다

乙未년 五·六월은 교통사고를 주의하고 丁未년 十二월은 원행·출타등 주의 己未년 十월은 적업변동을 하거나 이사를 할 운이나 불길하니 주의 하라 辛未년 正·二월은 만사 대흉이니 어떠한 일이라도 인내로서 극복할 것이며

癸未년 五·六月은 물과 불을 조심하라

申년을 만나면 키인이 도와서 새로운 일을 하게 된다 甲申년 표·二月은 사기 당하는 일에 주의하고 丙申년 十一月은 새로운 일을 시작하여 크게 성공하리라. 戊申년 五·六月은 원행을 하거나 이사하는 것을 삼가하고 庚申년 九·十月은 화재 관재를 주의 할것이며 壬申년 三·四月에는 사기당할 수이니 남의 꾐에 주의하라.

酉년을 만나면 키인이 도와 만사가 순탄하리라. 乙酉년 표·二月은 부부 이별 또는 손재 등 불운이 겹치며 丁酉년 五·六月은 남녀 교제 및 거래관계를 주의하고 己酉년 十一·十二月은 횡재를 하는가 했는데 결과는 손해를 보며 辛酉년 五·六月에는 매사 구신하는 것이 좋겠고 癸酉년 三·四月에 미혼 남녀는 결혼할 운이다.

戌년을 만나면 재수는 길하나 욕심은 금물이다. 甲戌년 三·四月은 병액을 조심하고 丙戌년 九·十月은 도적과 사기를 주의 戊戌년 五·六月은 해수욕이나 물가에 가지 말것. 庚戌년 十一·十二月은 고동사고, 화재를 주의하고, 辛戌년 표,二월에는 가족들의 질병으로 인하여 근심하겠다.

亥년을 만나면 손재, 이전, 이사등 불운이 겹친다.

乙亥년 三,四월은 직업, 직장의 변동이나 이사를 할 운이고 丁亥년 十월은 직장변동이나 이사할 운이다. 己亥년 十一,十二월은 도쩍 사기 횡액을 주의하고 辛亥년 표,二월에 가족들의 질병에 주의할 것이며 癸亥년 十一,十二월은 부부간에 사별 아니면 손재 수가 있다.

제 二 三 운 세 富貴功名格

제 二十三운 명고 금문격 (名高金門格)

주체의식이 강하면서도 주위환경에 자신을 융화시킬수 있는 유연성을 지닌 사람이다. 그러면서도 결백성과 섬세한 감각의 소유자이다. 일에 있어서는 표면에 나서지 않으나 내면으로는 핵심이 되는 존재, 무엇을 시켜도 계획성이 있고 면밀하다. 신뢰할수 있는 사람이다. 표면에 나서지 않는 반면 독립하려고 희망을 품으나 적극적 왕하시 새로운 것을 만들어 내는 직종이면 그 욕구가 해소된다.
여성은 배우자를 선택할때 신경이 예민한 사람은 피하는것이 좋다. 당신의 남편이 세세한 가정내의 여자의 영역까지 신경질이 나서 단번에 싫어지기 때문이다. (酉년)월생이나 寅년 十월생 남자가 좋다 남자는 내면에 숨어 있는 자기주장을 가정에서 내뱉는 면이 있으니 차분하고 매사에 말이 없는 내성적인 寅년 二월생 여성이 이상적인 배필이다 여러사람이 모이데서 명랑하면서도 혼자 있을때에는 내성적이다. 한가지 일에 열중한다는 성격의 이면성을 가지고 있다. 행동의 화려한 면에 비해 내면적인 것을 좋아하고 열중하는 반면 침착한 점등 매사 손재주의 출중한 점에 만심치 않으면 三十세 이후에는 이름을 떨치겠다.

본 두 三운생은 질투가 심하고 신경질적이다. 특히 남자는 그 경향이 심하고 자기애인이 버스 안에서 다른 남자의 어깨가 맞닿아도 그 부분을 털어버리는 점도, 그 세심한 점이 여자에게 돌려 사랑을 부채질하는 결과가 된다. 여자는 조숙한 맛이 있어 二十세면 벌써 남자들의 시선과 여자 최대의 목적인 남자의 관심을 끄는 것이라는 때원칙을 직관적으로 이해한다. 중매결혼보다는 연애결혼을 하여야 할것이며 단지 적어도 一년 이상의 교제기간을 가지고 연사상자들의 의견을 깊이 참작하여야 한다.

직업은 투기사업에서부터 안전한 사업에 이르기까지 모두가 무난하지만 인덕이 없으니 동업은 가급적 피하는 것이 좋을 것이다.

자녀는 三남매를 둘 운이나 불점에 행공하면 자손에 굿심도 없어지리라.

형제는 많다고 하여도 도신격이며 수명은 높은 신의 가호로 장수하는데 는

-249-

세를 주의하라
재산복은 말년에 열려 여생을 근심없이 지내리라

평생 운

초년 三, 四세에 죽을 고비를 넘겨 부모근심 많았고 七, 九세에도 몸에 흉터가 생기는 악운이다. 더욱이 높은산 큰 신(神)에 협조를 받지 않으면 수명이 길지 않을것이니 산신에 기도하고 부처님에게 은덕을 베풀고 많은 일을 하되 좋은 일을 하라. 초년 십세만 지나면 중년 四十세까지는 풍파가 있겠으나 四十三, 四세가 지나면 말년에 무량 대복을 누릴 것이다.
구년을 만나면 건강은 불길하고 하는 일이 순탄하지 않을것이니 인내로 쩐진하면 만사 수탄하리라.
甲子년 丘, 三월은 건강을 주의하고 丙子년 十一월은 화재나 도난을 즉의하라. 戊子년 五, 六월은 물가에 가지 말라. 庚子년 三, 四월은 남녀 교제를 주의하고 壬子년 九, 十월은 언쟁이나 소송을 주의하라.

표년을 만나면, 귀인의 도움으로 새로운 사업이나 직업을 선택하게 되리라.

乙표년 二、四월에 직업변동이 있으며 길운이다. 丁표년 十二월은 원행하지 말고 己표년 五、六월은 주색을 주의하라, 여자는 남의 말을 듣지 말라 사기 당하다. 辛표년 七、八월은 소송이나 수술할 운이니 미리 주의하라. 癸표년 五、六월에는 집안에 큰 근심이 있으니 예방비법(추송학 저서)에서 만사 대통부를 사용하라.

寅년을 만나면 건강운이나 자녀의 운으로 근심하기 쉬우니 주의하고 추송학 저서 예방비법 一三八페이지 부적과 유년보감 三三五페이지 부적을 작성하여 내실 북위에 안으로 붙혀 두라.

甲寅년 三、四월은 마음은 급조하지만 앞으로 하는 일이 잘 되지 않으니 인내로서 주의 깊게 진행하라. 丙寅년 九、十월은 문서 계약은 보류하고 戊寅년 三、四월은 집안에 병자가 있으니 삼정비법 잡귀부적을 사용하라. 庚寅년 十二월은 횡액수 있으니 원행을 하거나 차타는 것을 주의하고 壬寅년 十월은 가정별화나 언쟁을 주의하라.

卯년을 만나면 이사를 하거나 직장변동이 있으리라.

乙卯년 三,四月에 이사를 하거나 직장을 변동하면 산에 기도하라 크게 영험을 얻으리라 己卯년 六月은 가산을 탕진하기 쉬우니 부동산 매매를 하지마라 辛卯년 七,八月은 마사 불길하니 주의하고 癸卯년 十月은 도적과 부모로 인한 근심이 있다

辰년을 만나면 친척이나 친우간에 쉴로 다투는 운이니 주의하지 않으면 재산 손해가 있다
甲辰년 正,二月은 언쟁을 주의하고 丙辰년 九,十月은 도난등 불길하며 옥에 새로 사업을 시작하지 말라 戊辰년 十月은 어떠한 사람하고도 다투지 말고 원수 사지 말라 庚辰년 고집만 부리지 않으면 평탄하고 壬辰년 五,六월은 물을 조심하라、

巳년을 만나면 미혼자는 결혼하는 운이고 기혼자는 이별하는 운이다、
乙巳년 正,二月은 부부간에 언쟁을 주의하고 丁巳년에 회심이 된자는 회갑잔치를 하지 말것이며 己巳년은 매사 불결하니 근심하라 辛巳년 七、八월은 자녀들로 인하여 근심할 일이 있거나 부부간에 이별할 운이다

-252-

癸巳년 九,十월은 매매운이 없으니 매매행위는 하지 않는 것이 좋다. 관재 구설수가 있다.

午년을 만나면 남녀 교제를 삼가하라 가정파란이 있거나 손재 있으리라. 甲午년 三, 四월은 남녀 모두가 마음이 동하는 불길한 운이다. 마음의 안정을 기하라. 丙午년 五,六월에는 바닷가에 가지 말고 戊午년 九,十월은 사람사귀는 것을 원수같이 하라. 庚午년 十二월은 여행을 하거나 책지에서 잠을 자지말고 壬午년 十二월은 커인이 도우나 낮에는 아이가 되기 쉬우니 주의 할것이며 둥의 변동의 일이 있는 바빠 하여 될 것이다.

乙未년 三, 四월은 이사하고 丁未년 十一, 十二월은 외국여행이나 이민살 운이며 己未년 九,十월은 매사 불길하며 辛未년 七, 八월은 소송을 하지말고 癸未년 十一월은 도난과 금전 거래를 주의하라.

申년을 만나면 커인이 도와 매사 재수 순조로우리라. 丙申년 正, 二월은 원행이 甲申년 三, 四월은 커인이 도와 재수 대통하며

나 횡액을 주의 戊申년 九·十월은 매매거래상 손해보리라、庚申년 十월은 도적과 사기 당하는 것을 주의하고 壬申년 七·八월은 만사 불길하다· 酉년을 만나면, 합동, 합자, 주식 등의 투자로 새로운 일을 시작하라· 乙酉년 正·二월은 남의 말을 듣지 말라 손해를 본다· 己酉년 七·八월은 관재 구 설수가 있으니 소송을 피하라、辛酉년 十二월은 이사나 원행을 하지 말고 癸酉년은 만사 속단하라 三월만은 조심하라、丁酉년은 직업변동수 있다 戌년을 만나면 허욕과 고집을 버리면 만사 길하리라、 甲戌년 三·四월에는 동업을 주의하고 丙戌년 五·六월은 원행을 삼가 하며 戊戌년 九·十월은 부동산 매매를 삼가 하라、庚戌년 十一·十二월은 화재와 도난 을 주의하고 壬戌년 七·八월은 과음사고를 주의하라 亥년을 만나면 만사 불길하니 酉년·보감과 삼전·비법에서 모두 예방을 하라、 乙亥년 三·四월에 사기와 도적을 주의하고 丁亥년 五·六월은 원행을 주의하고 己 亥년 七·八월은 고집부리지 말고 辛亥년 十二월에는 차를 조심하고 癸亥년 九·十월은 원행이나 이사를 하는 것은 불길하다、

제 二十四 운 세 風流成相格

제 二十四 운 자수성가격(自手成家格)

초년에 부모의 덕이 있으는 사람도 있으나 오래 지속하지 못하며 자수성공한다. 팔자는 두령격의 운세를 가지고 있다. 동기생보다 二년은 앞서 승진한다. 부 장군이 될때까지는 무아지경에서 자기 소관업무에 충실하나 그 후에는 자신의 사업욕에 돌진하는 층과 그대로 중역 코-스를 밟는 층이 있다.

양편 모두 四十세 이후에는 기반을 닦고 재산을 모아 상류생활을 한다. 그러나 욕심이 지나쳐 주위의 눈에 거슬리고 반감을 사는 일이 있다. 그것에 굴하지 않고 자신의 실력을 쌓아올려 강인하게 밀고 나가야 한다. 간혹 두 여성사이에 끼여서 고민하는 사태가 발생할 수도 있다. 이럴때에는 보편적 상식에 따라 해결해야 할것이다.

남성은 상인한 취세를 하는 고로 그것을 감싸고 카-마 하며 교제를 원만히 처리해 나갈 수 있는 가정적 여성 즉 표년 八월생이나 묘년 十一월생 여자가 좋은 배필이다.

여성에게는 申년 四월생이나 酉년 四월생 남자가 좋은 배필이다. 연애결혼을 해도 젊어서는 경제적으로 유택하지 못해도 결혼 중년 후면 남편의 운이 열려 보람있는 인생을 향유한다. 특히 어깨가 굳고 혈액순환이 불수하고 병증이 있으니 외모나 정신적 면에서 유약하며 어른이 되지 못하는 사람이 본운의 남성중에는 산후에는 특히 몸을 조심해야 한다.

신입사원 당시 「저 사람은 알바이트하는 고교생아니야?」하는 취급을 받는다든가 대화시 경어사용이 엉망이라든가 하는 식으로 성인이 갖추어야 하는 것을 아직 못갖춘 사람이다. 그 어리숙한 것이 여성에게는 매력의 요소가 되는지 모르겠다. 三十세 후에는 본격적인 사회인이 되고 신용도 얻는다. 가정을 지니면 배우자에게는 아낌없이 애정을 경주하고 자식을 위해서도 열심이다.

금전면에는 과히 집착하는 맛이 없으나 이상하게도 금전복이 있다. 적업은 공무원이나 언론인, 혹은 자기 단독사업중 어느것이나 무난하다.

자손은 二자를 둘 운이며 이름을 떨치는 아들도 있고 덕이 있다.

형제운은 三, 四형제이나 서로 뜻은 상통하지 못하고 평탄하다.
수명은 혈압만 주의하면 八十상수 하다.
재산은 풍족하여 부귀를 겸하고 항상 많은 부하를 다스리는 운이다.

평생 운

초년 十세 이내에 한쪽 부모를 이별할 운이다. 그렇지 않으면 한쪽 부모가 들이 되든지 혹은 질병으로 죽을 고비를 겪는 운이며 三十세 전후해서 고생을 하나 四十五세 이후에는 자수성공하여 큰 부자나 높은 관직에 있게 되리라 말년은 부귀 공명하리라.
子년을 만나면 매사 불길한 운이다.
甲子년은 三, 四월이 재수 없으며 丙子년, 五, 六월이 흉하나 원행만 주의 하라, 戊子년 九, 十월은 도적 및 금전 거래를 주의하고 庚子년 三, 四월은 여행하지 마라 사기를 당하거나 소매치기를 당할 운이며 壬子년 九, 十월 은 고집을 부리지 말고 인내로써 극복하라.

표년을 만나면 미혼자는 결혼할 운이다

乙丑년은 재산을 많이 쌓으며 丁丑년 九·十월은 소송을 주의하고 己丑년 五·六월은 자녀 질병으로 근심하고 辛丑년 九·十월은 재산관리를 잘하고 癸丑년 六월은 만사 주의하라.

寅년을 만나면 사람마다 믿는 도끼 발찍힌다. 甲寅년 九·十월은 혜만 끼치니 어느 누구를 믿고 사느냐 말이가. 丙寅년 三·四월은 누구하고 도언쟁을 피하고 戊寅년 五월은 남녀 교제 주의하고 庚寅년 九월은 재수 대통하리라. 壬寅년 八월은 높은 곳에 오르지 마라.

卯년을 만나면 여행할 운이다

乙卯년 五·六월은 여행을 하되 물가에 가는 것은 피하고 丁卯년 三·四월은 이사할 운이다 己卯년 十二월은 출타하면 재수 있고 辛卯년 正二월은 부부간 질병을 주의하고 癸卯년 七·八월은 화재를 주의하라.

辰년을 만나면 관재 구설이 오기 쉬우며 수설을 받을 운이다. 추송하고 저서 유년보감 一九一페이지 북점과 여방비법 및 페이지의 부적을 작성하여 몸에

지녀 악운을 미리 예방하라,

甲辰년 三,四월에는 관재 구설수가 있고 丙辰년 五,六월은 횡액수가 있다 戊辰년 五월에는 물가에 가지말고 庚辰년 九,十월은 교통사고 화재수 있으며 壬辰년 十,十一월에도 교통사고를 주의하라、

巳년을 만나면 새로운 사업은 불길하다、

乙巳년 五,六월은 손재수 있으며 丁巳년 九,十월은 집안에서 도적이 생기 니 금전과 미리를 철저히 하고 己巳년 연중 재수있으나 점차 한 처신 을 요하며 辛巳년 七월은 자손으로 인한 근심이 있으며 癸巳년 十二월은 횡액수 있다.

午년을 만나면 사람이 아니라 동물 같은 사람만 만나게 되니 모든사람을 경계 하여야만 실패가 없다

甲午년 正,二월은 마음이 산란하나 이내하여야 길하리라、丙午년 五,六월 만사 불길하며 戊午년 十一월은 관록이 승하며 庚午년 七,八월은 재수가 없고 壬午년 九,十월은 어정을 피하라、

未년을 만나면 타향으로 철행하는 운이다.

乙未년 三,四월은 재산이 축재되며 丁未년 五,六월은 물과 불을 조심하고 己未년 九,十월에는 자녀로 인한 근심이 있으리라. 辛未년은 평탄하나 癸未년도 六월에는 사업실패 운이니 조심하라.

申년을 만나면 귀인이 도와 매사 순조로우리라.

甲申년 三,四월은 손재가 좀 있겠고 丙申년 七,八월은 교통사고를 주의하고 戊申년 十一월은 화재수 있으니 조심하라. 庚申년 七월은 병액으로 죽을 운이나 미리 유년보감 三三二페이지 부적을 사용하여 예방하라. 壬申년 五,六월은 재정난으로 근심하겠다.

酉년을 만나면 새사업 착수하여 성공하리라.

乙酉년 정,二월은 관재구설수가 있고 丁酉년 五,六월은 물가에 가지 말며 己酉년 三,四월은 남녀 교제를 삼가하고 辛酉년 八,九월은 소송을 피하고 癸酉년 十二월은 원행을 하지 말라.

戌년을 만나면 평길한 운이나 부수에 넘치는 일에는 미리 포기하는 것이 상책.

甲戌년 三,四월은 허황된 마음을 안정시키고, 丙戌년 五,六은 허욕을 버리고 戊戌년 九,十월은 근신하라 庚戌년 十월은 모든일을 슈리대로하며 壬戌년 七,八월은 부부 이별수가 있다
亥년을만나면 만사 불길하니 주의하라.
乙亥년, 五,六월은 송사가 있으니 주의하고 丁亥년 九,十월에 화재,도난,사기 당하기 쉽고 己亥년 七,八월 자녀 이별운이며 癸亥년 二,三월에 부부 이별 운이다

제二十五운세 大官名盛格

제二十五운 재명현달격(財名顯達格)

어려서 十四세에 광명이 비추는데 혹 조실부모하는 수도 있고 十六세 전후해서 질병으로 신체상 불구격으로 번뇌가 있기 쉽고 二十六세에 옛사람의 일로 눈물을 흘리기 쉬우며 성공하기도 하랴, 또 여자로 인한 재난도 주의하라 二十二세 三十八세 四五세 때 길운이며 이후로는 평탄하리라.

본운의 사람은 태양과 같이 밝고 명랑하면서 열이 있고 말과 같이 남보다 한발이라도 앞설려는 의욕과 야심에 불타며 항상 생명의 위험을 무릅쓰고라도 영광을 목표로 승리를 지상의 과제로 삼고 돌진하는 투쟁적 기질이다. 이러한 행동성과 양(陽)성을 가진 본운 생은 원래 음을 싫어하고 비밀을 간직하지 못하는 사람이다. 대외관계가 좋고 항시 흥금을 열어 놓고 대하는 까닭에 친우도 많다. 폭이 넓은 형이므로 실생활에서도 폭넓은 다양성을 충족시키려다 낭비가 많다. 이와 같이 일에 적극적인 사람이나 결점은 다양성을 매사 지구력, 즉 끈기가 부족한 까닭에 최후까지 책임감이 없는 것 같은 인상을 주어 손해를 본다. 그것은 체질적으로 다리가 선수와 같은 점이 있어 숨가쁘다 그러므로 젊어서 두각을 나타내어도 중도에서 좌절되고 시들어 버리는 위험성이 다분이 있다.

애정표현은 대단히 솔직해 이상이 좋다. 남자나 여자 모두가 결으로 보는데만 과민해서 신악을 구별하는 경향이 강하다. 또 체력이 왕성한 것도 특징이다 어째든 개우이 빨라 주조세 머머에 두각을 나타내나 그 시기에 기반을 확고히 해야할것이다. 그리고 매사에 열과 아울러서 인내심을 기르는것이 긴요하다. 그러한 결점만 보완되면 젊어서의 좋은 운을 그대로 유지할 수 있을 뿐더러 일단의 비약을 할수 있다

여성은 주조세까지는 자신의 장래를 뻥정히 속고하여 결정하여야 한다 본운생은 성품이 말과 같은 성격을 가지고 있다. 말은 항상 남의 앞에 가기를 좋아하며 뒤떨어지는 것을 아주 싫어하므로 항상 웃사람의 취세를 하며 급한 성격만 인내하면 인정 있고 친실한 사람이라고 불수 있다. 또 고체술이 능하며 투기사업을 좋아하며 여행하면 길한 운이다

결혼은 寅년생이나 戌년생이 길하며 구년생은 불길하다

직업은 목재상·면사업·양품점·토목업·인쇄업·건재상·질류상·군인 관리·정치가등 토목류업이 대길하다.

질병은 위장병·안질·열기병을 주의하고 남녀 공히 특히 유의할 사항은 직업을 선택할 때 화업 즉 불사업을 금하며 남자는 주색을 경계하지 않으면 살신(殺身)의 화를 입게 된다

자손운은 많이 생남할 운이나 의학의 힘으로 자손의 수를 억지하니 그 자는 특출할 것이고 재산의 복록은 부자의 소리는 들을 것이나 그 시기는 중년이후가 될것이고 수명은 七十三세가 고비이다.

평생 운

평생의 운명은 많은 사람들의 우두머리가 되는 좋은 운명이라 보겠다. 특히 여자는 초혼은 실패하는 사람도 있으나 대다수가 초년 중년 말년이 좋은 운이라고 본다.

구년을 만나면 부부이별및 가권풍파가 일어날 운이나 침착과 인내로 정진하다
면 점차로 수단을 되찾게 된다.
甲子년 三,四월은 소송이나 이별수를 주의하고 丙子년 九,十월은 관재수와
선강을 주의하라. 戊子년 五,六월은 사업운이 불길하고 庚子년 十二월은
원행하지 말라. 壬子년 七,八월은 횡액수가 있다.
丑년을 만나면 만사부진하여 근심으로 나날을 보낸운이나 추송하여서 예방
비법에 만사 대길부를 사용하면 악운이 점차 순조롭게 되리라.
乙丑년 五월은 소송을 주의하고 丁丑년 九,十월은 직업변동하지 말고 己丑년
十一,十二월은 화재와 남녀교제 주의하고 辛丑년 五,六월은 여행을 삼가하고
癸丑년 七,八월은 고집으로 인한 재산 손실을 당하기 쉽다.
寅년을 만나면 새로운일이 시작되는 번창의 운이나 유년에 따라 다르니 다음
사항들을 유념하라
甲寅년 三,四월은 새로운 일을 시작하지 말고 丙寅년 七,八월은 동업이나
남의 말을 믿지 말고 듣지도 말라. 戊寅년 九,十월은 횡재수가 있으나 마가

—267—

생겼다. 庚寅년 十一, 十二월은 원행이나 출행을 삼가하고 壬寅년 五, 六월은 자녀와 이별수가 있다.

卯년을 만나면 손재수 있으니 경거 망동하지 말라. 乙卯년 正二월은 도적과 사기를 주의하고 丁卯년 十二월은 이전이나 변동하지 말라. 己卯년 五, 六월은 남녀교제 및 부부 이별수 주의. 辛卯년 七, 八월은 소송, 도적 주의. 癸卯년 正, 二월은 마사대흉

辰년을 만나면 재수도 없지만 건강운이 좋지 않으니 주의하라. 甲辰년은 正, 二월은 화재수 있고 丙辰년 五, 六월은 물과 불을 주의하고, 戊辰년 十월은 관재 및 횡액을 주의하고. 庚辰년 三, 四월은 자손들의 질병으로 인하여 근심이 있고. 壬辰년 五, 六월에는 남녀 교제를 주의하라.

巳년을 만나면 허욕으로 인하여 패가망신할 수다. 乙巳년 三, 四월은 집안에 질병이 있거나 손재수가 있으며 丁巳년 五, 六월은 횡액수 낙상수가 있으니 주의하고 己巳년 九, 十월은 금전거래를 삼가하고 辛巳년 三, 四월에 교통사고를 주의. 癸巳년 十二월은 화재와 도적을 주의하라.

午년을 만나면 자기의 주장을 너무 살리려고 하는 욕심때문에 큰 실패와 모략 중상을 받게 되리라.

甲午년은 누구와도 언쟁을 조심하라, 丙午년은 五월이 불길하니 근신 하라 戊午년 十一, 十二월은 관재 및 건강에 주의하고 庚午년 三, 四월에는 새로운 일을 시작하지 마라 壬午년 五, 六에 수액을 극히 조심하라

未년을 만나면 귀인이 도와 사업이 잘 풀린다.

乙未년 正, 二월은 사기와 도적을 주의 하고 丁未년 三, 四월은 귀인이 도와 사업이 잘 풀려 재속 좋으나 남을 믿는 일은 하지 마라, 己未년 五, 六월은 자녀와 이별할 운이니 주의 하라 辛未년 九, 十월은 화재, 손재를 주의하고 癸未년 七, 八월은 동업이나 남의 말을 듣지 마라, 사기, 손해당하리라

申년을 만나면 재산이 줄든지 직업에 고난을 당하리라.

甲申년 正, 二월은 언쟁과 소송을 주의하고 丙申년 五, 六월은 물가에 가지말라 戊申년 七, 八월은 구설과 도적을 주의하고 庚申년 九, 十월은 화재 주의하고 壬申년 十一, 十二월은 출행을 삼가하라.

酉년을 만나면 남녀 교제 주의하고 재산 손해 주의하라、 乙酉년 三、四월은 들뜬 마음을 안정시키는 것이 급선무 으로 고생하고 己酉년 九、十월은 도적 및 사기 주의하고 수술하지 않으면 재산 손해 있으며 癸酉년 七、八월은 은 삼가하라.

戌년을 만나면 재수도 길하고 만사 순탄하지만 다음주의사항에 유의하라 甲戌년 五、二월은 잘 될 다는 말이 망하게 하는 것이니 남의 말을 듣지 마라 丙戌년 五、六월은 물가에 가지 말고 戊戌년 九、十월은 고집부리면 만사 실패하고 庚戌년 十一、十二월은 화재와 도적을 주의하라 壬戌년은 재산이 저즉되나 참착성을 잃지 마라、

亥년을 만나면 마음은 큰데 되는 일이 없으니 답답한 내심정을 누가 알아 줄 것인가 乙亥년 三、四월은 사업체를 이전하거나 집을 이사할 운이고 丁亥년 五、六 월은 만사 불길하니 근신하라、 己亥년 七、八월은 부부、부모 이별하는

운이며 丁亥년 十二월은 도적, 화재 주의하고 癸亥년 十월은 재산에 욕
심내면 횡사하리라.

제 二十六 운 세 富貴功名格

제 二十六 운 고집신지격 (固執愼之格)

사회적으로는 별로 큰 고통이 없이 순조롭게 발전해 나가는 강한 운세를 갖고 있다. 또 출발력 강하여 경쟁상대에게는 큰 차를 벌릴 수 있다. 도량이 넓은 사람이나 성장환경이 좋았든 까닭에 혹인 혹은 세상 모르는 어리티를 벗지 못한 사람으로 통한다. 특히 성장환경이 다른 곳에서 자란 상대에게 호의를 베풀때 그 점이 현저하게 표현되다. 평소 주위에서 칭찬만 받고자 하기 때문에 자신을 추켜주는 것이 당연한 것으로 생각한다. 양복이다 악세사리다 하는것을 사줄 때에도 자기 본위로 사는 사람이 많다. 화려하게 모두 여건과 환경이 그로 하여금 빛을 받게끔 하는 사람이다. 무대에서 라면 주역 항상 쎄이의 주목을 한몸에 받으며 제 1 선에서 활약하는 사람이다. 여성도 작운 쳬구이기는 하나 이목구비의 개성적인 미로서 주목을 끈다. 자신의 재능을 표현할 수 있는 예술 예능 혹은 사회의 시전과 게 등 모두

것을 발전시키는 관계의 일이라면 성공한다. 이러한 성격인 고로 낭비가 많음은 틀림이 없다. 갖고 싶은 것을 충동적으로 사버린다. 그러나 二十五세 이후에는 젊어서 낭비한 것이 의외으로 정신적 재산이 된다. 사물을 완성시키는 역할을 맡아서 성공하는 사람, 타인이 생각해 낸 헛트를 자신이 고안하여 제품화 하거나 구체적 행동계획으로 완성시킨다. 그러나 자신이 독립하는 운세는 없다. 좋은 지도자 밑에서 측근자로서의 귀중한 위치는 된다. 부모의 지반과 정신적 유산을 이어받는다.

또 취미생활에 열중하는 사람으로 자기 주위를 취미 일색으로 변경시켜 버리다 그만큼 철저하게 취미를 살린다. 또 청결감이 뚜렷하여 불결한 것을 두고 못보는 성질이어서 자기의 하의는 남에게 맡기지 않는다.

인간적인 매력도 있어 친절심도 있으나 조그마한 부주의로 자신에게 힘드를 주 사람의 일을 망각하는 버릇이 있어 의외로 발목을 잡혀 실수를 범하는 일이 일어난다.

가정의 평화를 지속하기 어려운 운세이니 부부 공동으로 합의할 수 있는

교육정도의 상대가 상호 바람직 하다
남자는 寅년 三월생이나 未년 十二월생녀가 배필이며 여자는 표년 六월생이나 巳년 十二월생의 남자가 길하다.
직업은 공업, 기술업등이 길하며 무역업도 무난하다.
자손은 첫,딸 낳고 아들 둘 두는 수이며 혹은 이복자석도 있다
형제운에도 의형제나 배다른 형제가 있을 수이고 혹은 양자가는 수이기도 하다
수명은 七十五세 상수할 운이나 심장병을 주의하여야 한다.

평생 운

초년은 고독하게 성장하여서 二十八세를 지나면 자수로 성공하여 재산도 많이 갖으며 만사가 순탄하고 부귀 공명을 얻어서 많은 사람들로 부터 칭송과 존경을 받는 좋은 사주 운명이라 보겠다.
구년을 만나면 소송과 사업실패를 주의하라
甲구년 三월은 큰 기대를 걸고 새사업을 시작하지 말고 힘겨운일은 삼가하라

丙子년 五,六月은 관재와 구설을 주의하라. 戊子년 七,八月은 자손으로 인한 근심이 있거나 손재수가 있다. 庚子년 九,十月은 모든 일이 중단되는 시기이니 인내로 극복하라 壬子년 十一,十二月은 도적과 화재를 주의하라

乙丑년을 만나면 부부어쟁을 삼가하라 이별수가 있다

乙丑년 正,二月은 관재구설을 주의하고 丁丑년 九,十月은 화재,도적을 주의하고 己丑년 五,六月은 물과 교통사고를 주의하고 辛丑년 七,八月은 부부어쟁을 주의하고 癸丑년 三,四月은 이별수 있으니 주의하라.

寅년을 만나면 귀인이 도우며 미혼자는 결혼하는 운이다.

甲寅년 三,四月은 새사업을 시작하면 득리를 하겠다. 丙寅년 正,二月은 귀인을 만나는 길한 운이며 戊寅년 五,六月은 물을 조심하고 庚寅년 九,十月은 사기로 인한 손재수가 있고 壬寅년 十一,十二月은 화재와 질병을 주의하라

卯년을 만나면 갑자기 손재수가 있으니 주의하라

乙卯년 七,八月은 만사을 겪으며 허덕이는 운이며 丁卯년 三,四月은 사업을 사람을 만나다가 피해를 당하니 주의하고 己卯년 五,六月은 화재,수재 주의하고 辛卯년

十, 十二月은 재산 근심 부부근심이 있으니 인내로 극복하고 癸卯년 三, 四月은 남녀 교제를 삼가 하라 구설수와 망신살이 있다.

辰년을 만나면 자기 분수를 알면서 고집을 부리다가 손재를 본다 甲辰년 正, 二月은 손재수 있고 丙辰년 五, 六月은 믿었던 사람에게 배신 당하는수 이고 戊辰년 九, 十月은 고집 부리면 손해보는 운이다 庚辰년 十一, 十二月은 여행이나 언쟁을 하지말고 壬辰년 五, 六月은 수재수 있으니 주의 하라.

巳년을 만나면 이사를 하거나 직장변화가 있다 침착성을 잃어서는 안된다 乙巳년 三, 四月은 침착하게 그신하는 것이 길하다. 丁巳년 正, 二月은 친척이 나 친지로부터 사기를 당하니 주의 하라. 己巳년 九, 十月은 소송이나 질병 에 시달리는 수이니 예방비법에서 과재부적으로 예방하라. 辛巳년 十一, 十二月 은 만사 불길하니 경거 망동을 하지말고 구신할것이며 癸巳년 九, 十月에는 여행이나 투기사업을 삼가 하라.

수년을 만나면 어린아이의 말이라도 들어 두는 것이 이익이다. 甲午년 二, 三月은 귀인이 돌보게되나 그 귀인을 배신을 하게되니 침착하라

丙午년 四·六月은 여행을 삼가하고 쓰러 당하는 것을 주의하고 戊午년 七·八月은 고동사고를 주의하고 庚午년 九·十月은 화재주의하고 壬午년 五·六月은 여행하지 말라 고동사고의 위험이 있다.

未년을 만나면 하는 일이 순조롭고 재산도 축재 된다 乙未년 正·二月은 커인이 돌보아 하는 일이 순조롭고 丁未년 五·六月은 질병을 주의하고 己未년 七·八月은 동업이나 금전거래를 주의하고 辛未년 九·十月은 부동산매매행위는 손해를 볼 것이며 癸未년 三·四月은 만사 불길하니 근신 하는 것이 상책이다.

申년을 만나면 반흉반길한 운이다 甲申년은 三·四月이 크게 불길하며 丙申년 五·六月은 윗사람으로 인한 근심이 있고 戊申년 正·二月에는 관재와 손재를 주의하라 庚申년 九·十月은 관재와 화재를 주의하고 壬申년 七·八月은 너무 욕심부리다 손해보리라

酉년을 만나면 남자는 여자 주의, 여자는 남자를 주의하라

乙酉년 正, 二月은 남녀고제하지 마라 뒤에 말썽이 있다. 丁酉년 五, 六에는 바람은 마음속에서 나고 손해는 육체에서부터 나리라. 己酉년 七, 八月은 자녀 근심아니면 재산근심이 있고 辛酉년 九, 十月에 재산 근심이으며 癸酉년 五, 六月은 물과 불을 주의하라

戌년을 만나면 주식게는 잘 되지만 단독사업은 잘되지않는다. 甲戌년 正, 二月은 새사업이 시작되어 길하고 丙戌년 五, 六月을 물가에 가지말라. 戊戌년 四, 五月은 도적 사기 당하니 주의하라. 庚戌년 九, 十月은 고집으로 손해보니 주의하라. 壬戌년 七, 八月에 관재 수 있으니 주의하라

亥년을 만나면 남을 믿다가 사기 당하리라. 乙亥년 三, 四月은 남의 말을 듣지마라. 丁亥년 九, 十月은 새로운일 시작하지 마라. 己亥년 五, 六月은 물을 조심하고 辛亥년 土, 十二月은 믿을 사람 없으니 경계할 것이며 癸亥년 正, 二月은 재산이 저촉되며 만사 길하나 건강을 주의하라.

—280—

제二十七 운세 萬人仰視格

제二十七운 공명학자격(功名學者格)

이 사람은 자신에게도 타인에게도 과분한 큰 기대를 갖었다가 좌절됨을 반복하는 인생이다. 그러나 항상 꿈을 버리지 않고 실수 있다는 생활을 영위할 수 있는 사람이다. 보행중에도 무엇인가 생각을 하면서 걷는 버릇이 있어 횡단 보도의 신호를 어기는 수가 있다. 또 한편으로 보기에는 대단히 떠듬스러우나 실은 비상한 신중파여서 타인으로부터 어떤 부탁이 있어도 좀처럼 들어주지 않는다. 그러나 일단 받아 들일 때에는 어떠한 난관이 있어도 완수하는 의리군은 편도 있다.

심한 경사가 지지않는 구능과 같이 마음씨가 부드러운 사람이다. 여성이면 당사자보다 오히려 양친이나 형제 자매들로부터 먼저 호감을 사는 사람이다. 그러므로 二十二, 三세 까지는 간하게 청혼이 들어와 결혼하는 일이 많다. 대학을 중퇴하는 수도 생긴다. 해외 주재가 많은 사람과 인연이 있어 결혼후 반년 혹은 一년 가까이 까지 외국 생활을 하는 경우가 많으니 외국어를 사전에 공부해 놓는

-282-

것이 좋을 것이다. 남성은 자신의 희생을 돌보지 않고 타를 위해 진력하는 보람이 자신의 이익이 되어 돌아오는 수가 많다. 그러나 남녀 다같이 자기 주장이 너무 약한 것이 결점이다. 취가 되고 나서도 남편에게 너무 의뢰해서 막상의 경우 혼자 처리를 못하는 서글픔이 있다.

그러면서도 화투나 트럼프 같은 승부를 내거는 일에는 강하다. 이런 때는 혹인스러움이 숨어버리고 승부욕이 강한 것 같다.

가족관계가 부실한 고독한 환경에서 자라다. 그리고서도 천지가 별로 없는 곳에서 외롭게 생활할 운세이다.

여성은 타향살이 하는 사람과 결혼 한다. 남녀간에 의탁할 만한 곳이 없을 마치 고독하므로 부부간에 상부 상조할 의지가 굳고 유련마음과 마음이 통하는 온화한 가정을 만들어 안정된 생활을 한다.

결혼은 申년 七월생이나 술년 十二월생이 좋은 배필이다.

직업은 정치나 관공직이 제길하며 많은 사람들로부터 존경을 받는 인물이다.

-283-

형제는 三형제 운이고 자녀는 四·五형제 되며 재산은 중류 이상의 운이고 수명은 七十상수하리라

평생 운

이 세상에 태어날 때 원숭이가 변하여 말로 변한 사람이다. 그러므로 머리는 영리하고 신(神)의 도움으로 수명이 연장되고 /만사가 순탄해지는 운명이므로 신체상에 복점(福点)도 三개 이상 가지고 있는 것이 특징이다.
甲子년 五·六월은 물을 조심하고 丙子년 五·二월은 이사나 원행을 하지말고 戊子년 三·四월은 관형 구설을 주의하고 庚子년 七·八월은 소송및 언쟁을 주의할 것이며 壬子년 十二월은 교통사고를 주의하라.
癸표년을 만나면 집안에 질병으로 근심하며 한는일이 순탄치 못하다.
乙표년 七·八월은 재정난으로 구설이 많으며 丁표년 九·十월은 구설과 소송을 주의하라. 己표년 五·二월은 교통사고 주의하고 辛표년 五·二월은 화을 주의하라.

재를 주의할 것이며, 癸巳년 五,六월은 집안에 병자가 생기거나 출타하는 사람이 발생하리라,

寅년을 만나면 삼라만상이 봄빛을 만나듯 매가 닥쳐온 좋은 시기라고 보겠다 甲寅년 三,六월은 남을 믿지말라 손해 보리라, 丙寅년 正,二월은 귀인의 협조로 새로운 일을 시작하라 戊寅년 九,十월은 횡재수 있으나 침착하지 않으면 도리어 손해 있다, 庚寅년 七,八월은 구설과 도적을 주의하고 壬寅년 五,六월은 구설을 주의하라,

卯년을 만나면 집안 살림이 쉬어드는 운이니 조용히 쉬는것이 상책이다 乙卯년 五,六월은 물가에 가지말고 丁卯년 九,十월 물건을 사고 파는데 사기 당할 운이다, 己卯년 十二월은 원행하지 말고 辛卯년 五,六월은 만사 불길하며 癸卯년 正,二월은 화재를 주의 하라,

辰년을 만나면 이사할 운이다 甲辰년 二,三월에는 이사할 운이고 丙辰년 五,六월은 원행을 하거나 사업변동을 하면 손해 있으리라, 戊辰년 九,十월은 사기 도적을 주

의 하고 庚辰년 七.八월은 언쟁과 소송을 피하고 辛辰년 正.二월은 소재수가 있다

巳년을 만나면 남녀 교제과 제가 성공 되리라

乙巳년 三.四월에 미혼 남녀는 결혼할 운이고 丁巳년 五.六월은 기혼 남녀는 이별수가 있다 己巳년 九.十월에 사업 변동을 하면 길하리라 후巳년 五.六월은 화재와 물 조심하고 癸巳년 十二월은 횡액수 있으니 출행하지 말라.

午년을 만나면 믿는 사람으로부터 배신당할 운이다.

甲午년 四월은 남의 밭을 듣지말고 丙午년 正.二월은 실물수 있으며 戊午년 九.十월은 부동산 매매를 하게 되면 근심이 생긴다. 庚午년 七.八월 은 가정에 근심이 있고 壬午년 十.十一월은 화재와 도적을 주의 하라

未년을 만나면 귀인이 도와 재산이 축적된다.

乙未년 正.二월은 만사 불길 하며 丁未년 五.六월은 구설수 있으니 언쟁을 피하고 己未년 九.十월에 과재 구설수 있다. 辛未년 七.八월에는 남의 말을 듣

고 일올 하지 말고 癸未년은 만사를 인내로 신중해 그복하라、

申년을 만나면 직장이나 사업에 변동이 있을 운이다

甲申년 四、五월은 직에 변동이 있을 운이고 丙申년 九、十월에도 승진을

을 하거나 직업변동운이 있다. 戊申년 五、六월은 물을 조심하고 庚申년

九、十월은 출행을 삼가할 것이며 壬申년 十二월에는 승선 승차를 조심하라

酉년을 만나면 사람 상대하기를 원수같이 대하라

乙酉년 三、四월은 이동이나 변동을 주의하고 丁酉년 五、六월은 물가에 가

는 것을 삼가 할것이며 己酉년 九、十월에는 문단속 호주머니단속을 철저히

하라 실물 수가 있다. 辛酉년 十二월에 횡액수 병액수를 주의하고 癸酉년

正、三월에는 동업을 삼가하라、

戌년을 만나면 서로 마음이 상통되어 새 사업을 시작 하겠다、

甲戌년 三、四월에 구설수 있고 丙戌년 五、六월에는 월행을 삼가 할 것이며

戊戌년 七、八월에는 관재 구설수를 주의 하라 庚戌년 正、二월은 화재수

있고 壬戌년 十二월은 실물수가 있다、

亥년을 만나면 남에게 사기 당하기 쉬우니 주의하라、
乙亥년 正、二月은 원행을 삼가하고 丁亥년 九、十月에 소송과 어쟁을 주의하
라 己亥년 九、十月은 고집으로 실패하고 辛亥년 正、二月에는 가정에 근
심이 있으매 癸未년 七、八月은 원행을 하지마라、

제 二十八 운 세 驛馬孤名格

제二十八운 치산점부격 (治産漸富格)

화려하고 외향적 행동가인 1편에 약간 이른을 앞세우는 것을 좋아한다. 경기용 자동차를 타고 고속도로를 달려가면서 엔진이나 보디에 대하여 보통차와의 차이점을 생각하는 식.

남달리 밀고 나가는 돌진력이 강한 면이 있어 작은 일도 최대한으로 이웃하는 감점이 있다. 결혼 피로연은 물론 타인의 명함을 받은 일이 있는 자에게는 빠짐없이 초청장을 보내서 신혼여행비도 마련하는 식. 헌데를 사는 적성은 출판하다. 그러나 의외에도 물들때가 있어 혼탁한 곳에 빠지면 극단적으로 비관하여 발을 뺄 눈데 시간이 걸린다. 평소 겨절이 강한만치 주위의 시뢰와 조력을 얻을 수 있도록 노력하지 않으면 안된다.

감각적인 판단으로 구김살 없는 행동을 보여준다. 깊이 생각하는 것 보다는 피부로 느끼는 첫인상을 더 숭상시 한다. 초기단계에 기초공부를 착실하게 해 놓으면 二十五세 전의 젊음으로 성공을 약속받을

수 있다. 사업계에서도 선배가 별로 없는 신설부문에 배속되어 동기생 중에서도 두각을 나타낸다.

평소에는 순조로움의 그늘에 가려 별로 나타나지 않으나 자신에게 손해가 될 일은 절대로 하지 않으며 타인에게 밀어붙이는 얄미움 데가 있다. 사소한 일에 그런 점이 노출되어 상사나 동료들간에 신망을 잃게 된다. 집에서 금전상의 애로가 있을 때 미묘한 부부간에 생기는 것도 취의 이러한 결점 때문이다.

본 24支인 사람은 여행을 좋아한다. 여행처에서 놀기 좋아해 회사에 출하는 보고서와 가정에 알리는 날짜나 금전면에서 다소의 차가 생기는 수가 많다.

모든면에서 변화가 무쌍한 생활을 하게 된다. 어느때는 사색에 빠지다가도 어느때에는 행동면에 열중하는 형. 변동하는 중에 정신적 긴장을 유지 안 세상의 마이너스의 요소를 소멸 시켜 나간다. 성격상의 폭이 넓어 근면과 수성 치절과 불친절, 아주 정반대 양면을 가지고 있어 때에 따라 어느 것인가 나타난다

전공이 많은 직종에서는 움직일때 마다 영전하는 좋은 운세를 갖고 있다 본인의 여자는 남북이 잘 어울린다. 균형잡힌 몸매를 더욱 돋보이게 한다 그러나 정신면에서 인정감이 없어 한가지 일에 몰두하지 못하고 끝맺기 전에 다음일을 생각하여 매사를 소홀히 한다, 남자는 주점에서도 한 두잔이면 다음잡을 갈려고 서든다
결혼은 성격이 유순하면서도 심장이 강한 未년 十一월생이나 戌년 八월생 여자가 배필이며 여자는 戌년 四월생 남자가 이상적인 배필이다.
직업은 무관이 가장 적합하나 초년에 고독과 풍파가 겹쳐 장래의 좌표를 설정하기 어려웠을 것이다. 그러나 착하고 수진한 마음씨로 두기사업만 경계하고 구족한 노력을 하다면 밝은 서광이 비칠 것이다.
자손은 四,五자 들운이나, 순탄한것은 三남매 되리라.
형제운은 많은 형제가 있어도 덕이 없어 항상 고독하다
수명은 六十九세가 무사하면 七十九세 상수 하리라
평생에 주의할점은 개고기 먼저말고 동업하지말라. 매년 생일에 불전에 기

도드려라.

평생 운

초년 조실부모하고 조출타향하여 자수성공하는 운세이며 초년 二十세 이전은 불길하나 二十五세 이후부터는 일취월장 부귀공명하리라. 구년을 만나면 마음먹은대로 일이 잘 되지 않으니 사업가는 현상을 유지하는 것이 상책이리라.

甲子년 三, 四월은 남에게 신세지지 말고 丙子년 五, 六월에는 출행하지 말고 戊子년 九, 十월 고집을 부리면 실패한다. 庚子년 十二월에 횡액수 있으니 주의하고 壬子년은 재수 좋으나 주색을 주의하라

丑년을 만나면 부부 이별수가 있고 친척간에 언쟁을 주의하라 乙丑년 三, 四월에 구설수 있고 丁丑년 九, 十월은 교통사고 염려되며 己丑년 二월은 손재수 있으니 주의하라. 辛丑년 十二월은 출행을 삼가하고 癸丑년 三, 四월은 원행을 하지마라.

寅년을 만나면, 귀자를 낳는다

甲寅년, 九,十월에 귀자(貴子)를 얻지 못하면, 질병으로 고생할 운이고, 丙寅년 七,八월은 부부 이별수 있고 戊寅년 正,二월에는 새사업 시작하지 말라 庚寅년 五,六월은 원행을 삼가하라 교통사고와 위험이 있고 壬寅년 九,十월은 금전거래를 주의하라.

卯년을 만나면, 돈을 버는 것 같으나 실속은 없으니 주의하라.

乙卯년 三,四월은 마음은 왕성하지만 결실은 실패로다. 丁卯년 正,二월은 자녀근심 아니면 자신의 몸이 아프다. 己卯년 十二월은 병문안이나 문상을 가지마라 상문살 비쳤다. 辛卯년 九,十월은 부부 이별수 사업실패수가 비쳤고 癸卯년 五,六월은 남녀교제 주의하라.

辰년을 만나면, 모든 일이 순조롭지만 같이 있는 사람을 경계하라.

甲辰년 正,二월은 여행을 삼가하라 손해를 본다. 丙辰년 三,四월은 운일 시작하지 말고 戊辰년 五,六월은 원행하면 질병을 얻을 수다. 庚辰년 十월은 고집을 부리지 말고 사세에 순응하라, 壬辰년 四,五월은 화재와 물을 조심하라.

巳년을 만나면 믿었던 사람에게 배신을 당하고 한숨의 나날을 보낸다

乙巳년 三, 四月에 과대한 선전에 현혹되지 말고 자기 분수를 지키라. 丁巳년 五, 六月은 여행이나 바닷가에 가지 말라. 己巳년 七, 八月은 지나친 욕심을 부리다가 도리어 큰 실패 하리라. 辛巳년 九, 十月은 부동산 매매를 조심하라. 癸巳년 十二月은 화재를 주의 하라.

午년을 만나면 너무 성급한 성사를 하려다 실패하기 쉬우니 접진적인 인내가 필요하다

甲午년 五月은 남의 말을 듣지 말고 丙午년 九, 十月은 도적과 사기를 주의 하고 戊午년 三, 四月 이사나 직업변동을 하지 마라. 庚午년 五, 六月에는 물을 조심하고 壬午년 正, 二月은 집안에 병자가 있어 근심되리라.

未년을 만나면 생각지도 않았던 수입이 많으니 운수 대통이다

乙未년 三, 四月은 기회가 좋으니 놓지지 마라 丁未년 正, 二月은 상문살이 있으니 문상하지 말고 己未년 五, 六月은 실물수도 있고 이별수도 있다. 辛未년 十,

十二월은 여행을 삼가하고 癸未년 三·四월은 불을 조심하라.

申년을 만나면 출세하여 평지 사해 하리라.

甲申년, 五·六월은 연인끼리 쉽게 헤어지고 丙申년 三·四월은 결혼하지 않으면 귀인의 도움을 받는다. 戊申년 七·八월은 남을 믿다가 손해 보는 운이며 庚申년 九·十월에는 물건을 사되 장물을 주의 할것이며 壬申년은 생남하지 않으면 슬하에 기쁨이 있으리라.

酉년을 만나면 하는 일마다 순조롭지 못하고 마음이 산란하다.

乙酉년 五·六월은 횡액을 주의하고 丁酉년 七·八월은 여행하지 말며 己酉년 九·十월은 재산과 리를 철저하라. 辛酉년 三·四월에는 나라를 위하여 회생하니 만인이 우러러 보리라. 癸酉년 十二월에 화재를 주의하라.

戌년을 만나면 귀인도 있고 아인도 있으니 다음 유년수를 유의하라.

甲戌년 三·四월은 동업을 하면 성공하나 동업자를 너무 믿다가는 손해 보리라. 丙戌년 五·六월은 금전과게로 고민이 많다. 戊戌년 十二월은 화재수 있으니 예방비법 (축송학귀선) 에서 화재 부적을 사용하라.

庚戌년、三·七월은 놀은 명산에 기도하면 수명을 연장하리라. 壬戌년 九·十월에 상해수(傷害) 있으니 여행、철행을 주의하라.

亥년을 만나면 믿고 있는 사람으로 부터 배신당하는 수이니 대인관계를 주의하라.

乙亥년 三·四월은 유혹에 빠지기 쉽다. 경계하라 丁亥년 十一·十二월은 화재수、실물수、손재수 있으니 주의하고、己亥년 九·十월은 관재수 있으니 조심하고 辛亥년 五·六월은 가옥수리 하지마라. 癸亥년 九·十월은 이사하지 마라.

제 二十九 운세 高神護爲格

제二十九운 입신출세격(立身出世格)

양운 거의 물도 초목도 없는 황야를 묵묵히 인간을 따라간다. 이 끊임없는 인내와 전진 이것은 본운 생의 특징이기도 하다. 겉으로는 도저히 상상도 못할 만큼 심장이 강함을 간직하고 있다

본운의 사람은 인내력과 동시에 기품이 있는 고요함이 있다. 그리하여 그 고요함의 속에는 조용히 무엇인가를 간직하고 있다. 체구도 양과 같이 유연한 감이 있으며 피부도 흰 사람이 많다.

특히 여성은 살집이 좋고 균형 잡히고 판색 있는 피부의 소유자이다.
본운의 사람은 겉으로는 대단히 수하나 내심은 강하여 경쟁 투쟁적인 편에서는 만만치가 않다. 그리고 모든 것에 대한 치밀한 생각과 진취적 기상, 주위에 대한 원만성을 가지고 있어 대인관계가 부드러우며 잘하다가도 내심의 강한 편이 가끔 나타나 자칫하면 실수를 한다

일생의 운세를 한마디로 말하면 계단을 오르듯 확실하게 기반을 닦아 나가는 형,

이다. 즉 꾸준한 노력을 거듭하는 생활이 알맞다. 재치 있는 처세를 할 수 있는 형이 못되니 한가지 직업에 꾸준히 종사함이 좋다. 그러면 그 결실을 맺어 응분의 지위와 기반을 닦을 수 있다.

금전운은 젊어서부터 중류이상의 생활을 할 수 있다.

남녀 공히 초년생은 집안에서는 자기본위가 많이 작용하며 색채가 물씬 풍긴다.

그 성질은 온순하며 애정이 지극히 하며 영리하고 아름다운 편이며 착실한 성격의 소유자이다. 그런데 자주 마음에 고독감을 가져오며 나아가서는 남에게 항상 순해만 당하면서 생활에 임하게 되니 너무 약해서 인가?

그러나 윗사람은 믿어 주며 아랫사람도 존경하는 착한 사람이다. 또한 종교적(신념이 강하고 진취적이나 결혼에 변태성이 조금 있다고 본다.

직업은 금은상, 은행계, 전기업, 공장계, 약사, 다방, 고용자, 의사 등이 길하며 화업이나 금에 해당하는 직업이 길하다.

건강은 늑막, 뇌질환, 콧병, 가슴부분의 질환에 주의하여야 한다.

형제는 二,三형제 운이고 자녀는 三,四형제 운이다.

수명은 八十세 상수하겠으나 신경성으로 건강이 쇠퇴되기 쉬우니 항상 주의를 요하고 평생을 두고 의식에는 걱정이 없다.

평생 운

초년에 부모운이 극히 희박하며 질병으로 고통이 많다. 十五세 전후하여 출가하여 점진적으로 출세의 길이 열리기 시작하여 二十五세 전후해서 광명이 비친다. 三十七세에 실패운이 있으나 四十八세부터는 재운이 회복되어 많은 발전을 가져오며 지위와 명예도 좋은 기회를 가져오는데 정신적으로 직업에 대해 연구하며 말년까지 진행해질 것이다.

구년을 만나면 우여히 심신 산란하리라.
甲子년 七, 八월에 관청구설을 주의하고 丙子년 二, 三월은 구설수 있으니 다투지말것이며 戊子년 九, 十월은 주위의 모두가 내마음과 같지 않으니 매인관계를 신중히 하라. 庚子년 十一, 十二월은 화재와 도적을 주의하고 壬子년 五, 六월은 물에 빠지는 운이니 추송하지서 여방비법과 유년보감에서 수역살 부쳐과 재수대통부를 사용하면 액운을 면하리라.
표년을 만나면 우연히 나를 모함하는 사람이 있으니 예방비법을 참조 구설부를 사용하라.
乙표년 九,十월에 송사수가 있고 丁표년 十一,十二월은 원행을 주의 己표년 五,六월은 물과 불을 조심하라 辛표년 正,二월은 집안에 병자가 있어 근심이 있고 癸표년 三,四월은 결혼할 운이다
寅년을 만나면 너무 욕심부리지 말고 사세에 맞는 처신을 하라.
甲寅년 三,四월은 새로운 일을 시작하면 실패한다. 丙寅년 正,五월은 금전거래를 신중히 하고 戊寅년 七,八월은 언쟁을 조심하고 庚寅년 九,十월은 도적과 화재를 주의하라 壬寅년 正월은 낙상수가 있으니 밤길을 조심하라.
卯년을 만나면 미혼 남녀는 결혼할 운이며 기혼자는 새사업을 시작할 운이다.
乙卯년 三,四월은 새로운 일을 시작하는 운이며 丁卯년 正,二월은 승진하거나 결혼할 운이며 己卯년 五,六월은 자손으로 인한 근심이 있다. 辛卯년 十결혼할 운이며 己卯년 五,六월은 자손으로 인한 근심이 있다. 辛卯년 十월은 송사수가 있고 癸卯년 十二월은 졸행하면 관액이 있다.

-303-

辰년을 만나면 친척간에 화목을 도모하라 고독하게 되기 쉽다

甲辰년 正,二월은 친척산에 언쟁은 가문불화의 불씨가 된다. 丙辰년 九,十월은 험구를 하고 시비를 피할 것이며 戊辰년 十一,十二월은 승선,승차를 삼가하고 庚辰년 五,六월에 화재수,수액수 있으니 예방비법에서 수재부를 사용하여 예방하라 壬辰년 六월은 물을 조심하라

巳년을 만나면 마음 부동되어 안정이 안되니 친착성을 잃지 마라

乙巳년 四,五월은 수족이나 신상에 흉터가 생길 운이니 주의하라. 丁巳년 五월은 과재구설수 있으니 주의하라. 己巳년 七,八월은 고집부리지 말고 사세에 순응하라 후巳년 九,十월은 부동산에 손대지 마라,손해보리라 癸巳년 十二월에는 외국여행은 떠나지 마라,객사하리라.

午년을 만나면 재산도 늘고 매사 순조롭게 풀려 나간다

甲午년 三,四월은 사람을 너무 믿다가 실패하며 丙午년 正,二월은 기분내기는대로 처세하면 나중에 감당하지 못할 일이 생긴다 戊午년 九,十월에 실물수 있다 庚午년 十二월은 손재수 있고 壬午년 十월은 화

재수 있으니 불조심하라

未년을 만나면 자손에 경사 있으리라.
乙未년 정,二월은 웃음이 활짝 피었으나 마음속에 수심이 가득하다. 丁未년 五,六월은 여행하지 마라 己未년 九,十월은 문서계약에 주의하라. 辛未년 七,八월은 만사 불길하니 주의하고 癸未년 十二월은 불을 조심하라
申년을 만나면 높은 곳에서 낮은 곳으로 떨어지는 운세이다
甲申년 正,二월은 실망할 일이 생기리라. 丙申년 五,六월은 동업을 하면 실패하리라. 戊申년 九,十월은 산흠거래를 할때에는 신중히 살피는 것을 잊지 말고 庚申년 十二월은 원행을 삼가하고 문단속 잘하라 壬申년 五,六월은 물을 조심하라.
酉년을 만나면 남녀교제 문제와 부부의 별 문제로 근심이 생기쉬우니 침착하라. 乙酉년 三,四월은 도화살을 예방하라 丁酉년 九,十월은 화재를 주의하고 己酉년 七,八월은 언쟁이나 소송을 피하라 辛酉년 十二월은 원행하지 말고 癸酉년 正,二월은 문단속을 잘하라

戌년을 만나면 가정파탄과 손재수 있으니 침착하게 이성을 잃지 않게해야 하다
甲戌년 三,五월은 남의 말을 듣지 말고 丙戌년 五,六월에는 동업하지 마라
戌년 十,十一월은 소송을 피하고 庚戌년 正,二월은 새로운일 시작하지 말고
壬戌년 十二월에는 물을 조심하라
亥년을 만나면 귀인이 도와 매사 순조로우며 좋은 인연을 만나리라
乙亥년 三,四월은 좋은 인연을 만나며 丁亥년 九,十월은 귀인이 도와 운수대통
하며 己亥년 五,六월에는 배를 타지 말것이며 辛亥년 正,二월은 초상집에
가지마라 癸亥년 十二월은 도적을 주의하라

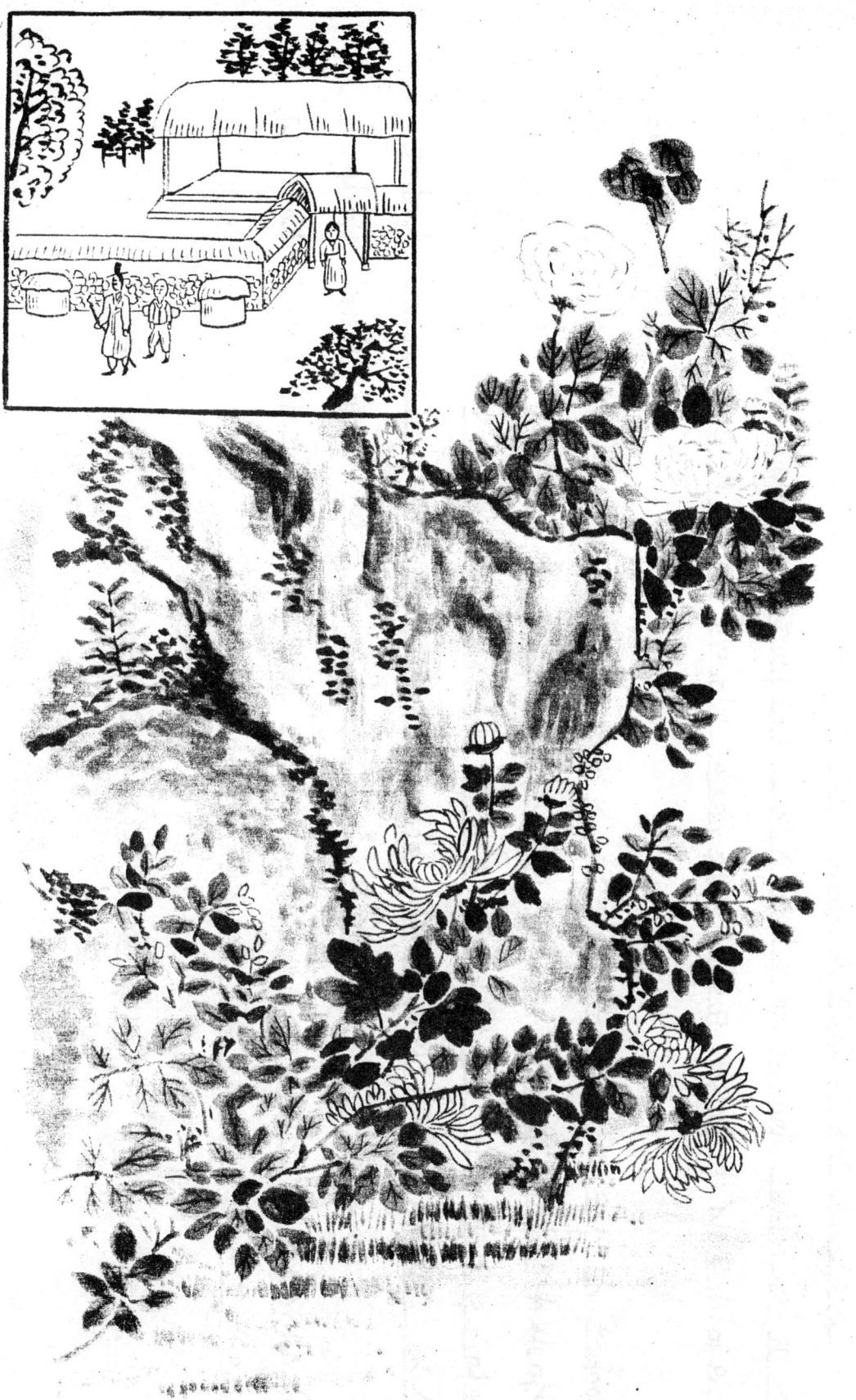

제 三十 운세 夫婦風破格

제 三十운 총명방원격 (聰明方圓格)

운세가 상한 사람이다. 이 사람이 가는 곳에는 행운의 여성이 미소짓고 떠나지 않는다. 헌상큐-즈에 당첨되어 자동차를 타다. 혹은 돌뿌리에 채어 넘어진 순간에 돈을 줍는다 등등 어느세게 재수가 좋은 사람이다.
남성은 두뇌명석하고 냉정침착하며 철저하고 현실주의자 이기도 하다. 자신의 소망성취를 위해서는 천모술수를 아낌없이 발휘하며 부모형제까지도 희생시키는 형이다. 실루에 민감하고 선견지명이 있으며 환경에 적응하는 속도가 빠르고 변신변색하는데 능속하다. 정치가, 기자, 편집자 검사 등이 되면 성공은 약속된 것이다.

여성은 작은체구에 어려보여 나이보다 훨씬 적게 보이며 통통한 몸매는 무의식중에 강열한 매력을 풍긴다. 백화점이나 회사 접수계 등 되도록 남의 눈에 띄기 쉬운 곳에 근무하는 것이 좋다 말년 이녀에 꽃방석에 앉을 기회가 올 것이다.
특히 남편을 너무 소중히 하는 까닭에 조금만 남편의 몸이 불편하여도 남을일

운 끝사하고 직장에 결근도 쓰슴치 않게 하는 식이니 사회적으로 야망이 큰 남편에게는 결코 좋은 아내라고만도 할수 없다. 집안일 이외에도 남편을 리-드하는 경향이 강하다, 마음씨는 착하고 몸도 건강하나 건강면에는 이상하게도 신경질이어서 괜히 약을 먹고 가족들에게도 약을 먹이려 한다.

결혼은 남자는 寅년 六월생이 여자가 길하고 여자는 寅년 十월생 남자가 길하다.

직업은 교육자, 기농사, 의류제품및 도매업, 공무원, 무역회사 등이 길하다. 이름과 사주가 결합이 되는 사람은 장관의 위치도 도달한다 (이름의 길흉 판단은 추송학 저서 성명학 비법에서 감정할것)

자녀는 四.五 남매를 들 운이며 덕이 있다.

형제운은 二.三형제이고 수명은 二十九세에 어려운 고빌를 넘기고나면 七十九세 상수하리라

평생 운
초년에 고향을떠나고 조실부모할 운이며 고독하나 중년이후 말년은 길하다

구년을 만나면 모든 일이 잘 되지 않으며 신경질 적인 사건만 발생하도다. 그러나 다음사항을 잘 지키면 피해를 면하며 예방비법에서 상신수호부를 사용하면 덕을 보리라.

甲子년 正,二월은 사기를 주의하고 丙子년 九,十월은 원행하지 ㄴ고 戊子년 三,四월은 자손으로 인한 근심있겠고 庚子년 五,六월에는 이사하지 말것이며 壬子년 七,八월은 소송을 피하라.

표년을 만나면 부부 이별 및 육친간에 이별 수가 있다.

乙표년 五,六월에는 친척지간에 불목이나 부부 이별 수 있으니 병정한 판단으로 침착한 생활을 하라. 丁표년 九,十월은 손재와 도적을 조심하라. 己표년 五, 大월은 여행을 삼가하고 辛표년 三,四월에는 새로운 사업을 시작하지 말것이며 癸표년 九, 十월은 허욕을 부리지 마라 손해를 본다.

寅년을 만나면 매사에 신경을 기하고 처세에 인내성을 가지면 재앙도 막을수 있도다. 丙寅년 七,八월은 건강이 불 甲寅년 四,五월은 관재 구설수 있으니 조심하고 길하며 황액수 있으니 주의하고 戊寅년 九,十월은 만사 불길하니 주의하고 庚寅년 十二월은 도적을 주의할 것이며 壬寅년 十一월에는 여행을 삼가하라.

卯년을 만나면 모든일이 뜻과 같이 잘되지만 다음 사항들 준식하라 乙卯년 二,三월은 동업이나 새사업 시작하지 말것이며 丁卯년 五,六월에는 안정된 마음으로 인내로 모든일에 임할 것이며 己卯년 九,十월은 손재수 있으니 금전거래를 주의 하라、辛卯년 七,八월은 부부간에 또는 친지간에 말을 조심하라 이별하거나 불목하리라、癸卯년은 언쟁을 피하라

辰년을 만나면 재물은 얻을 수 있으나 끝까지 유지하는 것이 문제로다、甲辰년 二,三월은 봄을 맞이해서 맞이되는 운이다、그러나 뜻하지 않은 사람에게 사기당할 우려가 있다. 戊辰년 五,六월은 여행을 삼가하 병을 얻게 되다、丙辰년 九,十월은 도난을 주의하라 庚辰년 十一,十二월은 횡액수 있으며 壬辰년 正,二월은 도적을 주의하라.

巳년을 만나면 원행을 하거나 이사할 운이다.

-311-

乙巳년 三,四月에 부동산 매매를 조심하고 丁巳년 九,十月에는 문서 계약을 하는데는 극히 조심하고 己巳년 正,二月은 집안에 질병이 오면 명산 대천에 기도하라. 辛巳년 七,八月에는 과재 구설수 있으니 조심하고 癸巳년 五,六월은 물가에 가지마라

甲午년 三,四月은 커인이 도우나 둡고있는 커인을 앗인으로 대하지 마라 丙午년 九,十月은 윈행이나 이사할 운이다. 戊午년 五,六월은 이사하지 말고 새로운 일 시작하지 마라 庚午년 七,八월은 고통사고를 주의하고 예방비 법 八四페이지 횡사귀 물침부적을 사용하여 예방하라. 壬午년 九,十월은 午년을 만나면 여러사람과 함께 피하는 일이 있는데 침착하게 진행하면 성공하리라

乙未년 三,四月 반흉 반길하니 매인과 계를 신중을 기하라. 丁未년 五,六月은 물가에 가지말고 己未년 七,八月은 과재 구설수 있으니 주의하라 辛未년 十月은 숭차 숭선을 주의하고 癸未년 十一,十二月은 도적과 화재를 주의 未년을 만나면 재수 형긴하다

하라

申년을 만나면 부동산을 매매하는 일이며 서류작성과 관인에 쎄밀한 검도후에 와결을짓도록 하라 사기당할 우이 도사리고 있다 甲申년 고,二월은 이사할 우이며 방위를 잘보고 이사하라 (축송학저 음양 저서를 참고하라) 丙申년 五,六월 묘서계약에 보증 서지마라. 戊申년 九,十월에는 호주머니 단속을 잘하고 庚申년 十二월은 횡액수 있으니 조심하고 壬申년 三,四월에는 질병이 침범하며 죽시 여방비법에서 병살부작과 유년보감에서 환증불약부 제一을 작성하여 사용하라.

酉년을 만나면, 우연히 사람과 원수를 사는 우이므로 인내하고 침착하라. 乙酉년 五,六월은 마음과 육체가 무더워서 신경질나는 우이다 丁酉년 三,四월은 관재구설수 있으니 주의하라 己酉년 十一,十二월은 고통사고를 조심하고, 辛酉년 九,十월은 도둑과 화재를 주의하라 癸酉년 고,二월은 부부 이별수 있고 戌년을 만나면 되는 일도 중간에 안되게 하는 방해자가 생겨 순조롭지 못하니 경계하라, 丙戌년 五,六월은 무단속 잘하고 戊戌 甲戌년 三,四월은 남의 말을 믿지마라.

년 九, 十月은 부동산에서 손해보니 매매하는데 주의하라 庚戌년 正, 二月은 부부 이별수 있고 壬戌년 十二月에는 횡액수 있으니 여행을 삼가하라, 亥년을 만나면 뜻밖에 횡액수 있으니 조심하라,

乙亥년 正, 二月은 귀인이 도웁긴 하나 침착성이 어렵지 마라, 丁亥년은 돈을 벌기 위해 조급히 서두르면 오히려 손해를 본다. 己亥년 五, 六月은 말과 불을 조심하고 후亥년 正, 二月은 도적을 주의하고 癸亥년 十二月은 질병을 주의하라,

제 三十二 운세 每事中失格

제三十一운 중말득형격(終末得亨格)

본 운의 사람은 인덕이 있다. 자신을 적당히 꺼이해 주고 가끔 행솔 수 있은 사람에게 인연이 있어 매사 순조롭다. 이러한 인덕이 있어 능력의 몇배나 실리를 거둘 수 있다.

한가지 일에 모든 정열과 성실한 노력을 기우려 몸에 익힌 기술을 우월한 장점과 만족으로 살아 나간다. 일단 책임진 일에는 자신이 납득이 갈때까지 물고 늘어지는 집념이 강한 성격의 소유자이다.

한편 사람이 좋아 타의 원조 뒷바라지등을 잘 해주는 반면 한번 장래성이나 인간성이 의심되면 깨끗하게 끓어 버리는 냉정한 면이 있다.

두뇌회전이 빠르고 언사좋고 정확한 판단력을 갖고 있어 무엇을 시켜도 요령이 좋다. 단지 충동적이어서 기분에 좌우되어 변하기 쉬운 것이 염려가 된다. 출근시에도 약간 기분이 좋지 않은 일이 있으면 출근과는 반대 방향인 차를 타고 출타하였다가 오후에나 슬그머니 회사에 나타나는 등 이상한 짓을 잘 한다.

보통상식으로는 할수없는 짓을 거침없이 한다. 주위에서도 본인의 능력을 높이 사서 다소 이해해 주기는 하나 운행, 파공서 같은 규율이 엄한 근무는 잘 맞지 않는다. 여자는 특히 이상과 같은 행동은 주의하지 않으면 안된다. 홍이 나면 말하지 않아도 되는 것을 재미 있게 말해버리는 수가 있다. 그러나 그 보템없고 숨김없는 순백성에 매혹되어 데이트 신청자는 많을 것이다. 결혼이란 문제가 되면 중매 결혼이 성립될 것이다. 피상자는 수년 四月생 남자는 그다지 충분히 카―바 해줄 좋은 배필이다.

남성의 결혼 대상은 항상 미소와 유―머를 잊지 않는 寅년 四月생인 여자가 좋은 배필이다.

직업은 투기사업이 아닌 다른 열중은 모두 되겠다.

자녀는 二三남매를 두겠으며 자녀덕을 많이 보겠다.

형제운은 수는 많지 않으나 상부상조 화목한 집안이다.

수명은 八十三세 상수 할것이며 유족한 말년을 마치겠다

평생 운

초년이나 중년 말년의 차이는 있으나 대다수 말년운이 좋다. 초년 三,四세에 건강이 불길하며 十六,十七세에 물과 불에 놀라는 일이 있으며 二十九, 三十세에 재산총파가 있으며 이후 말년운은 길하다.
구년을 만나면 나를 돕는 사람은 없고 해를 끼치는 사람만 있으니 한숨과 탄식이 끊일 날이 없다.
甲子년 전 二월은 손재수 있으며 丙子년 五,六월은 송사를 삼가하고 이사는 신중을 기하라. 戊子년 七,八월은 친척으로 인한 근심이 있고 庚子년 九,十월은 자녀의 질병 근심이 아니면 본인의 건강이 좋지 않겠고 壬子년 十二월은 여행중 사고나 낙상수 있으니 주의하라.
표년을 만나면 이별수와 손재수 있다.
乙표년 三,四월에 신규사업은 불길하고 丁표년 五,六월은 여행을 삼가하고 己표년 九,十월에는 관재수 있으니 조심하라. 辛표년 十一,十二에 별을 조심하고 癸표년

五, 六월은 물조심 하라.

寅년을 만나면 귀인이 도와 매사 순조롭고 재운도 순조롭다.
甲寅년 三,四월은 기회를 잘 포착하라. 丙寅년 五,六월은 원행을 삼가하고 戊寅년 七,八월은 타처에서 사업을 하지마라. 庚寅년 九,十월은 관재구설이나 소송을 주의하고 壬寅년 正,二월은 화재와 도적을 주의하라.

卯년을 만나면 귀인이 도와 매사 순조롭다.
乙卯년 正,二월은 새로운 일을 하고 싶으나 좀더 신중을 기하라. 丁卯년 三,四월은 귀인이 도우므로 동업도 가하나 서로 합이 맞지 않으면 하지마라. (음양편 서참조) 己卯년 九,十월은 금(金)성을 경계하라. (金性 = 사자,차 음을 가진 성) 추송학 성명학 미전 참조) 辛卯년은 만사대통이나 五,六월은 신하라. 癸卯년 十一월 十二월은 원행이나 이사를 하지마라.

辰년을 만나면 초반운은 불길하나 후반기는 순조로운 운이 되리라.
甲辰년 三,四월은 사기 도적 주의하고. 丙辰년 正,二월은 밤길을 조심하라. 戊辰년 九,十월은 재수는 좋은데 사람들이 모두 내것만 뜯어 갈려고 하니 담담하리라.

庚辰년 正.二월은 원행을 주의하고 辰년 五.六월은 물과 불을 조심하라.
巳년을 만나면 집안에 우환이 있을 운이니 이사를 하므로써 길하다. 이사 방위나
시기는 음양전서를 참조하라.
乙巳년, 五.六월은 물과 남녀 고개를 주의하고 丁巳년 九.十월은 문서 계약에
신중을 기하고 己巳년 三.四월은 원행이나 이사는 가지 말것 辛巳년 十월은
문단속 잘하고 금전거래를 할때는 주의 할것이며 癸巳년 三.四월은 집안에 질병
을 주의 하라.
午년을 만나면 귀인도 있고 재운도 있다.
甲午년 三.四월은 새로해 시작하여 성공할 것이나 힘겨운 일은 하지 말것, 丙午년
二.五월은 구설수 있으니 언쟁을 주의 하고 戊午년 七.八월은 송사수 있으니
주의하라. 庚午년 九.十월은 재수 불길하고 壬午년 十一.十二월은 원행
하면 몸다친다.
未년을 만나면 모든일이 순탄하며 재수도 좋으나 역마살이 붙는 운이되면 실패
하니 미리 대비하라. (추송학 저서 사주비전 참조)

乙未년 正、二月은 구설수 있으니 조심하고 三、四月은 도적을 주의 하고 己未년 五、六月은 물을 조심하라. 辛未년 七、八月 도적、사기、구설수 및 송사를 주의 하라. 癸未년 九、十月은 원행하면 질병 아니면 몸다친다. (申년과 酉년은 동일함)

申년을 만나면 만사 순조롭다. 甲申년 正、二月은 건강을 불길하고 丙申년 五、六月은 횡액수 있으니 무년모감二〇二페이지의 부적을 사용하여 예방하라, 戊申년 七、八月은 여행을 하면 질병을 얻을 수 있다. 庚申년 三、四月은 모든 일에 침착하라 적은을 하고 도와주지 않다. 壬申년 十月 화재 주의 하라, 酉년을만나면 매사 대통운이다

戌년을 만나면 재산을 탕진하기 쉬우니 새로운 사업이나 투자 하지 마라. 甲戌년 三、四月은 투자 및 금전거래 주의 丙戌년 正、二月은 반결 반흉하리라 戊戌년 五、六月은 원행이나 물가에 가지 말라 庚戌년은 차사고나 우이니 주의 하고 壬戌년 七、八月은 파재구설수 있다.

亥년을 만나면 키이이 도와 하는일이 순조로우며 만사가 순탄하리라. 丁亥년 九、十月은 싸움을 피하는자 틱이 있으 乙亥년 五、六月은 남을 믿지 마라.

리라. 己亥년 五, 六월은 여행을 삼가하라. 차사고 나리라 辛亥년 正, 二월은 도적 주의하라. 癸亥년 十二월은 화재 주의하고 여행을 삼가하라.

제 三十二 운세

富貴上神有德格

제 三十二운 천리타향격(千里他鄕格)

곧고 의리깊은 삶을 하는 사람이다. 심야에 차가 한때도 다니지 않는 길에서도 고통신 호를 어김없이 지킨다.

기획성이 있어 무슨 개최사항이나 시체큼 발매 캠페인의 계획을 짜라면 추종을 불허한다. 반면에 일상생활에서는 어리광과 장난기 어린 행동을 한다.

면밀한 계획성이 크므로 하는 직업이나 기획에 구속되는 직종을 좋아 있는 직업에는 절대로 맞지 않는다.

일에 열중할 때와 휴식할때의 전환이 아주 깨끗하며 중간에서 중지한다두가 힘에 미치지 못하는 일로 시간을 허비하는 일은 절대로 없다. 뿐만아니라 모든면에서 융화성이 있어 폭 넓은 사람이다. 자기 자신을 위해 한 일이 즉 그대로 다른사람의 즐거움이 되는 사람이다.

여성은 남 부살피는 것을 고생으로 생각지 않는사람으로 가족중에서도 상의하는 상대로 뺄수 없는 존재이며 부인으로서 만사 신뢰감을 주는 사람이다. 자기 자신은 가정과 가족을 위하여 온힘을 다하는 양생각하나 실수가 더러 있다. 시떡식구나 한 울안에 거주하는 사람은 이점 특히 주의할 점이다. 소소한 것도 남편하고 상의함 이 좋다. 이러한 성격인 고로 상성이 까다롭고 신중하게 선택하지 않으면 안된다 여성은 가사보다는 취미 외적 활동에 능력을 평가 받아 이점받고 卯년,巳월생 남자나 亥년 七월생 남자와 결합하면 행복한 가정을 꾸밀 수 있다.
남성은 교제면에 능숙하고 귀염성있는 卯년,二월생 여자나 卯년 三월생 여자와 서로 결함하면 적격이다.
직업은 운수업, 광산업, 공장, 서점, 철판사 등이 알맞다.
자녀는 三,四형제 운이고 형제는 무덕하여 독신격이다.
수명은 七十세를 지낼 것이고 재산은 말년에 부자가 되리라.

평생 운

초년은 조실부모 하든지 그렇지 않으면 배다른 형제가 있어 고독한 운이다. 적지에 나 가서 자수성공하여 두三세 이후는 많은 사람들에게 존경을 받고 재산을 많이 모으는

실한 운이다

구년을 만나면 부부 이별수 있고 사업도 잘 풀리지 않으니 침착 냉정한 처세를 하라, 甲子년을 만나면 二三월에 주위의 유혹에 현혹되지 말고 丙子년 五六월은 쟁우 이 불길하지만 인내로 극복하면 결과는 좋으리라, 戊子년 九十월은 상업, 사업에 투기를 하지 말것이며 庚子년 九十월은 사업 변경을 하면 실패 하리라, 壬子년 五六월은 물을 조심하라 수액수 있다 (예방비법에 수액예방부를 사용하라)
표년을 만나면 친척간에 불목하고 구설수 있으니 침착하라.
乙丑년 三四월은 언쟁을 하면 손재수 있고 己丑년 九十월은 도적 및 사기를 주의하고 己丑 년 十월은 문서계약을 하는데는 신중을 기하라 辛丑년 正二월은 질병으로 근심하겠고 癸丑년 十월은 이사나 원행을 하지마라.
寅년을 만나면 자손으로 인한 근심이 있거나 집안 어른들로 인한 근심이 있겠다 甲寅년, 正二월은 자손으로인한 근심이 있겠고 丙寅년 五六월은 웃어른들로 인한 근심이 있으며 戊寅년 十一, 十二월은 웃사람의 질병으로 근심하지 않으면 손재할 운 이다 庚寅년 三四월은 도적을 주의하고 壬寅년 十二월은 도적 및 사기를 주의 하라.

卯년을 만나면 미혼자는 결혼하며 기혼자는 새로운 상. 사업 시작하리라.

乙卯년 三.四월은 손재수 있으니 침착하라 丁卯년 九.十월은 문서계약을 할때는 신중

을 기하고 己卯년 五.六월은 원행하면 몸다친다. 辛卯년 十一.十二월은 화재와 건

강에 주의하고 癸卯년 三.四월은 여행을 삼가하고 호주머니 단속을 잘하라

辰년을 만나면 어디론가 떠나가려는 변동의 운세이나 움직이지 않는것이 좋다.

甲辰년 正.二월은 원행을 주의하고 丙辰년 三.四월은 구설수 있으니 언쟁을 피

하고 戊辰년 九.十월은 교통사고를 주의하라 庚辰년 七.八월 부부이별수 있으

며 자손질병을 주의하라. 壬辰년 三.四월은 이사하지 말라 꼭 이사할 형편이라

면 추송학의 음양전서를 참조하여 결정하라.

巳년을 만나면 사업변동이나 이사할 운이다.

乙巳년 三.四월은 이사를 하되 방위를 잘살피도록. 丁巳년 九.十월은 부동산매

매하는 운이인데 계약할때는 점묵서를 확실하게 하라 사기당할 운이다.

己巳년 五.六월은 여행을 하라 집에 있으면 관재수와 건강이 나빠진다. 辛巳년

九, 十月은 도적을 주의하고 癸巳년 十二월에는 도적과 사기를 주의하라
午년을 만나면 만사 순탄한 운이다
甲午년 三, 四월은 과제 구설을 주의하고 丙午년 五, 六월은 원행을 하지말고
戊午년 九, 十월은 과제가 있는데 주의하라 庚午년 五, 六월은 물가에 가지말고
午년 十二월은 횡액수 있으니 밤길을 조심하라
未년을 만나면 가족한 노력을 하면 커이이 도와 사업이 잘 풀린다
乙未년 고, 二월은 구설수 있으니 언쟁을 조심하고 丁未년 五, 六월은 낙상수
있으니 조심하라 己未년 七, 八월은 재물이 길하나 과재수 있으니 예방하라 辛
년 보강을 참조하여 과재복적으로 예방하라 辛未년 十, 十二월은 과재와 구설을
또 질병을 조심하고 癸未년 九, 十월은 송재수 있으니 주의하라
申년을 만나면 만사 불길하니 옛날과 다름없는 생활에서만 순해가 없다
甲申년 고, 二월은 과제수를 조심을 하라, 丙申년 五, 六월은 이사를 하거나 직업
변동을 하면 손, 해 보리라, 戊申년 九, 十월은 문서계약에 주의하라, 庚申년
十, 十二월은 화재와 도적을 주의하고 壬申년 七, 八월은 자손의 질병을 주의하

라.

酉년을 만나면 이전을 하거나 외국으로 이민 가는 운이다.
乙酉년 九,十월은 이사를 하거나 이민갈 운이다. 丁酉년 三,四월은 마사 수타 하지만
금전거래만은 주의하라、 己酉년 九,十월은 도적을 주의 하라 辛酉년 八월 송사수
있으니 언쟁을 조심하고 癸酉년 六월은 물가에 가지마라、
戌년을 만나면 남의 유혹이나 잠언、이성에 휘말리지마라、 재산탕진과 가정파탄 이 생
긴다
甲戌년을 만나면, 五,六월은 횡액수 있으니 여행하지 말고 丙戌년 十一,十二월은 화재를
주의하고 戊戌년 三,四월은 도적과 손재를 주의 하라 庚戌년 正,二월은 자녀들로 인해
근심이 있고 壬戌년 九,十월은 손재수 있으니 이내로 근신하라
亥년을 만나면 귀인이 도우려하나 받아 들이지 않으니 딱한 일이다.
乙亥년 三,四월은 손재수 있으니 주의하고 丁亥년 五,六월은 화재와 도적을 주의하고
己亥년 三,四월 구설과 소송을 피하라、 辛亥년 正,二월은 부부언쟁을 피하고 癸
亥년 七,八월은 원행을 하지마라、 횡액수 있다

제三十三 운세 家興子興格

제 三十三운 개화결실격 (開花結實格)

본운의 사람은 두령이 될수 있는 자질을 갖추고 있다. 그러므로 다른사람들의 이목이 집중되기를 좋아하고 또 집중되게 하기 위하여 여(女)들이나 표현에 화려하고 과대성이 있다. 부끄러움이라든가 멋적다든가 하는 감정과는 인연이 면 성격이며 또 관용, 아량이 있어 주위에 항시 사람들이 따른다.

가정측의 여서 양친 처자에게는 다정 다감하며 애정의 면에서도 보통세심한 것이 아니다. 김본적으로 본운생은 재지가 있고 두뇌의 소유자로 단지 주의하여야 할것은 작은 일을 한가지 성공했다고 허세 세우면 자기 기분에 빠져 안심해 이었다. 자신의 재능을 주위의 사람들이 추켜 세우면 자기 기분에 빠져 안심해 버려 조그만한 재주 부림으로 끝나버리기 쉽다. 주위의 인기와 총애를 받는 반면에 따성이 어려움을 알아야 한다.

이사람의 특징은 성격이 외고집이고 고지식하여서 듣기 싫은 말이나 신세지는 일은 절대로 하지 않는다. 사람은 때와 장소에 따라서 처세를 달리할 수도 있어야 어느곳에라도 어울릴 수 있는 것이다. 직업은 발명가, 과학자, 의사, 기술자, 교육자등이 적성에 맞다. 자녀는 三, 四형제 운이며 둘째 아들이 천재적인 두뇌를 가질 것이다. 수명은 八十 상수하나 성격탓으로 심장병등 건강을 해치리라.

평생 운

초년 七, 八세 까지는 어령을 형제에서 걸러지며 十三세 때 병으로 고생하거나 부상을 당할 운이며 한쪽 부모와 사별할 운도 있다. 十五세부터 二十세 까지는 취직이나 직접 자기 사업에 길들을 잡기 시작하여 성공되며 二十一세부터는 서서히 운로가 좋아진다. 四十一세부터는 최직, 승진 신규사업을 시작하는등 중년 이후의 운로가 활짝 열리다. 五十세 이후에 약간의 어려움이 있으나 꾸준한 노력으로 계속적인 발전을 한다.

구년을 만나면 과거를 하거나 출세하는 운이며 재운도 좋은 운이다, 丙子년 고 二월은 출행을 삼 甲구년 五, 六월은 남을 믿다가 사기 당한다.

가하라 횡액수 있다. 戊子년 五,六月은 물을 조심하라, 庚子년 三,四月은 자녀로 인한 근심이 있거나 자신의 건강이 불길하고 壬子년 十月은 화재를 주의하라.

丑년을 만나면 고집부리지 말고 사세에 수응하라, 乙丑년 五,六月은 원행을 주의하고 丁丑년 七,八月은 구설수 있고 己丑년 九,十月은 손재수 있으니 주의하고 辛丑년 十一,十二月은 원행 못 이사하지 말것, 癸丑년 正,二月은 새로운 일을 시작하지 마라.

寅년을 만나면 만사 불길하나 삼재가 들었으니 예방비법에서 삼재예방부를 사용하여 예방하라.
甲寅년 三,四月은 재수는 좋으나 남에게 사기를 당하니 주의하라, 丙寅년 五,六月에는 이사하지 마라 불길하다. 戊寅년 十一,十二月은 꺼지에서 할 일은 피하지 말라 잘되지 않는다. 庚寅년 七,八月은 재수 불길하고 구설수 있다, 壬寅년 九,十月은 문서거래는 주의하라, 사기 당한다.

卯년을 만나면 도와주는 사람도 있으나 해치는 사람이 더 많으니 매인과 계를 경계하라

乙卯년 正.二월은 도와주는 사람은 없고 해를 끼치는 사람 뿐이니 주위의 사람들을 경계하라 丁卯년 五.六월은 물을 주심하라 횡액수 있다. 己卯년 九.十월은 문서 거래를 주의하고 辛卯년 九.十월은 과재 구설과 질병을 주의하라 癸卯년 三.四월은 새로운 일을 시작하지 말라 손해본다

甲辰년 三.四월은 운수 대통이나 인내와 진실성을 잃지마라, 丙辰년 五.六월은 재운은 좋으나 사람따 속이려하니 주의하라, 戊辰년 正.二월은 도적 및 집안에 질병이 침범하니 부처님께 기도하라 庚辰년 十二월은 원행을 삼가하라 횡액수 있다 壬辰년 五.六월은 구설과 도적을 주의하라.

辰년을 만나면 우연히 커이이 생기는 운이지만 마음 가짐을 착하게 하라

巳년을 만나면 선길 후흉이니 치밀한 계획과 노력이 필요하다
乙巳년 三.四월은 힘에 벅찬일은 삼가하라 재운이 약하다. 丁巳년 五.六월은 횡액수 있으니 조심하고 己巳년 五.六월은 물과 불을 조심하라, 辛巳년 正.二월은 질병을 주의하고 癸巳년 十二월은 고통사고를 주의하라

午년을 만나면 하는 일을 변동시켜서 새로운 일을 착수하라

甲午년 三·四月은 새로운 일을 시작해도 좋으나 남을 믿고하는 일은 금하라
丙午년 五·六月에는 물가에 가지말고 戊午년 九·十月은 화재와 도적을 주의하고 庚午년 三·四月은 남녀교제하다가는 질병을 얻을것이며 壬午년 九·十月은 금전거래를 주의하라 손재수 있다.
未년을 만나면 마사 순탄하다
乙未년 五·六月은 여행하지 마라 몸다친다 丁未년 九·十月은 문단속 잘하고 도장을 잘 보관하라 己未년 七·八月은 구설수 있으니 위년보감 一八八페이지 횡액부작으로 예방하라 辛未년 正·二月은 화재와 도적을 주의하고 癸未년 十一·十二月은 도적·사기 등으로 손재를 주의하라.
申년을 만나면 반가운 사람을 만난다. 행방불명 되었던 사람을 찾는 등
甲申년 五·六月은 우연히 기쁜일이 생기며 丙申년 三·四月 친척간에 과재 구설을 피하라. 戊申년 正·二月은 도적을 주의하라. 庚申년 九·十月은 상품 거래 및 문서 계약으로 인한 손해 있으니 주의하고 壬申년 十二月은 화재와 도적을 주의하라.

—336—

酉년을 만나면 마귀 같은 사람만 득실거리니 매인관계를 극히 조심하라, 乙酉년 五,六월은 사람을 믿지마라, 丁酉년 五,六월은 우연히 구설을 듣는다, 己酉년 九,十월은 도적사기 주의하고, 辛酉년 七,八월은 과재와 소송을 피하고 癸酉년 正,二월은 병자가 발생하니 예방비법에 있는 병살부적으로 예방하라.

戌년을 만나면 재수는 좋으나 직업변동수 있으니 신중을 기하라 甲戌년 三,四월은 직업변동을 하지마라 丙戌년 五,六월은 여행이나 이사하지마라 가정에 풍파가 있다, 戊戌년 九,十월은 이사를하되 음양오행서를 참족하여 방위를 잘 살펴 가라 庚戌년 九,十월은 화재와 도적을 주의하고 壬戌년 七,八월은 횡액수 있으니 예방비법을 참조하여 부적으로 예방하라

亥년을 만나면 남녀교제를 주의하고 경험없는 일을 하지마라, 乙亥년 三,四월은 새로운 일에는 손대지 마라, 丁亥년 九,十월은 상품거래 및 문서계약에 주의하라, 己亥년 十一,十二월은 여행이나 출행은 삼가하라

辛亥년 九, 十월은 도적과 사기를 주의하고 癸亥년 正, 二월은 화재수 있고 손재수 있으니 주의하라.

제 三十四 운세 晚年大功格

제三十四운 조실부모격(早失父母格)

대인관계가 매우 원만한 사람이다. 그위에 조직력까지 있어 학교나 직장같은 곳에서 언사이 크럽활동들을 한다. 이사람에게 놀이나 단체여행등을 주관을 위임해 놓으면 만사 무난하다. 젊어서는 언(단)체나 직장에서 총애도 받고 주목도 끌수 있으나 약간 인격적으로 중량감이 부족하여 중견적인 위치가 되면 신뢰도가 약해져서 핵심멤바에서 소외되기 쉽다. 남 돌보아 주기 잘하고 구실한 바면, 자신의 생활면은 비밀주의적이어서 의외에도 노출되지 않는 음 복된 점이 많은 사람이다.

동료를 유쾌하게 하고나서도 헤어진후 홀로 떨어져 다시 한잔 하는식, 그곳에서는 평소 보지 못하던 심적 갈등에서 생기는 침울한 표정이다. 남성은 가정문제에서는 자상하지 않았으나 제멋대로의 욕구가 많다.

그러나 일을 한번 시작하면 자상하고 착실하게 일하는 성품이며 점심에 가만히 있 지 못하고 오전중부터 들써 들써 하다가 오후에는 부러져리는 거리로 나와 돌아

다녀야만 적성이 풀린다
자기의 용건이 끝나면 상대의 말이 채 끝나기 전에 전화를 끊는다던가 물건을 살 때에 값을 치르고 거스름돈만 받고 물건은 놓아두고 나오는 등 성급하고 걸망 중스러운 편이 있다.
면밀한 계획성이 필요로 하는 직업이나 기획에 구속되는 직종이나 종일 앉아 있는 직업에는 절대 맞지 않는다.
결혼은 남자는 寅년 三월생이나 卯년 五월생 여자가 길하며 여자는 자녀 六월생 남자가 길하다.
직업은 기술직, 판사, 검사, 무역사업등이 좋으며 투기성이 있는 사업은 어울리지 않는다.
자녀운은 그자나 一자를 들 있으며 형제운은 형제덕이 없어 독신격이며 수명은 七九세 상수하리라.

평생 운

고독과 추년고생은 타고난 운명이지만 늦게서야 피는 꽃은 향기가 있으며 큰 그릇은 늦게 이루어 진다고 했드시 三十八세 이후는 큰 인물이 되며 성공하리라 子년을 만나면 귀인이 도와 새로운 일을 시작하여 성공하는 좋은 운이다 甲子년 二三월은 남의 천유를 물리치지 말라 도움이 되리라. 丙子년 五.六월은 도적을 주의하고 戊子년 九.十월은 남의 말을 듣지마라. 庚子년 五.六월은 동업하지말고 壬子년 九.十월은 화재를 주의하라.

표년을 만나면 만사를 주의하여 전진하면 큰 피해는 없으리라.
乙표년 五.六월은 여행이나 떠나 기부전화도 도움이 되리라. 丁표년 九.十월은 재운은 좋으나 건강이 좋지 않으며 (예방비법에서 벗살구력으로 예방하라) 己표년 十一.十二월은 화재와 도적을 주의하라. 辛표년 三.四월은 여행이나 이사를 주의 하라 癸표년 九.十월은 손재수 있으니 주의하라.

寅년을 만나면 이사를 하거나 여행은 좋은운이나 이사는 방위잘피행하라 (추송화 저서 구성학비법 참조)
甲寅년 正.二월은 재수 없으니 너무 욕심내지 말고 서서히 전과같이 지나라

丙寅년 九·十월은 물건을 사고 파는 데서 사기당하니 주의하라. 戊寅년 七·八월은 고집으로 손해를 보니 무리하지 마라. 庚寅년 九·十월은 문서거래를 주의하고 壬寅년 七·八월은 여행하지 마라.

卯년을 만나면 가정에 복잡한 일이 생기나 인내하면 무난히 지날 것이다. 乙卯년 二·三월은 부부 언쟁이나 집안 식구가 횡액을 당하는 운이니 침착하라. 丁卯년 九·十월은 원행이나 출타를 삼가하라. 己卯년 十一·十二월은 도적과 화재를 조의하라. 辛卯년 三·四월은 남의 말을 듣지 말고 癸卯년 七·八월은 무단속 주머니단속 잘하라. 손재수 있다.

辰년을 만나면 멀리서 귀인이 와서 도우니 뜻밖에 재산이 모이지만 다음사항을 주수하여야 하다.

甲辰년 三·四월은 매사를 소신대로 처리하라. 丙辰년 五·六월은 과재와 금전 거래를 조심하라. 戊辰년 九·十월은 원행 이사 조의하고 庚辰년 正·二월은 횡액수 있으니 출행을 삼가하고 壬辰년 九·十월은 도적과 사기, 배신을 당하는 등 불길하니 매인과 매사를 신중히 하라.

巳년을 만나면 생남을 하거나 재산이 는다.

乙巳년 正, 二월은 출산하지 마라. 丁巳년 九, 十월은 금전거래를 주의하고 己巳년 七, 八월은 고집부리지 마라. 辛巳년 九, 十월은 소재수 있으니 사기를 주의하고 癸巳년 十월은 화재와 도난을 주의하라.

午년을 만나면, 남녀간에 괘를 삼가하라 뜻하지 않았던 사기나 손재를 당하다

甲午년 三, 四월은 괘재 구설수 있으니 주의하고 丙午년 七, 八월 관재, 손재를 조심하고 戊午년 九, 十월은 문서계약 하지 말고 庚午년 十一, 十二월은 무단속 잘하고 壬午년 正, 二월은 남의 말을 듣지 마라

未년을 만나면, 집안이 불안하니 이사를 하면 대길하리라

乙未년 四월은 마음을 가다듬고 거래를 하라 사기당하기 쉬우리라. 丁未년 七, 八월은 사람마다 뒷정이 있으니 뒷심을 버리지 마라. 己未년 九, 十월은 관재와 소송을 피하라 辛未년 十一, 十二월은 순재수 있으니 관리를 잘 하고 癸未년 三, 四월은 원행을 하거나 이사를 하면 길하리라.

申년을 만나면 재산은 늘지 않으나 명예는 널리 퍼지니 길운이라 하겠다

甲申년 正, 二월은 송사는 하지말고 피하라. 丙申년 九, 十월은 과재와 도취 즉의
戊申년 五, 六월은 말을 조심하라 횡액수 있다 庚申년 九, 十월은 문서
계약을 하지마라. 壬申년 七, 八월은 손재수 있으니 금전거래를 조심하라.

酉년을 만나면 매사 불길하니 침착하게 대처하라
乙酉년 二, 四월은 부부 이별수 있으며 근심되는 일이 있다. 丁酉년 五, 六월은 원
행이나 이사하지 마라 집안에 병자가 발생한다. 己酉년 九, 十월은 손재수 있다
辛酉년 七, 八월은 과재 구설수 있고 癸酉년 五, 六월은 원행을 하지 마라.

戊년을 만나면 주인과 계를 신중하라 소재수 있다.
甲戌년 正, 二월은 마음에 정한 일을 발설하지 말고 丙戌년 七, 八월은 과재 구설
수 있고 戊戌년 十월은 고동사고와 화재를 주의하라. 庚戌년 七, 八월은 여행이
나 문서계약을 하지 말 것이며 壬戌년 三, 四월에 새로운 일을 시작하면
실패하리라.

亥년을 만나면 만사가 순탄하다
乙亥년 三, 四월은 친척간에 약속을 하지 말 것이며 丁亥년 九, 十월은 화

재화 질병을 주의하고 己亥년 七, 八월은 누구와도 언쟁을 피하고 과재구설을 주의하라 후亥년 七, 八월은 구설과 도적을 주의하고 癸亥년 곧, 二월은 재수없으니 침착과 신중을 기하라.

제 三十五 운세 家庭有風格

제 三十五운 고독후부격 (孤獨後富格)

몸가짐이나 옷차림이 단정한 사람이다. 소지품도 고급으로만 찾는 형이다. 일보다는 취미를 살리는 인생관을 갖고 있다. 그렇다고 일을 소홀히 하는 것이 아니다. 빈틈없는 근무성적을 올려놓은 없으나 그 확실성을 인정받아 승진하는 운세이다. 그럼으나 어느쪽으로 출세옥은 없으나 그 확실성을 인정받아 웅한 위치를 차지하게끔 밀린다. 아름다운것을 사랑하는 마음이 남달라 통하는 것 야간의 결벽일 것이다. 특히 二十세 이후에는 유부녀와의 애 정관계가 생긴다.

입과 손, 발이 척척 들어맞는 재능꾼, 무엇이든 할 수 있다는 정신력에 충만한 사람. 회사에서 현재의 근무부야외 부문에 배치 전환 되어도 그것을 기뻐하며 얼마 안가서 마스터 해버린다.

성격이 식성이 좋아 무엇이든 못먹는 것이 없고 안먹는 것이 없다. 그러나 여성은 외견주의적이어서 금력이나 실력이 없어서 외관상 한심

-348-

하면 열을 올리다. 마음에만 들면 적극적으로 푸로포즈하여 유력한 후보자가 있었어도 물리치고 승리를 거둔다.
남성은 자기와 같은 환경에서 자란 여성은 부족감을 느낀다.
직장결혼은 시초부터 부정적이다. 외국인과 결혼하는 사람도 많다. 이러한 결함을 살리는 운세이다. 덕으로 자기에게 맡겨진 책임이나 해야할 일을 한다는 책임감이 없이 주어진 틀속에 산히기 싫어하는 성품도 내포되어 있다. 실력이 충분한 고로 당연히 빨리 두각을 나타낸다. 명문의 자식이 예능면에 투신하여 지반을 구축하다 등가 경제학 교수가 소설가로 새로운 분야를 개척하는 등 전혀 다른 곳에서 자신의 가능성을 개발하는 특성임으로 직업은 사업가, 공업, 출판업, 종교가 의사 등이 적합하다.
결혼은 여자는 구년十二월생이나 卯년十월생 남자가 길하며 남자는 未년十월생이나 수년六월생 여자가 길하다.
자녀는 많은 운세이나 신앙심을 가지고 자손의 길흉 화복을 빈다면 二,三자 둘 것이다.

형제는 四형제의 운세이나 무덕하며 고독하다 수명은 윗명은 짧다 그러나 죽을 고비를 넘기고 넘기면서 수명을 연장하여 八十세이상산는 팔자라고 보겠다

평생 운

좋은 운은 중년 이후라 하겠으나 고독한 마음과 쓸쓸한 마음은 어제나 변함이 없을것이다 그러나 많은 사람에게 존경과 많은 사람을 지도하는것은 평생을 두고 하리라

甲子년 三·四월은 커이이 도우나 친한 사람이 아니면 경계하라 丙子년 五·六월은 원행을 삼가하라 횡액수 있다 戊子년 七·八월은 관재 구설과 도적을 주의하고 경자년 九·十월은 손재수 있고 壬子년 九·十월은 원행이나 무서계약은 하지마라

九년을 만나면, 많은사람들이 따르며 커이이 돕는 좋은운세이다

꾜년을 만나면 만나는 사람마다 손해만 주니 누구를 믿겠는가. 근신하라

乙丑년 三,四월은 관재 구설수 있고 丁丑년 正,二월은 화재 및 도적을 주의하고 己
丑년 七,八월은 만사 불길하며 辛丑년 十一,十二월은 원행및 이사하면 손재가 따
르다 癸丑년 九,十월은 화재와 사기를 주의하라.

寅년을 만나면 모든 것을 축소시키는 식으로 하라 사기와 손재 있으리라
甲寅년 正,二월 남의 말을 들으면 큰 피해 있으리라 丙寅년 七,八월은 신경
질적인 처사는 삼가하고 戊寅년 九,十월은 무서계약을 주의하라 庚寅
년 十월은 원행하지 말고 壬寅년 三,四월은 무서계약을 하면 손해본다

卯년을 만나면 재산은 늘어나지만 신용은 타락한다
乙卯년 三,四월은 관재 구설수 있고 丁卯년 五,六월은 말을 조심하고 己卯
년 七,八월은 재산의 낭비나 사기 당할 운이다. 辛卯년 正,二월은 돈업하
지 말고 남의 말에 키 기우리지 말것이며 癸卯년 十월은 무단속을 잘하라

辰년을 만나면 귀인이 도와 만사 순조롭다.
甲辰년 三,四월은 무서계약을 하되 친척아닌 사람과 체결하며,
丙辰년 五,六월에 횡액수 왔으니 물가에 가지 말고 戊辰년 九,十월은 손해 있으리라. 庚辰년 무서계약

을 주의하고、庚辰년 九、十月은 과재와 소송을 피할것이며 壬辰년 七八月은 민년을 만나면 큰 인물이 되는 성공의 해라고 본다.
고집으로 손해보니 주의하라
乙巳년 九、十月은 남을 믿고하는 일을 하지마라、丁巳년 三、四月은 원행이나 이사를 하면 불길하다. 己巳년 五、六月은 원행이나 물가에 가지말라
후巳년 九、十月은 문서계약 하며, 속으며 癸巳년 十一月은 도적과 화재를 주의하라

午년을 만나면 주위에 해치는 사람만 있으니 마음이 착잡하다
甲午년 三、四月은 마음은 큰데 하는 일은 잘되지 않는다. 丙午년 正、二月
은 화재와 손재 있으니 주의하고, 戊午년 五、六月은 횡액수 있으니 예방하며
법에서 횡액부적을 사용하여 예방하라. 庚午년 九、十月은 운세 불길하니
허욕을 금하라, 壬午년 九、十月 도적、과재수 주의하라

未년을 만나면 재수 없으며 뜻과 같이 되지 않으니 침착 근신하라. 丁未년 五、六月은
乙未년 三、四月은 단독사업보다는 동업이 유리하다.

원행하지 말고 己未년 七, 八월은 관재 구설수 있으니 酉년보감을 참조하여 과재예방 부적을 사용하라 辛未년 五, 六월은 도적 및 화재수 있고 癸未년 十一, 十二월은 화재와 도적을 주의하라,

申년을 만나면 집안에 식구가 즐지 않으면 부가하는 운이며 사업을 변동하는 운이다. (申년과 酉년은 동일함)

甲申년 五, 六월은 직업변동을 하지 말고 丙申년 九, 十월은 부가하거나 직업변동하면 길하고 戊申년 七, 八월은 관재 구설수 있다 庚申년 十一, 十二월은 원행이나 이사하면 집안에 구설이 생기고 壬申년 正, 二월은 질병을 조심하라 식구가 줄어들는다. 결혼하는 사람 있으면 길하리라,

戌년을 만나면 재운도 왕성하고 매사가 순조롭다 甲戌년 正, 二월은 전반은 커인도와 매사 순조로우나 후반기는 불길하니 길은 관찰력을 발휘하여야 한다. 丙戌년 二,四월은 사기와 관재를 피하라 戊戌년 九, 十월은 횡액 및 도적을 주의하고 庚戌년 七, 八월은 자손에 근심이 있으며 몸에 질병이 오리라 壬戌년 十월

은 이사나 여행을 하면 큰 손해를 보리라. 亥년을 만나면 질투와 반감을 사지마라 몰락과 손산을 당하게 되리라 乙亥년 五, 六월은 물가에 가면 몸 다치다 丁亥년 七, 八월은 문서계약 주의하고 己亥년 十一, 十二월은 교통사고 주의하고 癸亥년 五, 六월은 원행하지 마라.

제 三十六 운세 家神助得格

제 三十六운 자등고문격 (自登高門格)

왕성한 향상심이 항상 불타는 사람이다. 타인으로 하여금 동경할만하며 교제범위도 넓어 친지는 많으나 막상 심금을 털어놓고 대할만한 친우는 별로 없다. 즉 대중속에 묻힌 고독의 상이다.

성격은 의리 깊은 삶을 하는 사람이다. 때와의 전화이 아주 깨끗하며 도중하차 남는 시간을 허비한다는 듯은 결대로 없다. 그뿐더러 이 사람은 모든 면에 융화성이 있어 폭이 넓은 사람이다. 자기자신을 위해 한 일이 곧 그대로 타인의 즐거움이 되는 것이다. 기획성이 있어 모든 일에 별로 하자가 없으며 일상생활에서는 어리과의 장누기여리 행동으로 부위기를 부드럽게 한다.

여성은 남 보살피는 것을 고생으로 생각지 않는 사람으로 가족중에서도 집안일을 상의하는 상대로 뺄수 없는 존재이며 부인으로서도 만사 신뢰감을 주는 사람이다.

결혼은 남자는 卯년 二월생이나 표년 三월생 여자가 길하며 여자는 卯년 五월생이나 亥년 七월생 남자가 길하다.

직업은 법관, 교육공무원, 예술가, 과학자 등이 길하며

자녀는 二자나 四남매를 둘 운이고 자손을 위해서는 전생애를 바친다

형제는 있다하여도 덕이 없고 오히려 고독한 운명이라 하겠고 혹은 배가

다른 형제가 있는 사람도 있다

재산은 자수성공하는 운이므로 말년에 많은 재산을 갖게되며

수명은 七十세 이상 장수 하겠다

평생 운

초년 일찍 부모를 여의고 고독한 운이며 중년은 자수성공한다라고 큰 애로

가 있을 운이며 말년은 재산을 많이 거느리며 길한 운이다.

구년을 만나면 귀인이 도와 하는 일마다 순조롭다.

甲구년 또 三월은 문단속 잘하고 丙구년 五, 六월은 물가에 가지말고 戊구년

九·十월은 관재 구설수 있으며 庚子년 十一·十二월 원행을 삼가하고 辛丑년 七·八월은 친척간에 언쟁이나 구설을 주의하라

壬寅년을 만나면 질병을 주의하고 하는일 마다 실패하기 쉬우니 다음사항을 준수하면 큰 안운을 면하리라

乙丑년 三·四월은 손재수 있으니 남의 말에 커기우리지 말고 丁丑년 九·十월은 고집을 내세워 모든일을 진행하면 손해를 본다、 己丑년 十一월은 화재와 도적을 주의하고 辛丑년 五·二월은 원행이나 이사를 하려면 방위를 살피어 행하라

癸丑년 六·七월은 가정불화나 질병을 주의하라

寅년을 만나면 구설과 손재수 있으니 대인관계를 원만히 하라、

甲寅년 三·四월은 여행이나 이사하라 집안에 재운볼길、 丙寅년 九·十월은 고집을 부리거나 소송을 하면 패가 망신, 戊寅년 七·八월 자손이나 부모로 인한 근심이 있다、 庚寅년 三·四월 두기적인 일은 하지 말고 壬寅년 五·二월은 도적과 화재를 주의하라

卯년을 만나면 집안에 근심걱정이 떠날 날이 없으나 다음사항을 준수하면 가히

면하리라

乙卯년 三,四월은 새로운 일을 시작하면 실패하니 신규 시작을 중단하라. 丁卯년 九,十월은 무서계약 주의하라. 己卯년 十一,十二월은 화재 및 도적주의. 후卯년 三,四월은 남녀교제 주의하고 癸卯년 五,六월은 횡액수 있으니 물가에 가지마라.

辰년을 만나면 커인이 도와 매사 순조로우리라. 甲辰년 七,八월은 커인이 도울수이니 기회를 잃지마라. 丙辰년 九,十월은 문서거래는 피하고 戊辰년 正,二월은 재수 없는 운이니 매사 신중히 하라. 庚辰년 七,八월은 소송 과재 주의하고 壬辰년 九,十월은 집안에 우환이 있으리라.

巳년을 만나면 미혼자는 결혼하고 무직자는 적장,직업을 얻는 운이다. 乙巳년 二월은 직업적으로 변동이 있으며 丁巳년 五,六월은 구설 있으니 근신하고 己巳년 七,八월은 소송이나 언쟁을 피하라. 辛巳년 九,十월은 무서계약 주의하고 癸巳년 五,六월은 원행을 삼가하라.

午년을 만나면 모든 일이 잘 될것 같으면서 되지않는다

甲午년 正,五월은 타인에게 의지하거나 도움을 구하면 성공되며 丙午년 三,四월은 남의 말을 믿으면 손해 있으며 戊午년 五,六월은 마음을 안정시켜서 인내로 그극복하라 庚午년 七,八월은 관재 소송을 피하고 壬午년 十一월은 교통사고를 주의하라

乙未년 二,三월은 직업이나 살고 있는 집을 변동하면 길하고 丁未년 五,六월은 바닷가에 가는 일을 삼가하고 己未년 九,十월은 고집부리면 손해본다 辛未년 七,八월은 관재 구설, 건강을 주의하고 癸未년 正,二월은 이사 여행 주의하라.

申년을 만나면 재산에 기복이 많으며 소득 없이 바쁘기만 하다. 甲申년 正,二월은 관재 구설과 건강을 주의하고, 丙申년 三,四월은 신규사업은 손해, 戊申년 七,八월은 재산은 늘지만, 마음은 고달프다. 庚申년 九,十월은 문서계약은 신중을 기하고 壬申년 十一월은 도적 및 화재를 조심하라

酉년을 만나면 만사 평탄하지만 타인과 언쟁을 하다가 거래를 하면 손해를 본다. 乙酉년 三,八월은 사기 도적을 주의하고 丁酉년 正,二월은 부동산 매매에 신중

히 하고 己酉년 九.十월은 원행하거나 이사하지 말고, 辛酉년 五.六월은 해수욕가면 불길하고 癸酉년 十一월은 횡액수 있으니 놀은곳 주의하고 밤길 조심하라.

戊년을 만나면 모든일은 순조롭게 되지만 당분간 마음이 복잡하리라
甲戌년 正.二월은 재산이 축재되는 운이다. 丙戌년 五.六월은 마음과 같이 잘 되지 않을것이니 신중한 대비를 하라 戊戌년 九.十월은 부동산매매는 유의하다
庚戌년 正.二월은 화재와 도둑을 주의하고 壬戌년 六.七월은 횡액수 있으니 원행하지 마라

亥년을 만나면 만사 순탄하며 풋파같이 소망성취되는 운이다
乙亥년 正.二월은 믿은 도끼에 발등찍힌다는 격이며 丁亥년 三.四월은 원행이나 이사는 불길하며 己亥년 七.八월은 고집으로 망하니 신중을 기하고 辛亥년 十一월은 화재. 도퍽 주의하고 癸亥년 十二월은 도퍽및 화재를 주의하라

제三十七 운세 有頭無尾格

제 三十七운 우중희생격 (憂中喜生格)

선견지명이 있고 남보다 진보된 생각을 가지고 있다. 장래에 대한 확실한 선견을 갖고 있기 때문에 행동은 계획적이고 허실이 조금도 없다. 남이 생각지도 않은 기략을 갖어 타의 감탄의 대상이 된다. 매년생은 두뇌의 회전이 빠르고 성급하다. 더욱이 말을 더듬는것도 빠른 두뇌의 회전에 미쳐 말이 따르지 못하기 때문이다. 또하나의 특징은 사치스러운 점이다. 남성은 옷차림을 깨끗이 않하면 남에게 틈을 보이는 것같은 감이 들어 안심을 못한다. 또여자는 색채감각이 아주 예민하다. 그렇기 때문에 좀 헛설한 사람에게는 결점이 자꾸 눈에 띠어 안쩔 부절한다. 혹 신경질적으로 보이거나 병담하게 생각되는 것은 이러한 원인이다.

구면하고 정직한데다 대인 관계가 좋아 여러가지 면에서 매듭짓는 역할로서는 없어서는 안되는 존재이다.

애정면에서는 부부사이가 좋고 나쁜적이어서 사물에 궁하지 않고 일에도 풍족한 편이 있어 행복한 인생을 보낼수 있다. 단지 선견지명 때문에 타인이 납득하기전에 혼자만 촉주하는 경향이 있다.

여성은 별로 자활능력이 없다. 경제력이나 포용력이 있는 남성과 결혼하면 가정은 꽉 짜이고 윤택한 생활을 할 것이다.

건강문제는 위하수, 위경련, 특히 젊어서의 호흡기질환, 신경통, 류마치스 등의 질환을 주의하라.

직업은 농업, 미곡상, 청과상, 예술계, 의사, 관공리 등 土, 水 사업이 길하다.

결혼은 만생이나 피녀생이 길하고 구녀생은 불길하다.

자녀는 아들보다 딸을 많이 둘 운이며 三남매나 많으면 조, 大남매가 될 것이다.

재산은 보편적으로 평탄하나 수명은 심장과 신장의 보호여하에 따라서 장단이 결정되므로 유의해야 할 일이다.

평생 운

초년 三, 四세에 죽을 고비를 넘기고 十세 전후로 남의 덕으로 건강에 도움을 받으며 十五세 전후는 질병으로 고생이 많다. 十八세부터 二十三세 까지는 좋은 운이고 남녀교제 면에서 인기가 상승되다. 三十五세부터 四十七세 까지 대운이 트이고 좋은 운세이나 이 기회에 전력을 기울릴 것이다. 그러나 지나친 허욕은 실패의 근원이니 유의하도록

구년을 만나면 매사 여의치 않으니 실망이 크나 용기를 잃지 않도록

甲子년 七, 八월은 관재구설에 사업실패 운이니 주의하고 丙子년 七, 八월은 믿었던 사람으로부터 배신당하는 운이며 戊子년 十一, 十二월은 귀인이 돕는 운이니 인적자원을 확보하도록 庚子년 五, 六월은 화재와 수재수 있고 壬子년 九, 十월은 문서거래에 주의하라.

乙丑년 三, 四월은 소송이나 어쟁을 피하고 丁丑년 五, 六월은 남녀교제 및 금전거래로 인한 근심이 있고 己丑년 七, 八월은 관재구설이니 횡액수 있다 추丑년 正, 二월은 횡액수 있으니 예방비법을 참조 예방하라. 癸丑년 九, 十월

문서거래를 신중히 하라,

寅년을 만나면 하던일도 중단되고 부부간에도 이별수 있으니 그신중하라 甲寅년 正, 二월은 쉬쉬히 축소방법을 강구하라 丙寅년 五, 六월은 물조심하고 戊寅년 九, 十월은 집안식구중 변자가 있거나 가출하는식구가 생긴다 庚寅년 七八월은 남,여 이별및 과제로인한 근심이 있고 壬寅년 三,四월은 원행및 이사, 문서거래를 신중을 기하라.

卯년을 만나면 남여 간에 마음이 안정되 않고 별정을 찾도록 乙卯년 三,四월은 재운이 없으니 구신할것이며 丁卯년 九,十월은 고집부리면 손해를 본다 己卯년 七, 八월은 물을 조심하고 辛卯년은 고돈사고를 주의하고 癸卯년 十二월은 물을 조심하라.

辰년을 만나면 매사 순조로우나 허욕은 부리지마라 甲辰년 五, 六월은 재운 불길하고 丙辰년 九, 十월은 과원구설 주의하고 戊辰년 五, 六월에는 횡액수 있고 庚辰년 十, 十二월은 밤길을 조심할것이며 壬辰년 五, 六월은 과재 구설을 주의하라

巳년을 만나면 귀인이 도와 하는일이 순조롭다. 乙巳년 三·四월은 손재수 있고 丁巳년 五·六월은 금전관리를 잘하고 己巳년 九·十월은 파재 구설수 있다. 辛巳년 十一·十二월은 운행이나 이사하지 말고 癸巳년 五·六월은 횡액수 있다.

午년을 만나면 사회적으로 나에게 맞는 직업이 되지 않으나 다음다한들을 준수하면 길운이 되리라. 甲午년 正·二월은 귀인이 도우며 丙午년 五·六월은 물가나 배를 타지 말고 戊午년 十一·十二월은 화재수나 횡액수 있으니 예방비법을 참조 화재 예방부적으로 예방하라 庚午년 十一·十二월은 파재 구설을 주의하고 壬午년 五월은 문서 계약을 신중히 하라.

未년을 만나면 직업을 변동하거나 이사하는 운이다. 乙未년 三·四월은 신규사업을 시작하면 성공한다. 丁未년 五·六월은 물을 조심하고 己未년 正·二월은 파재 횡액수 있다. 辛未년 七·八월은 말 어쨍을 주의하고 癸未년 九·十월은 부동산 매매계약에 주의하라

申년을 만나면 싯길 후행이니 주의하라
甲申년 五,六은 금귀, 거래상 어쩐이 있으며 丙申년 九,十은 과재구설수 있
으니 언쟁을 피하고 戊申년 十월 十二월 원행을 삼가하고 庚申년 正 二월
은 매사를 인내로 극복하라. 壬申년 三,四월은 신규사업을 시작해도 좋으
나 동업은 삼가 하라.
酉년을 만나면 자기 잘못을 알면서도 특집을 잡는 악운이다.
乙酉년 三,四월은 이별수 있고 손재수도 있다. 丁酉년 九,十월은 보증서는
일은 삼가 하라. 己酉년 七,八월은 관액수 있으니 언쟁을 조심하라. 辛酉년
十一, 十二월은 철행하지 말고 癸酉년 七,八월은 과재수 있으니 언쟁을 피하라
戌년을 만나면 귀인이 도우며 사업가는 새로운것으로 전진하려는 희망의 해 이다
甲戌년 正,二월은 신규사업을 시작하고 丙戌년 三,四월은 운수 불길하니 대
인관계를 신중히 하라 戊戌년 七,八월은 고집과 언쟁을 주의 하라. 庚戌년
三,四월은 이전을 하거나 원행을 하면 길하고 壬戌년 正, 二월은 집안에 근
심이 있으나 쉽게 해결 되리라.

亥년을 만나면 여행을 하거나 이사하는 운이다.
乙亥년 七, 八월은 화재주의하고 丁亥년 九, 十월은 화재를 주의하고 己亥년
正, 二월은 도적을 주의하라 辛亥년 七, 八월은 이사 및 여행은 불길하고
癸亥년 正, 二월은 신규사업 착수 불가하다.

제三十八 운세 辛苦孤獨格

제 三十八운 신고명강격 (身高名强格)

항상 자기반성과 자기비판을 게을리 하지 않으며 무엇보다 싫어하는 완고한 성격의 사람이다. 한편 사소한 일에도 웃고, 우는 감정이 민감한 사람이기도 하다. 생각하는것, 아이디어의 신선한 점은 빼어난 바 있으며 계획을 세우는 것을 아주 좋아한다. 그러나 곧 열의가 식어버리는 결점이 있다. 그러므로 증오한 시험에서 공을 세(취) 당한다 남의 말을 하기 좋아하며 비꼬기 잘하고 좋고 나쁜일이고 간에 자신이 화제에 오른 것을 싫어한다. 몸가짐은 단정하고 유행에도 민감하며 틀에 박힌 형식에 구속 되지 않으려는 잠재의식이 강하다. 한편 사람을 추켜세우는 데는 천부적인 소질이 있다. 이사람에게 부탁을 받으면 자신도 모르게 마음이 커져 무리한 부탁도 받아 들인다. 언변이 좋다 기 보다는 자신의 인품을 잘 구별하여 마음을 사로 잡는 설득력이 있다. 양성적이고 미워할 수 없는 점이 특진이다.

결혼은 남자는 九年 八月생 여자가 길하고 여자는 辰년 六月생이나 戌년
九월생 남자가 길하다.
직업은 영화, 영극의 제자자 평론가 등을 택하면 성공할 것이다.
자녀는 七, 八남매를 둘 운이다.
형제는 四, 五 형제 운이나 무덕하여 고독하다
수명은 주十三세의 위기를 넘기면 七十六세 상수하며 재복은 평생 좋은 운
이다

평생 운

초년은 고독하게 자라는 운이며 중년은 이름을 날리며 말년은 부귀공명
하는 운이다.
구년을 만나면 만사를 주의깊게 노력하지 않으면 실패와 구설을 당하리라.
甲子년 三, 四월은 사기 당할 운이니 주의하고 丙子년 五, 六월은 물가에 가
지말고 戊子년 七, 八월은 과재 구설수 있으니 주의 하라. 庚子년 十二월

온 교통사고를 주의하고 소구년 七, 八월은 집안에 근심이 있으리라

乙丑년 三, 四월은 동업하지말고 丁丑년 五, 六월은 원행이나 여행하지 말고 己丑년 七, 八월은 구설수 있으니 어쟁을 피하라 辛丑년 十一, 十二월은 도적 및 화재를 주의하고 癸丑년 五, 二월은 남의 말을 믿으면 사기 당한다

寅년을 만나면 송사나 관재수 있으니 극히 조심하고 하는일도 실패하는 운이 다 음사항을 준수하라

甲寅년 三, 四월은 남의 말을 듣지말고 丙寅년 九, 十월은 문서계약 주의하고 戊寅년 五, 六월은 원행 및 남녀교제 주의하라 庚寅년 五, 二월은 집 안 식구수가 줄어들 운이다 壬寅년 九, 十월은 사기와 도적을 주의하라

卯년을 만나면 집을 수리하거나 새로 건축을할 운이다

乙卯년 二, 三월은 관재 구설 및 건강을 주의하고 丁卯년 五, 六월은 원행 하지말고 물과 불을 조심할 것이며 己卯년 九, 十월은 금전거래 및 도적을 주의하라 辛卯년 五, 二월은 부모지간이나 형제 중에 이별하는자 있으

리라. 癸卯년 七, 八월은 원행하면 교통사고 나다.
辰년을 만나면 커이이 돕고 있으므로 새로운 일을 착수하는 운이다.
甲辰년 五, 六월은 문서 소송관계 주의하고 丙辰년 九, 十월은 구설수 있으니 언쟁을 주의하고 戊辰년 十一, 十二월은 이사 및 사업변동을 하지 말라. 庚辰년 五, 六월은 구설수 있으니 언쟁을 피하고 壬辰년 四월은 횡액수를 주의하라.
巳년을 만나면 커이이 돕기는 하나 믿을 사람이 없으니 사람을 조심하고 경계하라.
乙巳년 五, 六월은 원행하지 말고 빗속에 차를 타지 말라 丁巳년 正, 二월은 관재 구설수 있으니 언쟁을 피하고 己巳년 九, 十월은 문서 계약을 주의하라 辛巳년 十二월은 화재를 주의하라. 癸巳년 正, 二월은 도적과 화재를 주의하고
午년을 만나면 매사 순조롭지 않으니 인내와 냉정으로 극복하라.
甲午년 正, 二월은 집안이 조용하지 못하고 丙午년 三, 四월은 남의 말을 믿고 일을 하지 말고 戊午년 三, 四월은 동업하지 말고 남의 말을 듣지 말라 庚午년 五, 六월은 물가에 가지 말고 壬午년 十一, 十二월은 남녀 관계를 주의하라 손해 보리라

未년을 만나면 가옥변동 및 사업변동이 있으리라.
乙未년 三·四월은 마음은 동하지만 처세는 동하지 마라. 丁未년 九·十월은 횡재수 있으나 처세를 정중히 하라. 己未년 五·六월은 횡액수 있으나 유년모감을 참 조하여 삼형육해(三刑六害) 부적을 사용하면 안운을 면하리라. 辛未년 七·八월은 여행하지 말고 癸未년 十월은 자녀나 부부지간에 구심이 있다. 유아일 경우에는 부모에게 구설이 있으리라.

申년을 만나면 재운도 길하고 매사 순탄하라. 甲申년 正·二월은 구설수 있으니 언쟁을 피하고 丙申년 五·六월은 계수옥이나 배를 타지 말것, 戊申년 九·十월은 송사나 언쟁을 피하고 庚申년 五· 六월은 질병을 주의하고 壬申년 九·十월은 무씨계약을 주의하라.

酉년을 만나면 마음에도 없는 사람을 만나는데 어떠한 사람이든 경계하고 친하게 사귀지 마라.
乙酉년 五·六월은 여행이나 이사는 불길하고 丁酉년 九·十월은 부부 이별 및 언쟁을 주의하라 己酉년 十월은 과재 구설 소송을 피하고 辛酉년 三·四월은

도적 및 화재를 조심하라

戌년을 만나면 재산도 저축되고 사업도 번창되는데 다음사항을 준수하라.
甲戌년 正·二월은 만사 길하나 남녀 교제 주의. 丙戌년 五·六월은 문서계약을 하면 속는다 戊戌년 九·十월은 도적 및 사기를 주의 庚戌년 正·二월은 화재 및 금전거래 주의 壬戌년 十一·十二월은 경험없는 일을 절대로 하지마라. 실패한다.

亥년을 만나면 만사 파탄되고 집도 없어지는 아우이나 다음 사항을 준수하면 대액을 면하리라.
乙亥년 三·四월은 신구사업 착수하지말고 丁亥년 四·五월은 남의말도 조금은 참고 들을것. 己亥년 七·八월은 문서계약 주의하고 보증서는 일은 신중을 기하라 辛亥년 正·二월은 수표나 어음거래 하지말고 癸亥년 十二월은 도적·사기·화재를 주의하라

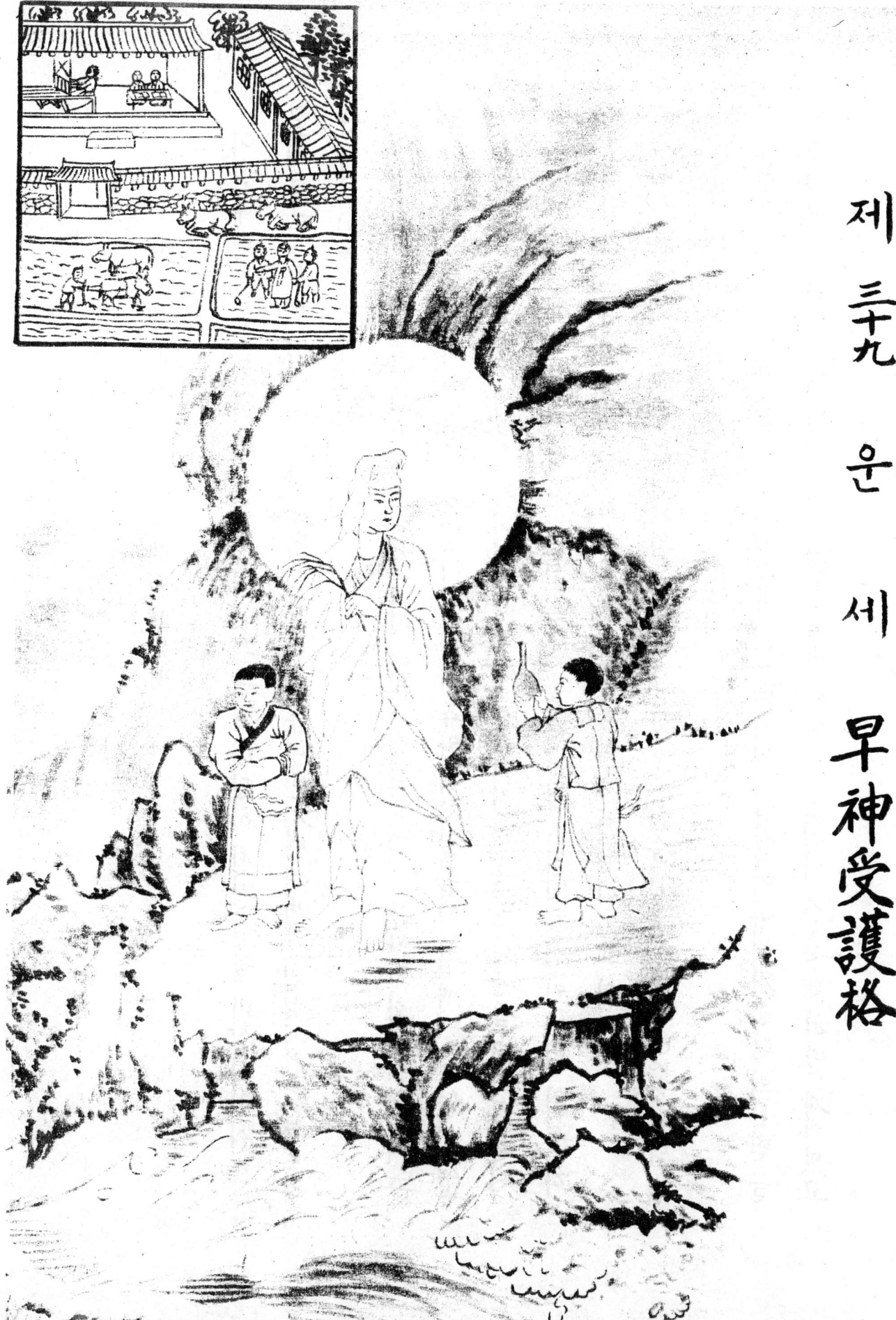

제 三十九운 신림세상격 (身臨世上格)

이상주의자이고 정의파이다. 내면으로는 대단한 신경질을 비장하면서도 표면으로는 전혀 나타내지 않는다. 오히려 초면인 사람에게도 부드러운 분위기를 조성한다.

한편 성격이 조급하고 침착성이 결여된 사람이다. 두뇌의 회전이 빨라 끊임없는 사고와 그에 따르는 실행이 있기에 주위의 사람들이 볼때에는 덜렁대는 것으로 보인다. 또 새로운 것이라면 욕심을 부리지만 금방 실증을 내기도 한다. 기분이 좋을 때는 붙임성있게 미소짓는 표정이나 일단 성질이 나면 침울하고 말을 걸어도 대답도 잘 하지 않는 변덕스러운 사람이기도 하다.

나이가 들어도 순수한 어린이의 마음, 부드러운 감수성을 잊지 않는 사람이다. 또 대단히 애교스러운데도 있다.

남성은 애정문제에는 극단적으로 담백하여 중성이 아닌가 하고 의심받을 정도이다. 독신주의자가 많은 것도 특징이다. 그러나 결혼을 하면 재미있고

온화한 가정을 만든다

여성은 남성과 반대로 이성에 대하여 관심이 크다
결혼은 남자는 민년 九월생 여자가 길하고 여자는 未년 十二월생 남자 적격
직업은 흥행업, 주식 중매, 영화배우 가수 등이 적성에 알맞다
자녀는 三, 四 남매를 둘 운이나 도화살이나 곡신살이 있으면 자식이 없는
수도 있다 (사주비전에서 찾아 볼것)
형제는 二, 三 형제 운이나 생이별 및 사별하는 형제가 있다. 그러나 평생에 종
교에 헌신하면 인덕과 형제덕을 받게 되리라
수명은 七十六세를 넘기면 八十상수 하리라

평생 운

二十세까지는 무난하게 성장하나 二十세 이후에는 부모곁을 떠나 홀로 고생
하는 수가 있다. 그 시점의 정신적 고통이 三十세 이후의 성공의 요인이 되고
말년에 많은 사람을 거느리고 지휘하는 웃사람이 되는 좋은 팔자 이다

子년을 만나면 하는 일에도 파괴 되는 운이니 새로운 일에 손대지 말고 침착하게 운영하라 甲子년 三·四月은 만사가 순파하지 않으니 주의하고 戊子년 九·十月은 고집부리지 말라 관재수가 있다. 庚子년 十一·十二月 은 화재 및 도적을 주의하고 壬子년 七·八月은 관재 구설을 주의하라

표년을 만나면 귀인이 도와 신규사업 시작 되리라 乙표년 正·二月은 만사 쇠퇴하여 있으니 참고 견디라. 丁표년 五·六月은 여행 하면, 질병이 침범한다. 己표년 九·十月은 부동산 매매는 손해를 본다. 辛표년 九·十月은 금전거래를 주의 하고 癸표년 十一·十二月은 믿었던 사람으로부터 배신당 하는 운이니 대인관계를 신중히 할것

寅년을 만나면 하던 일도 중단 되며 사람마다 원수되어 심신이 산란하다 甲寅년 正·二月은 구설수 있으니 언쟁을 피하고 丙寅년 十一·十二月은 고등사고 및 거간에 유의하라 戊寅년 三·四月은 부모에 근심이 있으며 庚寅년 五·六月 은 말과 여행을 조심하고 壬寅년 七·八月은 소송과 관재를 주의하라

卯년을 만나면 이별수, 관재수, 손재수 있으니 극히 조심하라.

乙卯년 三·四월은 자녀 근심 아니면 신상에 질병이 침범하고 丁卯년 九·十월은 도적 및 사기를 주의하고 己卯년 三·四월은 원행 및 이산은 하지 말라. 辛卯년 표·二월은 남녀 고체 주의하고 癸卯년 十一·十二월은 교통사고 주의하고 문단속을 잘 하라.

辰년을 만나면 커인이 도와서 하는일 이외에 다른일이 성공되는 좋은 운이다. 甲辰년 三·四월은 커인이 도와 하는 일이 잘 되지만 대인관계의 잘 잘못에서 성패가 갈름된다. 丙辰년 五·六월은 배타는 여행은 삼가하라 戊辰년 九·十월은 고점과 언쟁을 주의하라. 庚辰년 九·十월은 화재및 목단속을 잘하고 壬辰년 九·十월은 문서계약 주의하라

巳년을 만나면 직장을 얻거나 승진하는 길운이다. 乙巳년 표·二월은 동업이나 금전거래는 손해 있고 丁巳년 九·十월은 문서계약 주의하라. 己巳년 九·十월은 남녀 고체로 손해 있고 辛巳년 十一·十二월은 도적을 주의하고 癸巳년 九·十월은 화재를 주의하라.

午년을 만나면 손재수 있어 불길하고 여방비법에 재수부적을 사용하라.

-383-

甲午년 正, 二월은 사람을 경계하라 손해만 준다 丙午년 五, 六월은 이사및 원행을 주의하고 戊午년 九, 十월은 소송문제를 피하고 庚午년 부감에 관재 부적으로 예방하라 庚午년 正, 二월은 도적을 주의하고 壬午년 七, 八월은 부부언쟁 및 슬하에 잔병을 주의하라

乙未년 正, 二월은 이사를 하거나 작업을 뻗쳐하는 안이나, 고집을 부리지마라 丁未년 九, 十월은 무시계약은 주의하고 己未년 五, 六월은 수액수 있으니 예방비법에서 수에살부적으로 예방하라 辛未년 九, 十월은 부동산매매는 길운이다. 癸未년 十一, 十二월은 이사나 여행을 주의하라

甲申년 二, 三월은 사업장이 아니면 주거지 변동이 있으며 丙申년 五, 六월은 원행을 피하고 戊申년 四, 五월은 교통사고 횡액수를 주의하라. 庚申년 九, 十월은 문서계약은 신중을 기하고 壬申년 十一, 十二월은 원행및 이사 주의하고 남녀교제도 삼가하라

酉년을 만나면 누구와도 언쟁을 피하고 매사에 신중히 해야 실패가 없으리라.

-384-

乙酉년 三, 四월은 집안에 질병을 주의하고 丁酉년 八, 九월은 소송과 겨를 피하고 己酉년 九, 十월은 문서 계약을 하지 마라 辛酉년 正, 二월은 도적 및 화재를 주의하고 癸酉년 十[월]은 도적을 주의하라.

戌년을 만나면 재운도 좋고 매사 순조롭다.
甲戌년 五, 六월은 남의 말을 믿으면 손해 보며 丙戌년 七, 八월은 소송 및 과재를 주의하고, 戊戌년 十一, 十二월은 질병을 주의하고 庚戌년 七, 八월은 화재 및 도적을 주의 壬戌년 五, 六월은 여행을 삼가하라.

亥년을 만나면 하기 싫은 이사를 하는 수이면 투기 사업은 절대로 하지 말라
乙亥년 二, 三월은 금전 거래는 하지 말라 丁亥년 五, 六월은 매입과 겨를 구히 조심하고 己亥년 九, 十월은 언쟁과 소송을 피하고 辛亥년 三, 四월은 동업이나 금전 거래를 하지 마라 癸亥년 四, 五월은 사기 및 손재 주의하라.

제 四 운 세 子女有德格

제四十운 유재무익격 (有才無益格)

본 무운의 사람은 보기 드물게 양성적이고 느긋한 인품 매사 여유만만하며 매사 급히 서두르는 일이 없다. 또 남의 일 잘 돌보아 주기 좋아하고도 괴로워하지 않는 사람이다. 여하간 하루를 먹고 살수만 있다면 그것으로 만족하게 생각하는 사람이다.

두뇌도 좋고 자제심도 있으나 금품의 낭비벽만은 그칠줄 모르다 대범하고 자유방임주의를 인생의 모토로 하고 있다. 다른사람의 실패나 큰결점을 대체적으로 과대한 아량으로 보아 넘긴다 그러므로 담백히 자신에게도 (불령한) 점이 있다. 의지가 약하고 유혹에 약하다.

여성은 일이나 괴로면 등 대외적인 면에는 깔끔하나 가정에 돌아와서는 심적으로 이완되기 쉽다. 누어서 TV를 본다든가 과자를 씹어가며 전화응답을 하다든가 하여 식구들 하테 놀림을 받는 일이 허다 하다. 그러나 천부적인 귀염성과 오성과 같이 사랑스러운 매력은 남자로 하여금 염증을 느끼게 끔 하지 않는다 직업은 무학, 미술 등 예술계로 진출하는 것이 적성에 맞다.
결혼은 남자는 申년 八월생 여자가 길하고 여자는 寅년 九월생 남자가 배결
자녀는 四 五남매를 둘운이나 아들보다 딸을더 좋아하는 심성이 있다. 그러나
너무 고독한 사람이어서 전생애를 자녀를 위해 바치리라.
형제는 二,三형제 운이나 덕이 없어 고독하다.
수명은 초년의 어려운 고비를 넘겨 수명이 연장되어 六十 상수하리라.

평생 운

초년에 부모덕이 없어 일찍 가출하여 객지에서 자립으로 직업을 선택하여 자
수 성공하는 팔자인데 내조의 덕이 있어서 말년에 좋은 생활을 하게 되지만 중
년은 부부 이별 및 재산 풍파도 종종 있을 것이다.
구년을 만나면 매사 주의하고 참을성 있게 밀고나가야 실패를 면하리라.
甲子년 三·四월은 신구사업은 불길하고 丙子년 五·六월은 여행, 이사, 결혼
모두가 불길하다. 戊子년 三·四월은 남을 믿고 하는 일은 하지 말고 庚子년

三·四月은 동업이나 자금투자 및 문서계약을 하면 실패한다. 辛酉년 五·六월은 도적 및 사기를 주의하라.

癸酉년을 만나면 동업이나 합동으로 하는 일은 잘 되지만 단독사업은 주의하여야 한다 乙酉년 正·二월은 남의 말을 믿고 하는 일은 위험하고 丁酉년 七·八월은 과·재 구설이나 소송을 피하라 己酉년 十一·十二월은 까지 출행을 삼가하고 辛酉 년 五·六월은 부동산계약이나 문서계약을 주의하라. 癸酉년 十一·十二월은 집안에 변자가 있어 근심이 되니 예방비법에서 잡기예방부를 사용하라.

寅년을 만나면 소송이나 고통사고, 재산실패 등 주의하라.

甲寅년 三·四월은 남의 말을 믿고 하는 일은 실패하니 주의하고 丙寅년 五·六 월은 손재수 있으니 문서거래 주의하라 戊寅년 九·十월은 부동산 매매는 신중을 기하고 庚寅년 正·二월은 도난 및 사기 당하니 주의하고 壬寅년 十二월은 원행 및 여행을 삼가하라

卯년을 만나면 부부 이별 및 식구가 줄어드는 불길한 운이다.

乙卯년 三·四월은 사기 및 재산실패 주의 丁卯년 正·二월은 꿈은 크나 실속

운 없으니 인내하라. 己卯년 十월은 보증 등 도장 찍는 것을 주의하라. 辛卯년 五、六월은 마음을 안정시켜 참을성있게 극복하라 癸卯년 七、八월은 고집으로 손해보니 주의하라.

辰년을 만나면, 의외의 인물로부터 협조를 받는 운이며 시험합격 등의 길운 甲辰년 七、八월은 관권 구설과 송사 주의 丙辰년 五、六 남에게 의지하고 하는 일은 실패하니 병원을 찾으라 戊辰년 三、四월은 자녀의 근심이 있으니 주의하라 가출하는자 있으리라 庚辰년 正、二월은 질병을 조심하라、 壬辰년 十二월 은 화재 및 도적 주의하라

巳년을 만나면 매사가 순탄하며 순조롭다 乙巳년 三、四월은 문서계약 하지말라 사기 당하다. 丁巳년 九、十월은 원행하 면 손재 있다. 己巳년 五、六월은 횡액수 있으니 물가에 가지마라、 辛巳년 九 十월은 도적 및 화재 주의 癸巳년 五월은 무단 속결 잘하고 건강관리 잘하라 손해 및 질병이 침범하리라.

午년을 만나면 부부 이별 및 남녀 교제 주의하고 금전거래 주의하라.

甲午년 三‧四月은 남녀고제주의 丙午년 七‧八月은 문서계약을 하지 말고 戊午년 九‧十月은 부동산 계약에 손대면 이득이 있다. 庚午년 五‧六月은 고 동사고 주의 소午년에는 회갑잔치는 대흉하다.

未년을 만나면 이사를 하거나 적업을 변동하는 운이다

乙未년 五‧六月은 직업을 변동하면 실패하고 丁未년 三‧四月은 계획이 화실하면 만사 순탄하다 己未년 九‧十月은 보중이나 수표, 문서 거래를 조심하라 辛未년 七‧八月은 고집으로 손해보니 주의 癸未년 二月은 도적 및 화재주의

申년을 만나면 재운도 길하면 마음먹은 일이 순조롭게 될 운이다.

甲申년 二月은 여행하지 말고 丙申년 五‧六月은 물을 조심하고 戊申년 十二月은 원행하지 말라 庚申년 七‧八月은 관재 구설 및 건강주의 소申년 九‧十月은 횡재수 있으니 원행을 하지 말라

酉년을 만나면 손해가 있다 해도 참아야 한다 그렇지 않으면 구설과 손재를 면키 어렵다.

乙酉년 二月은 구설 주의 丁酉년 三‧四月은 문서계약 주의하라 己酉년 五,

六월은 배 타는 일 삼가 하고 七,八월은 관형구설과 손재수 있다. 癸酉년 正,二월은 집안에 언쟁이나 싫로 다투는 일이 생기면 큰 손해 있으니 주의하라 戌년을 만나면 손재와 치지와의 갈등을 조심하라. 甲戌년 三,四월은 도적을 주의 년 七,八월은 횡재를 꿈꾸다 망하니 주의하고 庚戌년 五,六월은 물과 불을 조심하라. 戊戌 주의하고 辛戌년 十二월은 쳴행하면 교통사고 당한다. 년 正월은 이사 및 원행을 亥년을 만나면 재운도 왕성하고 매사가 수탄하지만 다음사항을 준수하라. 乙亥년 九,十월은 언쟁이 법정투쟁이 되니 주의하고 丁亥년 九,十월은 사기와 쓰리를 주의하고 己亥년 正,二월은 화재와 도적을 주의하라 辛亥년 正,二월 은 질병이 침범하니 건강 주의 하고 癸亥년 三,四월은 관재 구설을 피하라.

제일 운세 頭領之格

제 四十一운 성공가기격 (成功可期格)

성격이 강직하면서 약하다. 의리 있으며 활동성이 있고 정열적이며 친절한 사람이다. 자기 희생을 가리지 않고 끝까지 충실을 다한다. 일단 마음을 허락한 사람에게는 일생동안 변함없이 우정을 지속하며 배반을 모른다 또 한시 활발한 행동성과 거침없이 용수하게 추종하는 성격은 특전적이다 직관력이 강하고 총명하며 순간적으로 어떠한 때에는 무모하다고 생각되는 행동을 감행하는 사람이다

여성은 대단히 매력적이고 애정에 민감하다. 표현도 솔직하다. 그러므로 대체적으로 조혼하는 편이며 또 그것이 행복하다. 결혼을 하고도 가능한 가정만 지키는 것이 싫어 혼전의 직업을 지속하는등 외부적 활동을 하고싶은 사람이다 원래 재능이 있으나 가정만은 질색이다. 인권이 많아서 정조 관렴이 희박해지는 수가 많다.

결혼은 寅년생이나 수년생이 길하다.

직업은 금은상, 전기업, 초자업, 철공, 의사, 교육가, 정치 등
건강은 혈, 복부병, 눈병, 정신병을 주의 하라.
자녀는 四 五 남매 들 운이며 형제는 三, 四 형제이며 덕이 있고 수명은 七十
八세 상수 하리라.

평생 운

초년 十세까지 길운 이며 행복한 운이나 혹 두 부모가 되는 수 가 있으며
十三세는 질병으로 고생을 하며 十七세 부터 二十세까지 만사 길운이며 二十五세
는 한쪽부모와 이별하는 운이고 혹 사업을 실패하는수도 있다. 三十一세부
터 四十四세 까지는 만사순조로우나 금성을 부리다가 손해보는 수 있고 四十五
세부터 五十三세 까지는 복록은 꽃피우나 혹 부부 풍파를 주의 하고 말년
은 길운이다.
구년을 만나면 매사 수타, 하나 산혹 실망할때 도 있다 丙구년 五, 六월
甲구년 三, 四월은 남의 말을 믿고 하는 일운 절대로 주의

운 문서계약을 주의하라. 戊子년、三、四월에는 이사하지 말고 庚子년 七、八월은 부부 어쟁 및 구설을 주의하라 壬子년 十二월은 화재와 질병을 주의하라.

표년을 만나면 몸을 조심하고 투기적인 일을 해서는 실패하니 근신하라 乙표년 正、二월은 타인과 다투지 말고 丁표년 五、六월은 물가에 가지 말라 횡사하다. 己표년 七、八월은 문서 주의하고 辛표년 九、十월은 고집부리면 손해보며 癸표년 九、十월은 보증서지 말고 인감도장 주의하라.

寅년을 만나면 귀인이 도와 하는 일이 순조롭다. 甲寅년 三、四월은 신규사업 시작하면 길하고 丙寅년 三、四월은 귀인이 돕고 있으므로 큰일을 착수해도 성공하며 회재하리라. 戊寅년 三、四월은 과재 구설을 주의하라 庚寅년 九、十월은 도적을 주의하고 壬寅년 五、六월은 물을 조심하라.

卯년을 만나면 남녀 교제를 주의하고 부부 어쟁 및 이별수를 주의하라. 乙卯년 正、二월은 질병을 주의하고 丁卯년 五、六월은 문서계약을 피하고

-398-

己卯년 九·十월은 관재 구설을 주의하라 辛卯년 九·十월은 관재 및 어
쟁을 피하고 癸卯년 正·二월은 부모 이별 및 자손과 이별 수 있다
辰년을 만나면 과재 구설 및 사업실패 등 불길한 운이니 침착하라
甲辰년 正·二월은 화재를 주의하고 丙辰년 五·六월은 관재 구설 및 손재
수 있다. 戊辰년 九·十월은 문서계약 조심하고 庚辰년 十一·十二월은 도
적과 관재를 주의하고 壬辰년 九·十월은 남에게 의지하는 일을 하면 배신
당한다
巳년을 만나면 재운도 길하고 매사 순탄하다
乙巳년 九·十월은 문서계약 주의하고 丁巳년 正·二월은 문서계약 주의하고
己巳년 七·八월은 과재 구설을 피하라. 辛巳년 九·十월은 도적 및 화재를 주의하
하고 癸巳년 十·월은 도적 및 화재를 주의하라
午년을 만나면 미혼자는 결혼하고 기혼자는 새로운 일을 시작하는 변동의 운이다
甲午년 正·二월은 이사나 직업변동 하지말고 丙午년 五·六월은 관재
구설 및 어쟁을 조심하라. 戊午년 九·十월은 재산 도난 및 사기 주의하라

庚午년 十一, 十二月은 이사나 윗행하지 말고 壬午년 七, 八月은 관청구설 및 질병을 주의하라.

未년을 만나면 하는 일이 잘 되지 않아 고민하는 운세이다

乙未년 十一月은 도적 및 화재를 주의하고 丁未년 九, 十月은 관청구설 및 어쟁을 피하고 己未년 正, 二月은 적퍼시하는 사람이 많으니 침착히 처세를 하도록 추未년 七, 八月은 재산, 실패 우이니 경험 없는 일은 삼가하라

癸未년 二, 三月은 윗행 및 직업변동 하지 말것.

申년을 만나면 재운이나 건강은 길하나 구설과 근심과 불화를 주의하라

甲申년 正, 二月은 화재 및 근친간에 어쟁을 주의하고 丙申년 五, 六月은 소송 및 어쟁을 피하고 庚申년 正, 二月은 도적 및 횡액을 주의 壬申년 十一, 十二月은 화재를 주의하라.

酉년을 만나면 마사를 신중히 하고 침착하게 처리 하라. 丁酉년 九, 十月은

乙酉년 二, 三月은 부부어쟁 및 과재 구설을 주의하고

문서계약 하지말라 己酉년 七、八월은 집안에 풍자가 있어 근심이 있다 추酉년 七、八월은 분별 있는 고집을 부리라 癸酉년 三월은 도적몇 화재를 주의 하라

戌년을만나면 사람은 잘 따르나 유의한 사람은 없으니 대인관계를 경계하라 甲戌년 三、四월은 구설과 언쟁을 피하고 丙戌년 九、十월은 문서계약 을 피하라 戊戌년 七、八월은 남의 말을 낭담으로 한것이 망신,당하니 입 조심하라 庚戌년 九、十월은 계약만 잘 하면 성공하며 壬戌년 七、八월 은 문서계약 주의 하라.

亥년을 만나면 처음은 잘 진행되지만 후반기에가서 잘되지 않아 고민하는,운세 乙亥년 七、八월은 문서계약 주의 하고 丁亥년 七、八월은 이사를하면 모두 악운을 면하리라 己亥년 九、十월은 허욕이 발운을 초래한다 후亥 년 正、二월은 도난 사기 화재를 주의 하고 癸亥년 五、六월은 물가에 가지 말라

제二운 세 積小成大格

제四十二운 적소성대격(積小成大格)

목적을 크게 갖고 그것에 부딪쳐가는 형, 나뉘어적이고 평탄하며 감각적이고 예민한 판단력이 있다는 것이 큰 무기이다.

첫 인상으로 좌우하는 경향이 있으나 주의해야 하고 초대면에 금전이 개재되는 거래 문제에서 여유를 갖고 조사할 필요가 있다.

운세는 파도의 진폭이 큰 편이다. 사소한 실패가 거듭될 때에는 행동적인 면을 삼가하고 신중하면 큰 난파는 면한다.

한편 선배나 상사에게 자신을 이끌어 주는 사람이 많은 이덕이 있는 사람이다. 담력도 있고 영리하며 민속하다. 또 좋은 소질을 다 갖추고 있으나 아직 여기 되지 않은 미숙한 상태이다. 낭비가 많은 편이나 돈을 빌리는 일은 질색이다. 친구는 많으나 넓고 얕게 교제 하므로 신뢰할 수 있는 친구가 적을 것이 아쉽다.

여성은 박애적 성격이며 설득력이 강하다.

결혼은 남자는 午년 二월생이나 未년 十二월생여자가 여자는 寅년
五월생 남자나 午년 六월생 남자가 길하다.
자녀는 三, 四남매를 둘 운이며 형제는 수는 많으나 덕이 없고 인명이 약하다
수명은 六十세를 넘기면 七十六세를 지날 것이다.

평생 운

초년과 말년은 중은 운명이나 중년에 풍파가 조금 있는 운이다 특히 주
색을 주의하지 않으면 부처와 이별하고 흘러귀를 즐기는 인생이 될 것이다
子년을 만나면 이사를 하거나 직업을 뜻하는 운이다
甲子년 三, 四월은 이사 및 직업변동을 하면 길하고 丙子년 五, 六월은 남의
말은 절대로 믿지 말고 戊子년 九, 十월은 무서워야 운 손해보니 주의하라
庚子년 五, 二월은 도적과 손재를 주의하고 壬子년 五, 六월은 숭차, 숭
선을 주의하라
卯년을 만나면 미혼자는 결혼하며 기혼자는 집안에 풍파가 있으며 식구중
酉년을

한 사람이 끌어드리는 운이다
乙丑년 三·四월은 여행·이사 주의 丁丑년 九·十월은 남을 믿고 하는 일은 하지 말라 己丑년 七·八월은 관청 구설 및 실물을 조심하라 辛丑년 二월은 도적과 언쟁을 주의하고 癸丑년은 김씨·최씨·조씨를 경계하라 사기 당한다
寅년을 만나면 무직자는 직업을 얻는 운이고 사업가는 과욕으로 실패하는 운
甲寅년 正·二월은 우연히 마음이 산란하다. 침착하게 안정을 되찾으라 丙寅년 五·六월은 남녀 교제 주의 戊寅년 三·四월은 친한사람이 도적이니 경계하라 庚寅년 五·六월은 앉아 있으면 행길하나 동하면 실패한다 壬寅년 七·八월은 관재 구설과 언쟁을 주의하라
卯년을 만나면 귀인이 옷으나 도적도 있으니 매인 관계를 신중히 하라
乙卯년 十一·十二월은 도적 및 화재 주의 丁卯년 三·四월은 사기 당하니 사람을 경계하라· 己卯년 五·六월은 남의 말을 듣고 투자하지 말라 辛卯년 七·八월은 부부를 비롯하여 가족 간에 언쟁을 피하라 癸卯년 十一·十二월은 이사나 원

행을 하지 말라

辰년을 만나면, 구설도 잇고 횡액수도 잇으니 예방비법에 서 횡액그물를 사용하여 예방하라.

甲辰년 三.四월은 어쩐말과 재물을 주의하고 丙辰년 九.十월은 도적 화재 주의하고 戊辰년 九.十월은 문서계약을 주의하라 庚辰년 十一월은 화재를 주의하고 壬辰년 七.八월은 고통 사고를 주의하라

巳년을 만나면 평탄하게 지낼 운이다

乙巳년 三.四월은 무서계약을 주의하고 사람을 믿지말고 丁巳년 七.八월은 소송 및 구설을 피하고 己巳년 九.十월은 구친간에는 문서계약이나 금전거래를 하지말라 辛巳년 七.八월은 자손이나 부모에 구심이 있고 癸巳년 五.二월은 구설및 도적을 주의하라.

午년을 만나면 의외의 일이 우연히 성공되며 만사 순탄하다.

甲午년 五.二월은 문서계약을 주의하고 丙午년 五.六월은 물가에 가지말고 戊午년 九.十월은 화재및 도적 주의하라 庚午년 七.八월은 고집이

로 손해 해보다 소午년 七․八월은 자손 혹은 부모에 근심이 있으리라 未년을 만나면 매사 신중을 기하라 패가 망신살이 넘본다 乙未년 五․二월은 자손 혹은 부모에 근심이 있고 丁未년 五․六월은 남녀 고제 주의하고 己未년 九․十월은 소송․언쟁을 피하라 辛未년 五․二월은 도적 및 소재수 있다 癸未년 七․八월은 도적 및 횡액 주의하라 申년을 만나면 만사가 반길 반흉으로 평길한 운이다. 甲申년 正․二월은 관재 구설을 피하고 丙申년 三․四월 七․八월은 재수 불길하고 만사 불길하다 戊申년 九․十월은 부부 언쟁 및 자손 근심 있으니 주의하라 庚申년 七․八월은 관재수 있으니 고집부리지 말고 壬申년 十二월은 도적 및 화재를 주의하라 酉년을 만나면 재수는 좋으나 처세 잘못으로 손재 있으니 구신하라 乙酉년 正․二월은 신규사업 시작은 실패하다 丁酉년 五․六월은 손재수 와 횡액 있으니 조심하고 己酉년 七․八월은 관재 구설을 조심하라 辛酉년 十․十二월은 화재 및 도적을 주의하고 癸酉년 三․四월은 동업이나 신규 사업은 시

작 하지 말라

戌년을 만나면 믿음 도끼에 발등찍히는 격이다. 배신당하고 이별하는 운이다 甲戌년 正二월은 집안에 근심이 있고 丙戌년 五六월은 원행및 이사하지말고 戊戌년 九十월은 과재수 있으니 주의하라 庚戌년 五六월은 무서지 약운신증을 기하고 壬戌년 十一, 十二월은 화재및 도적을 주의하라.

亥년을 만나면 귀인도 있고 재산도 늘지만 우연히 만나는 사람이 손해를 주니 경계하라

乙亥년 二,三월은 무서지약 주의 丁亥년 五,六월은 원행을 하여 우환고비를 넘기고, 己亥년 七,八월은 과재 구설을 피하라 辛亥년 五,六월은 물가에 가지 말고 癸巳년 正二월은 만사불길하니 근신하라.

제 四十三 운 세 忍耐大吉格

제 四十三운 성공가득격 (成功可得格)

이상을 현실로 정확히 구별하여 소화시키는 정신적 확실성이 있는 사람이다. 즉 야망을 지지하면서도 보수가 좋으면 여단을 지지하는데 아무런 정신적 모순 혹은 배반감 같은 것을 느끼지 않는다.

이러한 점과 감과의 섬세한 점을 조화시켜 살피면, 디자인과계 혹은 써비스 업계에 종사하면 크게 성공할 수 있다. 특히 타인에게 즐거움을 주는 것이 자신의 즐거움이 되기도 한다. 문화예술면에 나가도 업적을 올릴수 있다. 또한 일에 대한 만만한 투쟁심을 침착성으로 굳혀 처리하는 특징이 있어 남이 없고 자신의 생활영역을 굳혀 타인의 침범을 허락하지 않는다.

부운 술년생은 보기 드물게 인간을 관찰하는데 예민하나 과체면에서는 아주 서툴다.

여성은 귀엽고 싸글서글하며 어디를가나 귀여움을 받는다. 단지 너무개 방적이어서 성격상 비밀을 지키기 어렵다.

부부운은 일찍 결혼하면 이별수 있고 二十五세 이후 늦게 결혼하면 처덕이 있고 평생 의식은 걱정 없으리라.
직업은 종교인, 예술가, 기술업, 공무원, 정치가 등이 좋으며 투기 사업등도 길하다. 평생 주의해야 할 사항은 술과 여자를 멀리 해야 성공한다.
자녀는 三남매 들 운이며 첫아들을 낳으면 四씨를 잘 지나야 악운을 면한다.
형제운은 고독하며 二, 三형제 있다 해도 더이 없어 독신의 운세라 하겠다.

평생 운

초년은 상신(上神)의 도움으로 수명을 이었고 중년은 작은 폐파를 당하나 四十세가 넘어서 말년은 평탄 하며 많은 사람들에게 존경을 받으리라.
구년을 만나면 마음도 유쾌 하지만 운세도 활발하다.
甲子년 丑, 二월은 화재 및 실물 주의
丙子년 五, 六월은 여행 및 물가 불을 조심하고 戊子년 七, 八월은 언쟁 및 과재를 주의 하고 庚子년 九, 十월은 밤길을 조심하라. 횡액. 과재 구설수 있다. 壬子년 七, 八월은 소송및 구설수 있으니

매사 신중히 처리하라

표년을 만나면, 과재 구설 및 소송등 불길으며 횡액수도 왔다 乙표년 三·四月은 무서계약을 주의하고 丁표년 七·八月은 과재 구설 및 소송을 피하라. 己표년 九·十月은 고집으로 오는 피해가 크니 조심하고 辛표년 三·四月은 이사하거나 직업변동 하지말고 癸표년 十一·十二月은 횡액수 있으니 차라리 일

寅년을 만나면, 의외의 일이 성공되며 많은 재산을 모을수 있으니. 甲寅년 正·二月은 새로운일 시작하지 말고 丙寅년 三·四月은 동업해도 좋으며 戊寅년 九·十月은 부동산 사업이 길하다 庚寅년 七·八月은 소송 및 과재 구설을 주의하고 壬寅년 五·六月은 배타는 일 원행을 멀리하라

卯년을 만나면, 귀인도 왔고 악인도 있으니 대인과재를 신중히 해야 한다 乙卯년 五·六月은 누구를 만나든 경계해야 하며 丁卯년 七·八月은 손재 및 과재 구설을 주의하고 己卯년 十一·十二月은 사기 및 도적을 주의하라 辛卯년 五·六月은 원행을 하지말고 癸卯년 正·二月은 화재 및 구설을 주의하라

-414-

辰년을 만나면 누구와도 언쟁을 피하고 송사를 피하라

甲辰년 三.四월은 도적 및 화재 주의 丙辰 五.六월은 문서계약 하지말고 戊辰년 七.八월은 부부 이별 및 화재 주의 하라 庚辰년 九.十월은 고집 부리면 손해 있을이며 壬辰년은 十二월에 화재와 관재를 조심하라·

巳년을 만나면 귀인도 있고 수진·함정 등 길음이나 팔패살이 있는 사람은 예방비법을 참조 팔패 부적으로 예방하라

乙巳년 五.六월은 손재수가 있고 사기당하는 우이니 매사 주의하고 丁巳년 七.八월은 언쟁 및 송사 문제 주의하고 己巳년 곳 화재 및 도적을 주의 하라 辛巳년 七.八월은 횡액수 있으니 조심하고 癸巳년 곳 二월은 이사 주의 하라

午년을 만나면 사업가는 번창하고 직장인은 승진하며 학생은 시험합격은 甲午년 곳 二월은 신규사업 시작하는 우이며 丙午년 十一월은 명예가 떨치고 재산이 느는 우이며 戊午년 七.八월은 횡액 및 과형 구설수 있으니 예방비법을 참조 부적으로 예방하라· 庚午년 九.十월은 문서 계약 주의 하고 손수

년 七, 八월은 부동산 계약등 주의하라.

未년을 만나면, 집안에 우환이 있으며 하는 일도 중간에 불길함이 우이다.

乙未년 五, 二월은 사업비밀을 누설치 말고 丁未년 五, 六월은 문서계약 주의하고 己未년 五, 六월은 보증을 서거나 인감증 사용을 조심하라 辛未년 七, 八월은 과찰 구설을 주의하고 癸未년은 부부 언쟁 및 남녀 교제 주의하라.

申년을 만나면 부동산 매매 및 가권 이사나 직업변동하는 운이다.

甲申년 五, 二월은 관청 구설을 주의하고 丙申년 三, 四월은 윗행이나 이사하면 길하다 戊申년 九, 十월은 언쟁 및 문서계약을 피하고 庚申년 七, 八월은 구설 및 송사를 피하고 壬申년 七, 八월은 남녀 교제 및 언쟁을 피하라.

酉년을 만나면 많은 사람의 협조들 받아야한다 그렇지 않으면 손재 질병으로 고생하리라.

乙酉년 五, 二월은 부부 어쟁 및 이별을 피하고 丁酉년 九, 十월은 문서 계약을 주의하고 己酉년 五, 六월은 물가에 가지 말라 辛酉년 七, 八월은 자녀 혹은 부모에 근심이 있다 癸酉년 五, 六월은 고통사고 주의하라

戊년을 만나면 잘 되던 일도 중단 되는 수이니 이유없이 중단하거나 변동하지 말라

甲戌년 三·四월은 이사나 직업 변동하지 말라 丙戌년 三·四월은 관재구설 및 횡액 수를 주의 戊戌년 五·六월은 원행 및 이사하지 말라 庚戌년 七·八월은 관재 구설 및 소송을 주의하고 壬戌년 正·二월은 화재 및 도적을 주의하라

亥년을 만나면 재운 건강은 모두 길하다. 그러나 자만은 금물이다 乙亥년 三·四월은 남을 너무 믿지 말고 丁亥년 九·十월은 손재수 있으니 금전거래 조심하고 己亥년 七·八월은 교통사고 주의하라 辛亥년 三·四월은 신규사업이나 동업하지 말고 癸亥년 十·十二월은 화재 및 도적을 주의하라.

제四운세 他鄉風流格

제四十四운 신임타향격 (身立他鄕格)

이론과 사색형. 그러나 실제로는 떠떠가 들어 있는 행동은 하지 않는다. 더우이 자신은 그것에 아무런 인식도 하지 않고 있는 것이 오히려 우습게 보인다. 더망과 정열 부득력을 가지고 있어 기량을 크게 타고 났으니 그 외에 과단성만 양성한다면 크게 뻗을 수가 있다. 그러나 뻗는 최대의 원동력은 이론이다. 사색이 아니고 몸소 부디쳐 들어가는 취투력(取鬪力)이라는 것을 잊지 않아야 한다. 그것을 잊으면 매력의 대부분을 잃어 버린다. 대화 중에는 자신의 말에 자기가 박자를 맞추는 버릇이 있다.

성격은 평범함과 비범성이 산한다. 아무래도 행동보다 사색이 앞서는 동성이 경여되어 있다. 그러므로 실수는 적으나 쾌재성은 없다. 그것이 약점이 되어 어떤 위치를 놓고 경쟁할 때 종구에는 패하는 형. 채념이 빠르고 인내심이 약한 것이 박차를 가해서 그런 결과가 되는 것이다. 부모, 형제, 처자 등에 대한 애정심이 희사의 뇨는 영화관계 등에 잘 맞는다.

남달리 강하다. 그러나 그것은 약간 편협적이며 배타적인 경향이 있다. 여성은 자식에게 대한 애정이 맹목적인 데가 있으며 결단성이 부족하다. 결혼은 남자는 九年 三月生이나 九年 十二月生 여자가 길하고 여자는 卯年 十一月生이나 四月生 남자가 길하다.

직업은 정치가, 군경 간부 직이 적합하고 동업은 평생 맞지 않는다. 단독사업인 광산업, 제품공업, 무역업 등도 적합하다.

자녀는 三·四 남매를 둘 운이며 자손의 덕은 없어도 싶다.

형제는 二·三 형제 운이며 형길하다.

재산은 초년은 좋지 않으며 四十四세를 지나서 말년이 되면 부자로 생활할 것이다.

평생 운

초년에는 질병으로 고생하고 중년 일찍 객지에 나와서 자수로 성공하는 운명이며 四十세 이후 재산도 많이며 말년운이 평안하다.

구년을 만나면 집안이 변동되든지 이사한다. 혹 직업변동운도 있다. 甲子년 三,四월은 이사하면 길하나 동쪽은 피하라. 丙子년 五,六월은 가옥수리빛 매매하면 구설과 손재 있다. 戊子년 十一,十二월은 만단속 잘하고 금전관리 잘하라. 庚子년 九,十월은 소송및 언쟁을 주의하고 壬子년 二월은 화재 및 도적을 피하라.

표년을 만나면 자손 근심 아니면 관재구설수 혹은 질병으로 고생하는 운이나 유년보감 부적법에서 충천(冲天)살 부적을 작하여 휴대하면 악운을 면하리라.

乙표년 一,二월은 건강 및 구설 주의하고 丁표년 三,四월은 관재 구설및 건강을 주의 己표년 十一월은 도적 및 화재들 주의하라. 辛표년 五,六월은 횡액수액을 주의 하고 癸표년 三,四월은 남녀 고뇌 및 사업에 신중을 기하라.

寅년을 만나면 심적 변화도 있지만 사업의 변화도 있는 길한 운이다.

甲寅년 三,四월은 귀인을 만나는 길운이나 자신의 진실성이 결여되면 허망해 지리라. 丙寅년 五,六월은 남녀교제로 인한 구설이 있으니 조심. 戊寅년

九·十월은 문서계약하면 대득리. 庚寅년 十一·十二월은 여행 및 승차·승선등 주의

壬寅년 正·二월은 문서계약 및 인감도장 사용주의

卯년을 만나면 미혼자는 결혼하며 독신자는 재혼하다. 또는 무직자는 새로운 직업을 얻게 되리라

乙卯년 正·二월은 도적 및 화재를 주의하고 丁卯년 五·六월은 여행 및 승차·승선등 주의하고 九·十월은 고집부리다 과재 구설수 있고 己卯년 七·八월은 고집과 언쟁은 실패의 근원이 되다. 후卯년 九·十월은 문서계약을 주의하고

癸卯년 三·四월은 새로운 일을 시작하면 성공하다.

辰년을 만나면 어느 누구와도 금전거래를 주의하고 사업도 신중을 기하라

甲辰년 九·十월은 관쳉 구설주의. 丙辰년 五·六월은 물가에 가지말라 횡액수 있다. 戊辰년 七·八월은 고집부리면 형액이 따르다. 庚辰년 正·二월은 남녀 고체맺 유혹에 주의. 壬辰년 十一·十二월은 화재 및 도적을 주의하라

巳년을 만나면 사업변동은 실패의 원인이다 또 경험없는 일도 소대지 말라

乙巳년 五·六월은 횡액수 있으니 밤길을 조심하고 丁巳년 正·二월은 고등사고

를 주의하고 己巳年 十一, 十二月은 도적 및 화재를 주의하라. 辛巳年 二, 三月은 모략 중상을 당하니 참을성 있는 처세를 하고 癸巳年 六, 七月은 부모, 친척간으로 인한 근심이 있다

午年을 만나면 학생은 시험에 합격 성인은 사업발전이 시작되는 길한 운이다. 甲午年 三, 四月은 귀인도 있고 악인도 있으니 사세 판단을 잘하고 丙午年 九, 十月은 무서계약을 하면 손해 있다. 戊午年 正, 二月은 횡액수 있으니 원행하지 말라 庚午年 十月은 부모나 윗사람의 근심으로 심난하고 壬午年 五, 六月은 해수욕을 가면 질병이 따른다.

未年을 만나면, 하던 일도 서서히 축소하는 식으로 운영해야 한다. 화찬운영은 실패 乙未年 五, 六月은 크게 불길한 우이니 매사 신중을 기하고 丁未年 九, 十月은 재운이 길하나 훼방자가 있으니 주의하도록 己未年 正, 二月은 신경질환 남으니 참을성 있게 안정을. 辛未年 九, 十月은 도적 및 손재 주의하고 癸未年 十一, 十二月은 사기 못횡액수를 주의하라.

申年을 만나면 하고 싶은 일도 많으며 먹고 싶은 것도 많은 운세

甲申년 正、二月은 모략중상을 당할수이니 구설하고 丙申년 五、六月은 재산 아니면 부부과 계로 근심이 있다 戊申년 七、八月은 과재 구설 및 횡액수를 주의하라 庚申년 九、十月은 문서계약을 주의하고 壬申년 五、六月은 두기 사업을 삼가하라

酉년을 만나면, 재수이 길하나 사주에 맞는 직업을 택하도록 (四柱秘典 참조) 乙酉년 三、四月은 동업을 길하고、 丁酉년 九、十月은 횡액수 있으니 문서계 약을 길하다 己酉년 七、八月은 고집부리지 말고 구설하라 辛酉년 正、二月 은 화재 및 도적을 주의하고 癸酉년 九、十月은 부동산 사업은 들이

戌年을 만나면, 의외의 재산 손실이 있으니 대인관계를 신중히 하도록 甲戌년 三、四月은 문서거래를 주의 丙戌년 九、十月은 도적 및 화재 주의 戊戌년 七、八月은 언쟁 및 소송을 피하고 庚戌년 三、四月은 도난、사기를주의 壬戌년 十一、十二月은 횡액수 있으니 차 조심하라

亥년을 만나면 귀인이 와 있으므로 두갑을 하니 거래과 계를 침착 하게 하라 乙亥년 三、四月은 부부 언쟁 및 근친간에 불화하니 구신하라 丁亥년 十一、

十二월은 무단단속 잘하고 己亥년 七,八월은 자손 아니면 부모에 대한 근심이 있다 후亥년 七,八월은 소송 및 어쟁을 피하고 癸亥년 正,二월은 남의 말을 듣지도 믿지도 말아야 한다

제四十五 운세 山王護神格

제四十五운 적소성대격 (積小成大格)

의지가 강고한 사람이다. 오로지 전진만을 하는 격렬함의 밑바닥에 포근한 맛을 감추려는 성격, 일하는 도중에 좌절되어 자신을 상실하고는 다른 사람들의 역량이나 눈치를 살피는데 필요이상으로 신경을 쓴다.
그리고 침착성이 결여된 자기 자신에게서의 탈출책으로써도 문제를 잘 강구한다.
또 충격적인 행동을 한다. 그러므로 자신을 상실되었다고 생각 되었을 때에는 더욱 맹렬함을 찾아 타인을, 나는 나라는 기개로 다음기회를 기다릴 것이다.

일생의 운세는 원래 투쟁심이 만만하므로 자기의 위치를 찾아 발동이 순조롭게 되면, 젊어서 부터 좋은 운을 맞이한다.
여성은 대단히 활발하고 기지가 풍부하고 남을 보살피는 것을 좋아 하므로 가정 주부로서는 만점이다.
결혼운 만년생이나 未년생과 결혼하면 길하다.

직업은 운행원, 금융상, 전기류, 목재상, 공업가, 운송업, 농업, 고물상 등 금·목(金·木)업이 길하다.

자녀는 二, 三남매를 들 운이며 크게 성공하여 보람을 느낄 것이다.

형제는 많으 운이나 서로 큰 덕을 본다고 말할수 없으며

부부운은 후덕으나 남편덕이 있으며 평생에 도화살만 없으면 백년해로 할 것이다. 만약 사주에 도화살이 있다면 간부나 첩을 둘 팔자가 되기도 한다.

평생 운

초년 十七세부터 二十세 까지 학업을 완성하고 관계에 나갈 운이며 혹은 사업을 경영한다면 커인 득조하여 대성할 운이다. 二十세 전후 해서 질병으로 고생하며 초년에 투기사업에 손을 대면 실패한다. 三十五세 부터 四十九 까지 재산을 많이 축재하고 성공한다.

구년을 만나면 남녀 교제로 인한 풍파 재산풍파가 있으나 착실한 전진을 해

야 하다.

甲子년 正,二월은 순재수 있으니 도적을 주의하고 丙子년 五,六월은 수표부도 아니면 사기당한다. 戊子년 九,十월은 과욕이 손해를 가져오고 庚구년 五,六월은 물가에 가지말고 壬구년 十一,十二월은 도적및 화재를 주의표년을 만나면 이사하거나 직업변동을 하는 운이다.

乙표년 三,四월은 이사할 걸은이다 丁표년 九,十월은 이사,이전이 길운이나 서쪽은 피하라 己표년 七,八월은 친한사람끼리 언쟁을 피하라 후표년 五,六월은 집안에 우환 있으니 예방비법을 참조 잡액구설을 방성하여 예방하라. 癸표년 十一,十二월은 화재를 주의하라

寅년을 만나면 의외의 인물이 도와주는 걸운이다
甲寅년 五,六월은 문서계약을 피하고 丙寅년 七,八월은 보증을 서지말고 戊寅년 九,十월은 문서를 담보로하는 금전거래를 피하라. 庚寅년 正,二월은 화재못 도난 주의 壬寅년은 卯년을 만나면 무직자는 직업을 얻고 학생은 시험에 합격하는 경사운이다 三,四월에는 직업변동수 있다

乙卯년 正.二월은 어쟁과 구설을 피하고 丁卯년 九.十월은 무서 계약을 피하라
己卯년 九.十월은 신규사업시작하면 성공하라, 辛卯년 七.八월은 횡재수 있었고 癸卯년 九.十월은 관재 구설을 피하라.
辰년을 만나면 재운, 건강운 모두 형길한 운이다.
甲辰년 正.二월은 새로운 일로 변동하라 丙辰년 五.六월은 물가에 가지말고
戊辰년 七.八월은 여행과 구설을 피하고 庚辰년 十一.十二월은 화재를 주의
壬辰년 三.四월은 동업을 하지말라.
巳년을 만나면 삼재가 들어오는 자는 예방비법을 참조 삼재를 예방하라
乙巳년 九.十월은 매사 불길하니 주의하고 丁巳년 十一.十二월은 모친이나 형제
지간에 이별수 있다 辛巳년 十一.十二월은 재산으로 근심이 많으니 주의하고
癸巳년 三.四월은 교통사고를 주의하라 己巳년은 직업변동수 있다
午년을 만나면 직장인은 직장을 옮기거나 사퇴하는 운이다
甲午년 三.四월은 직업변동 불가하고 丙午년 九.十월은 남을 믿지말고
戊午년 正.二월은 구설과 어쟁을 피하고 庚午년 五.六월은 원행이나

여행을 삼가하라. 소午년 九·十월은 고집과 관재를 주의하라.

未년을 만나면 우연히 먼곳에서 재물이 생기듯지 하는일이 순탄해지는 길운이다.

乙未년 五·六월은 우여히 만살을 조심하고 丁未년 三·四월은 남을 너무 믿지 말고 己未년 七·八월은 고집과 소송을 피하라. 辛未년 正·二월은 도적 및 화재를 주의하고 癸未년 三·四월은 실물수 일은 절대로 착수하지 말라.

申년을 만나면 반길 반흉운이며 건강 또한 행탈하다.

甲申년 五·六월은 보증서지 말고 약속 없음 거래하지 말라. 丙申년 三·四월은 직업변동이 있을 운이다. 동업만 하지 않으면 실패 없다. 戊申년 五·六월은 물과 불을 조심하고 庚申년 九·十월은 문서계약으로 성공하다. 壬申년 十·二월은 화재와 교통사고를 주의하라.

酉년을 만나면 살고 있는 집을 이사하거나 직장 또는 직업도 변동하는 운이다.

乙酉년 七·八월은 고집부리면 손해 있고 丁酉년 正·二월은 도적 및 화재를 주의 己酉년 九·十월은 몸다치는 운이니 여행을 삼가하고 辛酉년 十一·十二월은 책 지로 나가면 손재를 보며 건강운도 불길하다. 癸酉년 正·二월은 도적 및 질병을 주의하라.

戌년을 만나면, 미혼 남녀는 결혼하며 기혼자는 부부 이별수 있다 甲戌년, 二월은 약혼및 결혼의 운이다 丙戌년 五、六월은 결혼이나 약혼을 불길하다. 戊戌년 七、八월은 파재 구설및 도적 주의하라, 庚戌년 十一、十二월은 교통사고를 주의하고, 壬戌년 三、四월은 남의 말을 믿으면 손해 보리라

亥년을 만나면 매사를 침착하게 안정된 마음으로 처리하라 乙亥년, 五、六월은 금전거래 하지말고 丁亥년 七、八월은 식구중 병자로 인한 근심이 있겠고 己亥년 二、三월은 신규사업불길하며 辛亥년 九、十월은 무슨 계약을 하지말라, 사기 당하다. 癸亥년 正、二월은 원행을 하지말라 고등 사고 아니면, 질병이 따라 붙는다.

제四十六 운세 夫婦風破格

제四十六운 정어출해격 (井魚出海格)

출발은 느리나 가속도적 속력을 내는 운세. 감각이 예민한 성격이고로 작은 일에도 일희일비하는 성격. 자신의 전모를 비관하는 폐이나 가속도적 운세이니 조급히 생각지 말고 꾸준한 노력이 필요하다.

주위에 있는 사람들로부터 무슨 일에나 편의를 받는다. 예능 방면에 취미 혹은 써 비스업에 적성이 있다. 그러나 편의를 봐줄듯이 당신을 이용할려고 당신에게 접근할 사람도 적지 않을것이다. 특히 자신이 철저하고 있는 점포의 책임자 등은 특히 위험인물이다. 역시 독자적 자신 만의 노력으로 진행하여야 할것이다. 금전운에는 궁하지 않는다. 특히 이성과 보석에 대한 집착이 많아지는 원인이 되기 쉽다. 그것은 명예 이외의 욕심이 지나치기 때문이다. 회사나 거래 취의 영 과 문제가 생겨 신용을 잃거나 정과한 부정적 양심을 받지 않도록 주의하여 야 한다.

여성은 지식의 분야를 넓히거나 외출을 좋아하며 부엌일에는 별로 관심이 없다. 환경이 다른 사람끼리 만나 매사 충돌이 잦으나 참고 견디면 좋은 결과가 오며 이해력도 깊어 간다.
결혼은 남성은 巳년 九월생이나 亥년 十二월생 여성이 길하고 여성은 卯년 九월생이나 酉년 九월생 남자가 길하다.
직업은 여성을 상대로한 직종에 성공한다. 즉 미용사, 부인복상, 내의, 악세사리상, 정형미용, 요리 등. 이밖에 다른 직종에도 해는 없다.
자녀는 二, 四형제 운. 덕은 있으나, 자식을 너무 사랑하다보니 자식에게 늘 리기 쉽다.
형제는 二, 四형제운이나 덕이 없어 독신이나 다름없다.
부부는 여애반 중매반으로 결혼하며 서로 백년 해로할 것이다. 그러나 여자는 남자를 위하여 희생적으로 바뜨지 않으면 순간에 이별하기 쉽다

평생 운

초년에 부모중 한쪽을 잃는 운이며 혹은 어머니가 둘이 되는 운이다

중년은 남녀 교제로 인하여 풍파가 있으며 말년에는 고집만 부리지 않는다면 재산도 많고 말은 많은 사람들로 부터 중응 받으리다.

구년을 만나면 남을 믿다가 손해보며 사기 당하니 대인관계를 신중히 하도록 하고 戊구년 三, 四월은 이사하면 길하다 庚子년 九, 十월은 문서 계약을 주의 하고 숫구년 九, 十월은 허욕을 부리면 도리어 손해 보리라.

甲子년 正, 二월은 남의 말을 믿지 말고 丙子년 七, 八월은 비행기나 배를 타지 말고 戊구년 三, 四월은 이사하면 길하다.

표년을 만나면 원행을 하거나 이사하는 수이다 (음양서에서 참조 이사방위를 잘살펴 식신방(食神方)을 택하라).

乙표년 十一, 十二월은 커인이 생기는 수이다 남의 말을 들어 두는 것도 해롭지 않다
丁표년 五, 六월은 신규사업이나 직업변동은 손해 己표년 七, 八월은 소송, 관재 구설을 주의하라 癸표년 九, 十월은 문서계약을 주의하라.

寅년을 만나면 커인을 만나다 의외의 횡재도 있다
甲寅년 三, 四월은 동업하면 크게 득리하다 丙寅년 九, 十월은 과재 구설

횡액수 있다. 戊寅년 七,八월은 언쟁 및 구설을 주의하고 己寅년 正,二월은 고통사고 주의하라.

卯년을 만나면, 귀인도 있고 재수도 있어서 뜻과 같이 잘 되다.

乙卯년 正,二월은 남의 말을 듣지 말고 丁卯년 三,四월은 매사 길운이나 농업하면 득리 己卯년 九,十월은 물건을 사두는 것은 좋으나 파는 것은 손해 辛卯년 五,六월은 물 조심하고 癸卯년 九,十월은 고통사고를 주의하라.

辰년을 만나면, 매사 반길 반흉 평길한 운이다.

甲辰년 正,二월은 집안에 우환이 있어 근심이 되고 丙辰년 五,六월은 물을 조심하고 戊辰년 九,十월은 무서계약 하지 말고 庚辰년 正,二월은 관재 구설 및 건강주의 壬辰년 九,十월은 원행을 주의하라.

巳년을 만나면, 손재수 없으나 심난하고 실속없이 바쁘다.

乙巳년 七,八월은 관재 구설을 피하고 丁巳년 五,六월은 물로 인해 근심하고 재수도 없다. 己巳년 九,十월은 화재를 주의 辛巳년 七,八월은 도적을 주의하고 癸巳년 十一,十二월은 고통사고 및 관재 구설 주의하라.

-439-

누년을 만나면 마음은 앞서나 실제로는 잘 되지 않으니 욕심을 버리고 서서히 전진하면 매사 순탄해지리라

甲午년 五·六월은 세월이 삼판질창하는데 사업이 늘 봄과 가을이 없겠는가. 丙午년 七·八월은 구설과 관액을 주의하고 戊午년 十一·十二월은 도적 및 고통사고 주의하라 庚午년 七·八월은 소송을 주의하고 壬午년 七·八월은 고집이로 망하니 고집을 삼가하라.

未년을 만나면 매사 신중히 하면 성공되며 만사 순탄하다. 정치면에는 과격하지 말라 乙未년 七·八월은 관재 구설을 주의하고 丁未년 五·六월은 골동사고 주의하고 己未년 五·六월은 과재 구설을 주의하라 辛未년 九·十월은 화재와 도적을 주의하라 癸未년 七·八월은 언쟁 및 소송을 피하라.

申년을 만나면 재산도 저축되고 매사 여의하다 甲申년 二·三월은 신경질적이 취사는 금물 丙申년 九·十월은 문서계약을 피하고 戊申년 七·八월은 관재 구설을 주의하라. 庚申년 三·四월은 외국인으로 가두지 壬申년 十一·十二월은 관재 구설을 주의 외국인과 거래를 맺으면 크게 성공되리라

酉년을 만나면 하고 있는 일을 다툴것으로 변동하던가 살고있는 집을 이사하면 모두 일이 순조롭게 되리라.

乙酉년 三,四월은 이사하거나 직업변동하라 丁酉년 九,十월은 과욕은 손해 己酉년 七,八월은 소송,과재 구설을 주의하라. 辛酉년 正,二월은 문서계약 주의하고 癸酉년 正,二월은 문서계약 주의하라.

戌년을 만나면 길흉이 상반되며 어수선한 세월을 보내게 되리라. 甲戌년 正,二월은 매우 바쁜 일정을 보내게 되나 침착함을 잃지 말고 丙戌년 九,十월은 소송 및 과재 구설을 주의하고, 戊戌년 七,八월은 언쟁 및 구설을 피하라 庚戌년 十,十二월은 도적 및 화재를 주의하고, 壬戌년 三,四월은 화재수 있으니 여행 불가

亥년을 만나면 매사 여의치 않으니 신경질만 남는다.
乙亥년 五,六월은 여행을 할우 丁亥년 九,十월은 도적 및 과청 구설을 주의하고 己亥년 九,十월은 화재를 주의하고 辛亥년 七,八월은 집안에 구설이 있으며 癸亥년 三,四월은 남녀관계로 가정파산 되기 쉬우니 주의하라.

-441-

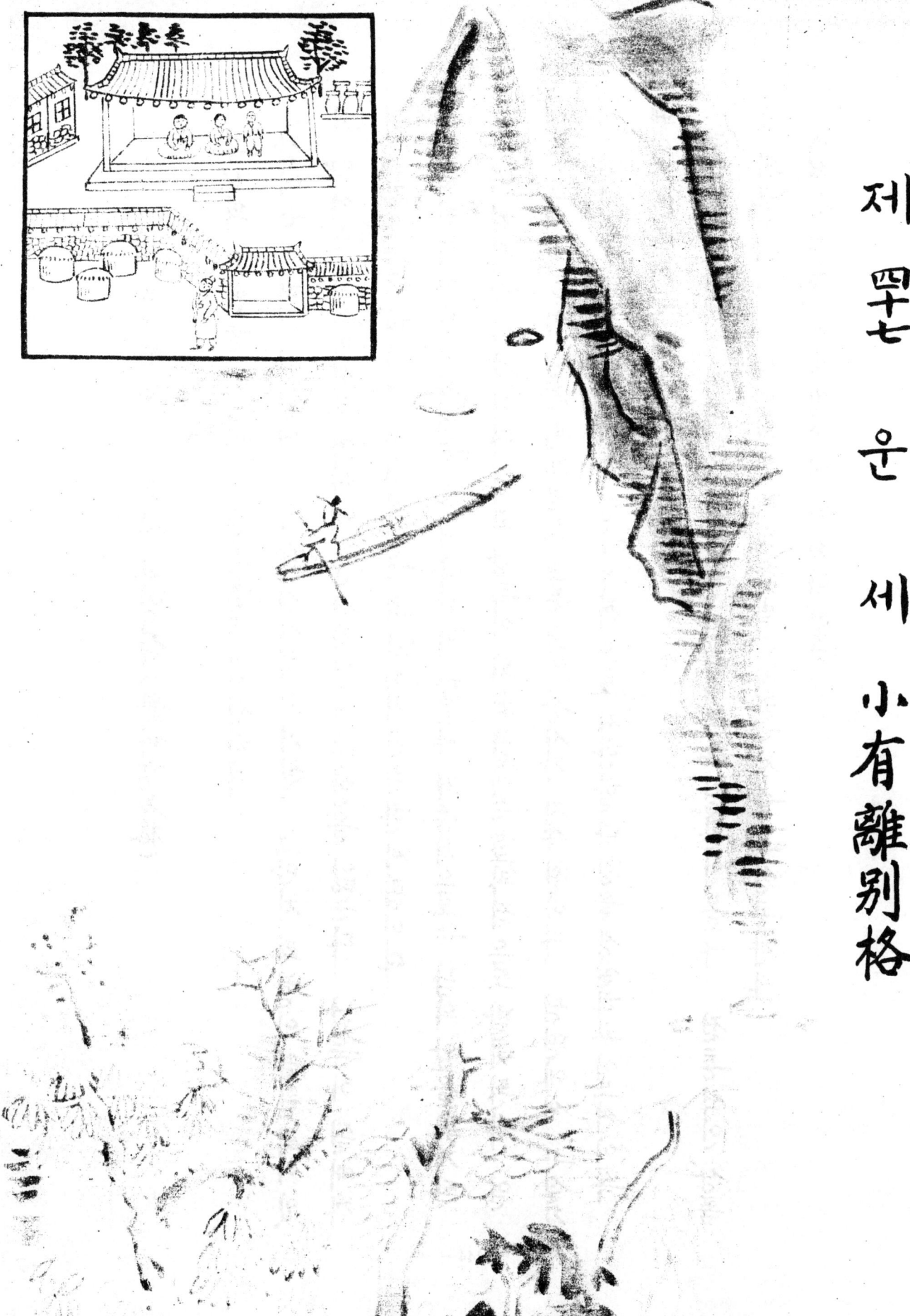

제四七운세 小有離別格

제 四十七운 등과 고명격 (登科高名格)

부모의 유업을 계승하여 순조롭게 발전하다. 강에는 강하고 약함에는 약한 신사적인 기질. 그만치 타협이 결핍 되어 있고 악의는 없으면서도 순서가 없어 인망을 잃는다. 납득이 될 때까지는 파고 드는 형이니 상사로서는 취급하기 곤란한 사람이다. 이런 인품이라 윗세에는 우여곡절이 많으나 최종적으로는 남의 앞을 뛰게 된다. 이 성격은 이것이다 하고 납득이 되는 일에는 효과적으로 발휘된다. 일에도 오래 가듯이 인간관계로도 모든것이 장시간 지속형이다. 정면에서 끈질기게 공격을 받을떼 상대는 연수 무책으로 저항할 방향을 상실하고 어느새 이쪽 페이스에 말려든다.

평소의 교제에서 의리 있고 원만한 성품이므로 평판이 높다. 전통적인 상품을 취급하면서도 현대적인 매력을 발견시키는 상술로 성공한다 여성운 여는. 예술방면에 적성이 있다

결혼운 남자는 未년+l월생이나 申년 ᄇ월생 여성이 길하며
이나 ᄉ년 ᄂ월생 남자가 길하다.

직업운 공무원 정치 광산업 등 규모가 큰 업종을 택하는것이 빠르게 쥐이다.
자녀는 조'ᄂ 남매운이나 죽신자식은 하나뿐이며
형제는 二,三형제운이나 덕 없으며. 재산은 부귀 공명하며 부모운은 버조의 덕이
있어서 성공에 도움이 가며 만사 순탄하다

수명은 八十 상수 하리라

평생운

초년이나 중년 말년을 태평세월과 부귀영화를 누리려면 부처님께 기도하고 헌
신하라. 그러면 일생의 복과를 쓰게 당하리라
구년을 만나면 남녀 교제 관계를 주의하고 지나친 욕심으로 도리어 실패 하지되
이내로 매사를 진행 하도록 주의 하여야 되다.
甲子년 三,ᄇ월은 매사 계약을 주의 하고, 丙子년 ᄂ, 八월은 관재 구설 및 언정을 주의

乙丑年을 만나면 집을 수리하든지 이사하면 재수도 좋으며 매사에 도움이 되리라 乙丑년 조·六월은 윗행이나 이사하지말고 丁丑년 三·四월은 도적 및 관청 구설을 주의하고 己丑년 三·四월은 이사 및 직업변동 수이다 辛丑년 五·六월은 재수 좋으니 인내하여야 한다. 癸丑년 十一·十二월은 윗행 및 객지에 출행하라 이 불길하니 인내하여야 한다. 癸丑년 十一·十二월은 윗행 및 객지에 출행하라 집에 있으면 구설이 오리라.

寅년을 만나면 자손의 경사 있으며 생남 혹은 사업번창이 있으리라. 甲寅년 七·八월은 생남 아니면 재산에 이득이 있고 丙寅년 九·十월은 고집 및 구설을 주의하고 戊寅년 五·二월은 도적 및 질병을 주의하고 庚寅년 十一·十二월은 윗행 및 교통사고를 주의하라 壬寅년 五·六월은 물가에 가지말라

卯년을 만나면 자연히 매사가 순조로운것 같으면서 되지 않는 수이다. 더욱이 때 인관계에서 배신 당하게 되니 주의하라. 乙卯년 二·三월은 남의말을 믿지말고 丁卯년 九·十월은 무서관계로 구설이 있으니 주의하고 己卯년 七·八월은 관청 구설을 피하라 辛卯년 五·二월은 동업이나 금전거래 하지말고 癸卯년 六·七월은 외외에 귀인이 나타나는것 같

으나 키잉이 아니니 사람을 경계하라.

辰년을 만나면 원행이나 직업변동을 삼가하라.

甲辰년 三·四月은 남의 말을 듣거나 믿지 말고 丙辰년 九·十月은 부동산 매매 및 계약에 주의. 戊辰년 七·八月은 관재 구설 및 건강을 주의하라. 庚辰년 十一·十二月은 화재 및 질병을 주의하고 壬辰년 五·六月은 관재 구설 및 고통사고 주의하라.

巳년을 만나면 집을 이사하거나 직장·직업의 변동이 있으니 재운은 불길하다. 乙巳년 五·六月은 관재 구설을 주의하고 丁巳년 正·二月은 도적 및 화재를 주의 己巳년 七·八月은 관재 구설 송사를 피하라 辛巳년 九·十月은 언쟁 및 구설을 피하고 癸巳년 九·十月은 화재 및 손재를 주의하라.

午년을 만나면 우연히 심난해서 하는 일도 버리고 다른욕심을 부리다가 패가 망신하는 우이니 근신하고 참을성 있게 처신하라.

甲午년 三·四月은 누구를 만류하고 믿어서는 안 되고 丙午년 九·十月은 이사 및 직업변 동이나 경험이 없는 일을 하면 실패 한다. 戊午년 五·六月은 원행이나 바닷가에 가면 횡액 수 있다.(예방법에서 횡액 예방하라.) 庚午년 五·六月은 금전거래로 구설이 있으니 각찬 는것이 좋을 것이다. 순수년 十二月은 화재 및 질병을 주의 하라.

未年을 만나면, 매사 순조롭게 잘 진행되는 운이다.
乙未년 三·四月은 이사하면 모든 악운을 면한다. 丁未년 九·十月은 다툼직업으로 변동하면 실패한다. 己未년 七·八月은 고집·언쟁을 주의하라. 辛未년 五·六月은 관청 구설을 피하고 癸未년 正·二月은 매사에 신중한 처세를 하라.

申년을 만나면 재수·건강운 강하며 순진 및 발전하는 운이다.
甲申년 二·三月은 매사여의치 않으니 참을성 있게 근신하라. 丙申년 十一·十二月은 교통사고나 신병으로 수술할 운이다. 戊申년 正·二月은 생남하지 않으면 손재수 있다, 庚申년 七·八月은 과로 구설을 주의하라. 壬申년 七·八月은 문서계약 주의하지 않으면 사기 당한다.

酉년을 만나면, 집안에 부가 아니면 가정을 이사하는 운인데 동업과 계만 주의하라.
만사 순탄하다.
乙酉년 五·六月은 농업거래 등 주의, 丁酉년 正·二月은 화재 및 도쳐 주의하고 己酉년

十一·十二월은 화재 손재 주의 辛酉년 三·四월은 이사 및 원행하면 길하다. 癸酉년 五·六월은 물가에 가지 말라 회액수 잇다.

戌년을 만나면 먼곳에서 나를 돕는 사람 잇으니 외외의 일이 성공되리라 또 한은 일이 수조로와 가정이 화목할으.

甲戌년 五·六월은 구신하라 매사 불길 丙戌년 九·十월은 제수는 좋으나 과욱이 실패를 부르다. 戊戌년 十一·十二월은 원행및 이사를 삼가하라. 庚戌년 七·八월은 고집. 소송을 주의하라 壬戌년 五·六월은 놀은 곳이나 길은 곳에 가지말라

亥년을 만나면 매사 양의치 못하고 불길하니 참을성 잇는 처신하라

乙亥년 九·十월은 문서 게약을 주의하고 丁亥년 九·十월은 소송 및 언쟁을 주의 己亥년 十一·十二월은 화재 및 파재 구설을 피하라 辛亥년 五·六월은 문서 계약 및 관쳥 구설을 주의하라. 癸亥년 七·八월은 파재 구설 및 언쟁을 주의하라

제八 운세 子孫小厄格

제四十八운 산두결화격 (山頭結花格)

상대의 기분을 헛드러뜨리지 않는 화술의 능함 시련되며 솔직담백한 성격, 그러나 끈다성이 부족한 것이 결점이다.

호언장담을 할만치 투쟁적 정신이 강한 사람이며 냉정함과 비판성이 강한 성격이다. 아무래도 행동보다 사색이 앞서는 능동성이 결여되어 있다.

그러므로 실패는 적으나 호쾌성이 없다. 그것이 약점이 되어 어떠한 놀고 경쟁을 할때 종국에는 쾌하는 형, 체념이 빠르고 인내심이 약하기 때문.

한편 밝고 낙천적인 생활방법이 겉으로 나타난다. 자신에게는 실력이 있다는 자신감이 강하고 결단력이 있는 행동을 취한다. 매사는 때가 있는법.

시기선택만 잘한다면 강한 행동력이 우세를 개척하는데 원동력이 되어 남의 눈과 귀를 의심케 할만한 일을 할수 있다.

상사, 회사등의 내부 영화 과제등에 잘 맞는다. 부모, 형제, 처자들에 대한 착한 정신이 남달리 강하다. 그러나 그것은 약간 편협적이며 배타적인 경향이 없지 않다.

여성은 자식에게 개성을 무시한 자기본위의 교육방침이 되기 쉽고 결단력이 부족하다. 따라서 부부선택을 같은 직업에 종사하는 남성을 얻음으로서 자신의 재능을 더욱 발휘할 수 있다.

자녀는 三·四형제 우이나 준신은 二자 뿐이다

형제는 四·五형제 우이나 들이 뚜렷 하도다

재산은 자수성공하여 많은 축재를 하여 말년이 아니라 하다

부부운은 서로 협조적인 여자가 아니면 중도에 실패하기도 한다

수명은 七十세를 지나야 八十세가 되리라.

평생 운

초년은 조실부모 아니면 일찍 부모와 헤어지는 운이며 중년은 자수로 성공 하여 말년에 큰 부자 말을 들으며 행복하게 살것이다.

구년을 만나면 남녀교제를 주의하고 미혼자는 결혼하는 운이다.

-453-

甲子년 三·四月은 결혼하거나 신규사업을 시작한다 丙子년 七·八月은 귀인을 만나는 경우이다. 그러나 사람은 너무 믿지말라. 戊子년 五·六月은 과재구설과 질병등을 주의하라 庚子년 七·八月은 언쟁 및 소송을 피하고 壬子년 十·十二月은 화재 및 도적을 주의하라.

乙丑년을 만나면 새로 집을 짓거나 이사하는 수이며, 집안에 변동이 생기는 수이다. 丁丑년 五·六月은 문서계약 및 금전거래를 하면 손해. 己丑년 五·六月은 남을 믿고 금전거래를 하면 손해볼수이니 조심하고 己丑년 九·十月은 무서계약 및 인감도장 사용을 신중히하라. 辛丑년 九·十月은 가정불화를 조심하고 癸丑년 十一·十二月은 원행하면 고통사고 발생한다

甲寅년을 만나면 커이가 있어서 하는일이 순조롭다 그러나 타인을 너무 믿지말라 丙寅년 九·十月은 문서계약을 주의하고 戊寅년 三·四月은 동업을 하지말고 庚寅년 五·六月은 횡액수 있으니 물가에 가지말고 壬寅년 十一·十二月은 원행이나 이사하면 화재수 있다.

卯년을 만나면 개인사업이 합자하거나 주식 업체로 확장 발전한다 매길 운이다 乙卯년 三·四월은 동업은 하되 최씨·김씨를 경계하라 丁卯년 九·十월은 무서 계약이 있으므로 큰 뜻을 품으면 성공한다 己卯년 七·八월은 화재 및 구설을 피하고 辛卯년 五·六월은 물을 조심하라 癸卯년 十一·十二월은 화재 및 도적주의하고 辰년을 만나면 재운·건강은 모두 길하나 허욕과 참을성없는 처사는 실패한다 甲辰년 五·六월은 농업은 시작하지 말고 丙辰년 五·六월은 웃행하거나 이사하면 길하고 戊辰년 十一·十二월은 화재 주의하라 庚辰년 七·八월은 관청구설 및 소송을 주의하고 壬辰년 五·六월은 문서계약을 피하라

巳년을 만나면 재수는 별로나 이사운을 길하고 새로운 일 시작은 발전한다 乙巳년 三·四월은 무서계약을 주의하고 丁巳년 九·十월은 문서계약 주의하고 己巳년 五·六월은 이사운이 매길 辛巳년 十一·十二월은 화재 및 도적을 주의하고 癸巳년 五·六월은 물가에 가지 말라.

午년을 만나면 매사 순판하나 매인과계 눈겸계 하라 甲午년 五·六월은 무서 계약을 피하고 丙午년 五·六월은 여행을 삼가하고

戊午년 九, 十월은 문서계약을 삼가하라, 庚午년 五, 六월은 여행 및 이사주의 하고 辛午년 十二월은 화재 및 도적을 주의하라

未년을 만나면 이사하거나 원행할 운이 있는데 재운은 길하다, 어린아이의 빨일지라 도 거답아 듣는 것이 수업에 도움이 되다.

乙未년 三, 四월은 문서계약을 주의하고
己未년 七, 八월은 과재 구설 및 고통사고 왔으니 유년 보감을 참조 과재구설 예 방부적을 사용하라, 辛未년 五, 六월은 문단속 살하고 흐주머니 조심하고 癸未 년 표, 二월은 화재를 주의하라.

申년을 만나면 하는일이 잘되는 길운이나 너무 조급히 서두르지 않도록
甲申년 三, 四월은 농업시작은 손해 丙申년 九, 十월은 고집으로 패가 망신할 수 戊申년 九, 十월은 화재 및 도적 주의하라 庚申년 十, 十二월은 고등사고 및 원행을 주의하고 壬申년 五, 六월은 문단속 잘하라

酉년을 만나면 직업을 변동하거나 이사할 운이다. 경험없는일은 패가
乙酉년 표, 二월은 과쳥구설 및 소송을 주의하고
丁酉년 五, 六월은 질병

이 첨범하니 주의하라 己酉년 九,十월은 무서계약을 주의하고 辛酉년十·十二월은 원행및 이사 주의하고 癸酉년 三,四월은 무서계약을 피하라. 戌년을 만나면 가정불화나 손재수 있다.
甲戌년 五,六월은 수액을 조심하고 丙戌년 七,八월은 부부어정 및 구설을 주의 戊戌년 正,二월은 무단속장하라 庚戌년 十一,十二월은 교통사고를 주의 하고 壬戌년 五,六은 물가에 가면 횡액수 있다.
亥년을 만나면 선길후흉이니 초반의 길운에 만심하지 않도록 乙亥년 三,四월은 무서계약을 피하고 丁亥년 九,十월은 원행이나 이사하지 말고 己亥년 三,四월은 부부이별 및 손재 주의하라. 辛亥년 五,六월은 동업, 무서계약 및 도장 주의하고 癸亥년 六,十二월은 교통사고 및 건상에 주의하라.

産母의 胎가 速히 나오는 符

산모가 아기를 순산했는데 태가 나오지 않고 걸리여서 애를 태울때 즉시 본 부작을 일지 경면주사로 작성하여 산모가 태워 먹으면 즉시 태가 나온다.

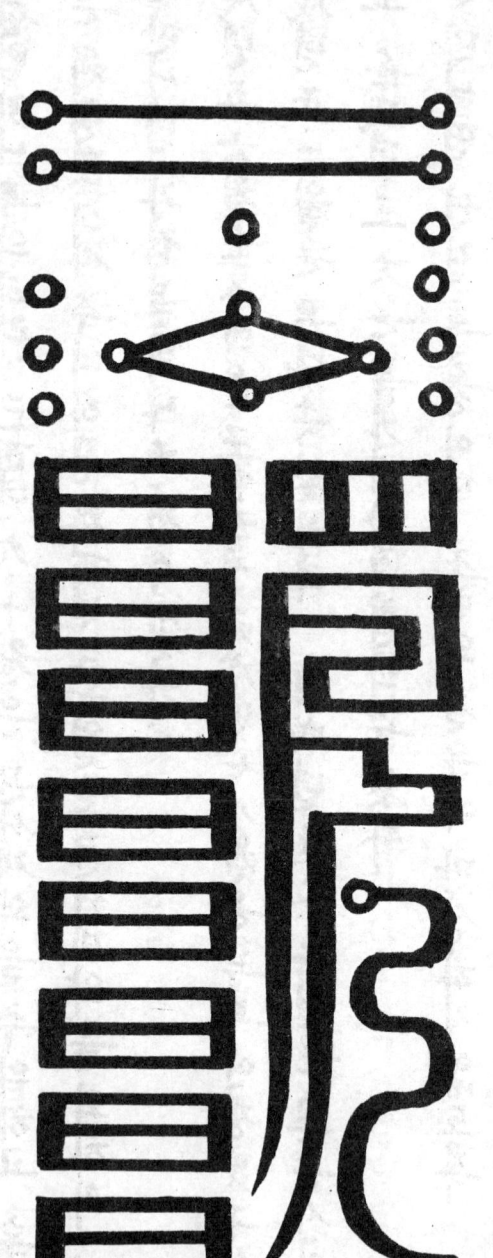

淨土旺生 하는 符

새로 집을 지을려고할때 대지 기초공사 하기전 (三日前에) 에 본부작 五枚를 作成하여 東西南北四方에 귀에 一枚씩 묻고 中央에 一枚 묻었다가 건축시작하면 재수길 한다.

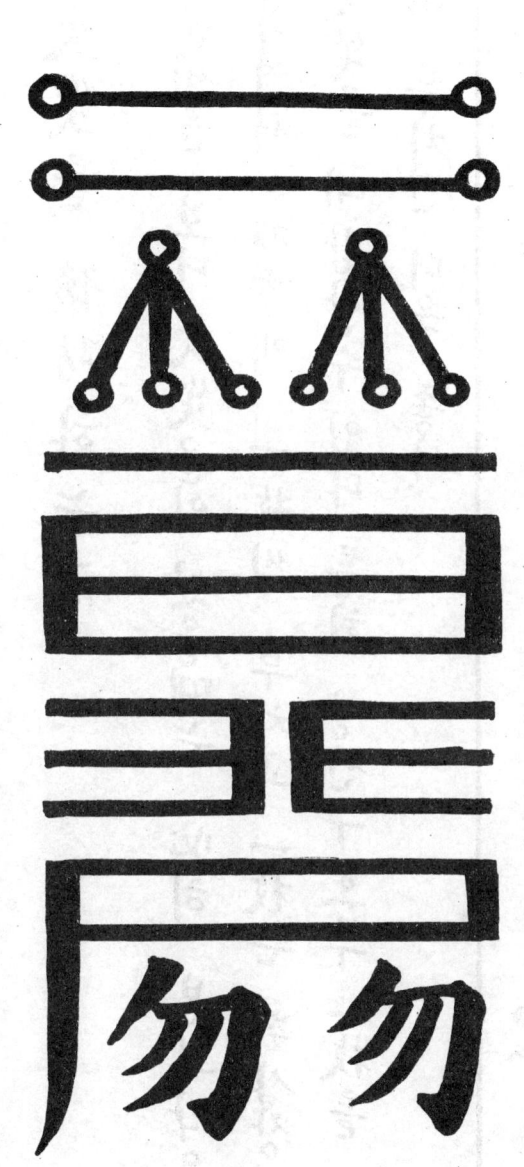

火災를 豫防하는 法

每年운세를 보니 火災운이 있을때는 必히 본부작을 五枚 작성하여서 四方에 一枚씩 부치고 一枚는 취사장에 부치면 火災를 예방할수 있다 특히 상신수호부 一枚를 문위에 추가하여 부치면 더욱 좋다.

豫防秘法

男片바람 안피우는 法

결혼하고 나서 아무연고없이 부부간에 화합이 되지않고 불평 불만이 자주 생기며 서로 이별만 꿈꿀때 본부작 一枚와 유년보감 二四페이지, 가화지난부 一枚와 소망성취부, 一枚 각合 三枚씩을 남녀 같이 몸에 차던지 한사람이 모르게 할때는 비고자는 벼게속에 넣어두면 효력 보리라、

豫防秘法

大將軍 예방법

流年寶鑑에서 대장군법을 안연후에 방위에다 現,대장군 부작을 一枚 작성하여 부쳐두면 가정이 온화하며 이사를 갈때도 대장군 방위는 본부작을 부치고 가라、

豫防秘法

年中雜鬼 滅하는 法

每年 一月 五日에 본부작을 五枚작성하여 천장(中央)에 부착하여두면 四方에 一枚씩 一枚는 를 면하며 上神이 와서 도와주므로 재수있다고 한다. 一年內에는 잡키로 인한피해

入三災符

삼재가 드는 운에 入三災부 三枚를 에 있는 三災부 三枚를 써서 三枚씩 작성하고 유년보감 치고 남은 一枚씩 문위 밖으로부 합二枚는 몸에 휴대하고 다니라.

豫防秘法

大將軍動土 잡는 法

전가족이 이사간후 자주 발생하면 대장군동토이니 이때는 본방부작 一枚와 流年寶鑑 235페이지 惡鬼不侵부 一枚를 作成하여 門上에 부치라.

豫防秘法

他人이 나의 秘密을 暴露치 못하는 法

罪를 지은 사람이 다른사람이 나에비밀을 폭로할까바 두려울때 본부작 一枚와 소망성취부 一枚를 작성하여서 푸른 헌겊으로 주머니를 만들어 몸에 지니면 예방이 된다.

豫防秘法

地獄을 破하는 符

每年운을 보든중 교통사고 또는 횡액수가 있다고 유년보감에 기술되였을때 必히 본부작 一枚와 유년보감 214페이지 凶惡煞부 一枚를 작성하여서 노란 천으로 주머니를 만들어서 몸에 지니고 다니면 악운을 면하리라.

— 467 —

豫防秘法

出 三災 예방법

삼재가 나가는 운에는 이 출삼재 부작 년보감에 있는 招財부 一枚와 합하여 二枚를 쓰고 유삼재가 소멸되여 순탄하다.

지니고 다니면

승진 합격하는 법

승진이나 고시, 학교 진학등에 시험을 칠때 본부작 一枚와 유년보감 259페이지 文學入身부 一枚와 유년부감 268페이지 財數之符 一枚 작성하여 붉은 천으로 주머니를 만들어서 몸에 차고 시험치르면 합격한다.

逐鬼하는 法

꿈을 꾸는데 무서운 꿈을 꾸던지, 또는 집안에 각종 장농등에서 뚝뚝하는 소리가 날때는 본부작을 三枚작성하여 소리나는 곳에 一枚부치고 一枚는 현관문위 안으로 부치고 一枚는 內室문위 안으로 부치면 귀신이 도망을 가다.

急財數 있게 하는부

빠른 時日에 재수가 있도록 할려면 急財數부 一枚를 써서 노란 헌겊에 싸서 오른쪽 주머니 속에 휴대하면 재수 있어 뜻을 이루리라 특히 마작할때 必要、

판권저
자소유

그림추사주 【정가:20,000】
1988년 5월 5일 초판 인쇄
2010년 3월 7일 재판 발행
編著者 : 秋 松 鶴 (秋松鶴)
發行人 : 秋 松 鶴 (秋松鶴)
發行處 : 도서출판 생활문화사
주소:서울 중구 충무로5가 36-3
전화:(02)2265-6348/2278-3664
　　　(팩스) 02 - 2274 - 6398
등록1976년 1월 10일 제 2-136 호
ISBN 89-8280-015-8　　13180